广东省哲学社会科学规划2023年度高质量发展主题委托项目

广东百千万高质量发展实践丛书

大发展

新时代广东
县域经济创新发展10强

刘 伟 徐永慧 闫 浩 郑崴文 著

SPM 南方传媒 | 广东经济出版社
·广州·

图书在版编目（CIP）数据

大发展：新时代广东县域经济创新发展 10 强 / 刘伟等著．—广州：广东经济出版社，2024．5（2024．6 重印）
（广东百千万高质量发展实践丛书）
ISBN 978-7-5454-9247-7

Ⅰ．①大…　Ⅱ．①刘…　Ⅲ．①县—经济发展—研究—广东　Ⅳ．①F127．65

中国国家版本馆 CIP 数据核字（2024）第 084946 号

策划编辑：王成刚　陈　晔
责任编辑：赵　娜　陈　晔　郭艳军
营销编辑：冯典全
责任校对：李玉娴　黄思健　陈运苗
责任技编：陆俊帆
封面设计：集力Design書裝　彭　力

大发展：新时代广东县域经济创新发展 10 强
DA FAZHAN：XINSHIDAI GUANGDONG XIANYU JINGJI CHUANGXIN FAZHAN 10 QIANG

出　版　人：刘卫平
出版发行：广东经济出版社（广州市水荫路 11 号 11 ～ 12 楼）
印　　　刷：广东鹏腾宇文化创新有限公司
（珠海市高新区唐家湾镇科技九路 88 号 10 栋）

开　　本：730 毫米 ×1020 毫米　1/16　　**印　　张：**22.5
版　　次：2024 年 5 月第 1 版　　**印　　次：**2024 年 6 月第 2 次
书　　号：ISBN 978-7-5454-9247-7　　**字　　数：**329 千字
定　　价：78.00 元

发行电话：（020）87393830
广东经济出版社常年法律顾问：胡志海律师
如发现印装质量问题，请与本社联系，本社负责调换

编 委 会

总　　序

党的十八大以来，习近平总书记5次亲临广东考察，两次参加全国两会广东代表团审议，每到广东发展的重要关口，都及时为广东定向领航，指引广东在新时代伟大征程中乘风破浪、行稳致远。2018年10月，习近平总书记在广东考察时敏锐洞察、深刻指出，“城乡区域发展不平衡是广东高质量发展的最大短板”；2023年4月，习近平总书记在广东考察时再次强调，“推进中国式现代化，必须全面推进乡村振兴，解决好城乡区域发展不平衡问题”，要求广东在推进中国式现代化中走在前列。

正是岭南舟竞时，百舸争流鼓声震。广东深入学习贯彻党的二十大精神和习近平总书记视察广东重要讲话、重要指示精神，将总书记、党中央的谆谆嘱托、殷切期望春风化雨，明确“锚定一个目标，激活三大动力，奋力实现十大新突破”的“1310”具体部署，充分激发全社会创新创造活力，广泛凝聚起推进乡村振兴、实现共同富裕的强大力量。广东省委书记黄坤明提出了“再造一个新广东”的宏伟蓝图，激励全省人民以“再创让世界刮目相看的新奇迹”的闯劲干劲拼劲再出发！自2022年12月起，广东以头号工程的力度奋力实施“百县千镇万村高质量发展工程”（简称“百千万工程”），着力扬优势、补短板、挖潜力、增后劲，在练好内功中实现争先进位，努力闯出高质量发展新路，全省122个县（市、区）、1609个乡镇（街道）、2.65万个行政村（社区）催马扬鞭、击鼓催征。“百千万工程”标示着广东牢牢把握住新时代发展大机遇，掀开城乡区域协调发展的新篇章，全力做大做强县域经济、镇域经济，壮大新型农村集体经济。在新的战略举措的牵引下，广东迎来新一轮大发展，彰显了大趋势、展开了大探索，中国式现代化的广东实践呈现出勃勃新气象。

“百千万工程”是广东抓住我国转向创新驱动、培育发展新质生产力、走向高质量发展的历史性机遇，全面建设现代化新广东的大战略。广东是改革开放的排头兵、先行地、实验区，在先行一步地创优势，在久久为功地齐奋斗，40多年来取得举世瞩目的发展成就，完成了从经济相对落后的农业省到全国第一经济大省的惊人跨越，书写了让世界刮目相看的中国奇迹广东篇。但也要清醒地看到，在经济总量连续35年居全国首位的广东，城乡区域发展不平衡仍是高质量发展的最大短板，是必须面对和解决的重大问题，为此，必须出新招、出狠招、补短板、扬长板。奋力推进“百千万工程”正是把握新一轮科技革命和产业变革、催生新质生产力的大机遇。在工业化叠加数字化的生产力发展新阶段，57个后发县（市）需要更多的新质生产力来赋能，这是创新资源在广东空间上的一次全新布局，尤其“双百行动”（百校联百县助力“百县千镇万村高质量发展工程”行动）使得新质生产力在全省有了更贴近实践需要的布局，有助于促进这些地区实现大跨越、大发展。

“百千万工程”以珠三角产业有序转移为关键路径，充分激发欠发达地区的潜能，使之更快速、更深入地联动粤港澳大湾区这一新质生产力策源地，闯出高质量发展的广东新路。广东强调区域横向协作，畅通产业循环，促进空间集群联动。珠三角地区经济总量高，技术创新活跃，受生产要素约束，产业外溢趋势明显，“百千万工程”有条件顺势而为做好省内产业有序转移，深化“研发＋制造”“总部＋基地”等合作模式，深入开展“百校联百县兴千村”“千企帮千镇、万企兴万村”等特色行动，建立纵向支持、横向帮扶、内部协作相结合的新机制。空间联动更加注重产业升级和技术创新，坚持用新质生产力引领现代化产业体系建设。因此，“百千万工程”是广东进一步拓展发展空间、畅通经济循环的战略举措，是整体提升新型工业化、信息化、城镇化、农业现代化水平的迫切需要，是培育创新动能、重塑生产力格局、缩小城乡区域差距的大工程。新时代、新征程需要新思维、新方略。广东在改革开放中先行一步，在量的积累上打下了坚实基础；进入强国建设、民族复兴新征程，将在质的提升上把改革、开放、创新的精神贯穿“百千万工程”，先发地区拓展纵深，后发地区融湾向海，发挥粤港澳大湾区强大动力源作用，链接国内国际双循环。这是广东把握高质量发展根本要求，着力推动效率变革、质量变革、动力变革，构建城乡区域协调发展新格局、实现高质量发展的大战略。

实施“百千万工程”将迎来新时代“再造一个新广东”进程中县域经济的大发展。广东省委、省政府以强烈的历史责任感和勇于担当的奋斗精神，提出了“再造一个新广东”的宏伟目标，这是对广东保持改革开放排头兵角色、实现习近平总书记对粤港澳大湾区“一点两地”战略定位的积极响应，而“百千万工程”正是“再造一个新广东”的历史壮举、实践新篇，加速县域经济大发展又恰恰是其中的重中之重。广东县域经济总体发展水平较低，县域常住人口占全省的28%，但县域地区生产总值仅占全省的12.5%，其中，57个后发县（市）中有45个分布在粤东粤西粤北地区[①]。这三大区域面积占广东全省面积七成以上，但经济总量却不足全省三成。2018年10月，习近平总书记在广东清远调研时强调，要坚持辩证思维，转变观念，努力把短板变成“潜力板”，充分发挥粤东粤西粤北地区生态优势，不断拓展发展空间、增强发展后劲。广东高质量发展的突出短板在县，薄弱环节在镇，最艰巨最繁重的任务在农村[②]。广东不少县整体发展水平较低，需要正视县作为城市之末端、牵引乡村振兴之前端的重要功能，把县域作为解决城乡区域发展不平衡不充分的主阵地，抓好扩权强县（区）和强县（区）扩权改革，探索县城当龙头、乡镇作关键、农村撑基础的内生联动机制，形成县域经济发育壮大和乡村全面振兴同步推进的新局面。

① 黄进、彭琳、宾红霞：《深入实施“百县千镇万村高质量发展工程”破解城乡区域发展不平衡难题》，《南方日报》2023年1月29日第A04版。

② 张建军：《短板如何变成“潜力板”——广东省实施“百县千镇万村高质量发展工程”调查》，《经济日报》2024年2月29日第09版。

从历史逻辑看，“百千万工程”进一步推进了新时代广东的大发展。从10年前的精准扶贫到3年前的驻镇帮镇扶村，广东把“三农”问题放到更宏大的空间来解决，而今这种大格局集中表现在谋划县域经济整体大发展方面。壮大县域经济意味着致力构建现代化产业体系，建设立体交通体系，完善多层次的市场体系，从区域增长走向区域协调发展，夯实强县富民的基础。应该看到，城乡区域发展不平衡不充分问题是相对的、辩证的，加速县域经济大发展，就能够把广东最突出的短板变成最大的“潜力板”，实现城乡区域相互促进、相互成就。“百千万工程”就是坚持辩证思维和系统思维，将城乡区域各个部分视为一个整体，以问题为导向推动最大短板变为最大“潜力板”，并将其确立为全省高质量发展的头号工程。以目标为牵引采取科学方法，有组织有体系有计划地将顶层设计落地为施工步骤，支持各地立足优势资源打造多个特色产业集群，加快建设现代农业产业体系，为欠发达地区的县域经济导入产业项目，完善交通，引进人才、技术等各种资源，推动当地产业发展，强化县域经济高质量发展的内生动力，奋力实现工农、城乡、区域协同迈向共同富裕的中国式现代化。

实施“百千万工程”彰显广东在中国式现代化新征程中镇域经济融合发展的大趋势。广东“百千万工程”是对浙江“千村示范、万村整治”工程（简称“千万工程”）经验和做法的创造性学习与创新性发展。浙江城乡区域发展相对均衡，县域经济发达，非农就业较为充分，就地就近城镇化特征明显，镇村融合发展是其实现城市支持农村、缩小城乡差距、改善农村环境和基础设施、改变社会事业发展滞后状况的重要前提。广东高度重视强化乡镇联城带村的节点功能，着力建设服务农民的区域中心，促进乡村振兴、推动城乡融合，借此处理好集聚和均衡的关系——在发展中走向动态协调。现代市场经济发展具有强大的规模经济性及其带来的虹吸效应，制造业和人口向着少数发展条件好的优势地区集聚，地区之间经济总量差距扩大，不过就长远走势而言，不同地区终将逐步走向人均地区生产总值、人均收入或生活质量的大致均等。而从实践逻辑看，充分发挥乡镇联城带村的节点功能，把握镇域融合发展的大趋势，主动促进三产融合、三生融合、城乡融合，方能最大范围提升欠发达地区的人均收入，夯实宜业宜居宜游品质生活的物质基础。因此，广东把提振镇域经济作为产业结构调整工程和动力增长工程抓好抓实，建设中心镇、专业镇、特色镇，使镇镇有“绝活”。特别是发挥有效市场与有为政府的双向协同作用，为各镇域经济导入产业项目，完善交通，注入人才、技术等各项资源，撬动当地产业发展[①]。镇域高质量发展是广东新时代的特色，更是广东美好生活的新的展示窗口。

实施“百千万工程”已开启广东迈向共同富裕新阶段、新型农村集体经济改革创新的大探索。广东推进“百千万工程”强调要发展城乡经济、改善生态环境、保障民生、富民增收，注重因地制宜、遵循市场规律、积极培育发展新型农村集体经济，一步一个脚印推动各项工作落地落实，确保取得经得起历史和人民检验的成效。广大乡村深化农村集体产权制度改革，推动资源变资产、资金变股金、农民变股东，发展壮大新型农村集体经济，因地制宜开展业态、模式与机制大探索，重塑城乡关系的微观基础，夯实迈向共同富裕的微观支撑。通过城乡融合发展体制机制、农村金融、“三块地”[②]等农村综合改革以及农村职业经理人等人才体制机制改革，广东充分尊重基层首创精神，不断提升新型农村集体经济的产业创新能力，重视新质生产力的培育与发展；把农村产业高质量发展作为“百千万工程”的重要基础，把壮大新型农村集体经济的潮流与完善现代农业产业体系，推进现代农业产业园、农业现代化示范区建设，发展农产品精深加工，培育数字农业新业态等发展方向结合起来，进一步发挥其促进农村一二三产业融合的重要功能。

---

① 陈凯星、叶前、周颖：《千军万马战犹酣——广东代表团开放日关注“百千万工程”》，《新华每日电讯》2024年3月8日第05版。

② “三块地”是指农村地区的农用地、农村集体经营性建设用地和宅基地。

“百千万工程”是广东把县的优势、镇的特点、村的资源更好地统筹起来，切实落实习近平总书记殷殷嘱托的创新壮举、实践抓手。

2023年11月，广东全省推进“百县千镇万村高质量发展工程”促进城乡区域协调发展现场会在茂名市召开，会上公布了首批典型县镇村名单，这标志着“百千万工程”从动员、部署、展开进入重点突破阶段。广东“百千万工程”重视因地制宜、分类施策，从互促共进的角度系统谋划先发地区与后发地区的协同发展，将县镇村分为创先、进位、消薄三大类型，鼓励珠三角地区进一步提升城市化水平，粤东粤西粤北地区致力绿色发展，推进绿美广东生态建设，使得新型城镇化和乡村振兴交相辉映，从实践中闯出“广东模式”。作为推动高质量发展的头号工程、广东省委“1310”具体部署的十大新突破之一，“百千万工程”是广东的优势塑造工程、结构调整工程、动力增强工程、价值实现工程[①]，充分激发了改革、开放、创新动能，必将激励全省人民在推进中国式现代化广东实践中展现新作为，加速绘就城乡区域协调发展的岭南新画卷。

伟大时代必会绽放时代精彩！“百千万工程”注定会掀起一次文化大发展，迎来岭南文化传承创新的大时代。改革创新的时代精神与求真务实的岭南文化气质在全面推进“百千万工程”进程中迸发了岭南文化的新融合、新裂变，定会孕育出更富新时代属性的人文精神，推动广东开放的格局越来越大。为记录“再造一个新广东”的恢宏肇始及其珍贵历程，我们结合22个典型县、110个典型镇与1062个典型村走在前列、当好示范的最新实践，从县域经济、镇域经济与新型农村集体经济的视角出发撰写了本系列丛书，旨在记载这伟大时代的崭新篇章。丛书所重点关注的这10个县、10个镇以及100个村正是其中的代表者，它们正挺立潮头、求索不息，书写新时代的广东画卷，彰显广东干部群众奋发图强的昂扬精气神，反映全省上下始终牢记习近平总书记的殷殷嘱托，不忘初心，以强烈的责任感、使

① 梁桂婵：《发力“百千万工程”县域经济争先进位》，《南方日报》2023年9月21日第XD01版。

命感、紧迫感振作起来，全力以赴，真抓实干，奋发进取，推动习近平新时代中国特色社会主义思想在南粤大地落地生根，结出丰硕成果。

回望来路自慷慨，再赴征程气如虹。自2016年广东省出台《中共广东省委　广东省人民政府关于新时期精准扶贫精准脱贫三年攻坚的实施意见》，到2021年制定印发《广东省乡村振兴驻镇帮镇扶村工作方案》，再到2022年出台《中共广东省委关于实施“百县千镇万村高质量发展工程”促进城乡区域协调发展的决定》，广东在解决“三农”问题上连跨三个台阶，实现了农民脱贫、农村和美，进而农业振兴，迈向区域协调高质量发展的新境界，奋力推动广东在推进中国式现代化建设中走在前列。2024年5月，广东省委农村工作会议暨深入实施“百县千镇万村高质量发展工程”推进会在广州举行，会议通报了2023年度广东省实施“百千万工程”考核评价结果，东源县等7个县市为进位类优秀等次，陆河县等4个县市为消薄类优秀等次，并给予资金与新增建设用地指标奖励。会议还公布了广东省首批以县城为重要载体的新型城镇化试点名单，包括饶平、阳西等15个县（市）入选，坚持从生产生活生态的实际需求出发，以基础设施和公共服务为重点，全面提升县城综合承载能力。广东始终把“三农”工作放在心上、抓在手上，加力提速实施好“百千万工程”这一牵动全局、惠及长远、根深叶茂的“头号工程”，下一步将开展整县推进农文旅融合发展试点、推动乡村酒店高质量发展、开展“粤美乡村”规划设计、扎实推进全域土地综合整治、推进绿色低碳乡村建设。环顾南粤大地，“百千万工程”战鼓擂、旌旗扬，真可谓“千军万马战犹酣”。南粤大地乘着改革开放再出发的春风，正在发生新一轮翻天覆地的沧桑变化，必将再创让世界刮目相看的现代化新奇迹！

前　言

“再造一个新广东”的使命与担当：全面振兴县域经济

县城处于“城尾乡头”，发挥着连接城市、服务乡村的作用，承载着新型城镇化与乡村振兴的双重使命。习近平总书记指出：“县一级承上启下，要素完整，功能齐备，在我们党执政兴国中具有十分重要的作用，在国家治理中居于重要地位。”[①]实现县域大发展，不仅能够有效推进城乡融合，促进区域协调发展，更是统筹解决“三农”问题的战略选择。县域具备了现代产业体系，才能更好支撑农业现代化；县域基本公共设施与服务达到一定水平，才能向农村延伸高质量基本公共服务；县域经济繁荣了，才能为农民提供更多就业机会与各类治理资源。因此，全面振兴县域经济，是从根本上解决广东“三农”问题，破解区域发展不平衡，“再造一个新广东”的关键环节。

早在2003年6月，习近平同志在浙江省工作时亲自谋划、亲自推动“千

---

①《习近平在指导兰考县委常委班子专题民主生活会时强调作风建设要经常抓深入抓持久抓不断巩固扩大教育实践活动成果》，《人民日报》2014年5月10日第1版。

村示范、万村整治”工程（简称“千万工程”）。“千万工程”实施20年，造就了浙江万千美丽乡村，全面改变了乡村风貌，掀起了浙江山乡巨变，这是解决“三农”问题的成功实践，为中国建设乡村、发展乡村提供了新视角、新思维。2017年，党的十九大报告提出实施乡村振兴战略。广东省委、省政府多措并举，扎实推进乡村振兴。2022年，党的二十大后，广东省委、省政府进一步学习借鉴浙江“千万工程”经验、全国脱贫攻坚奔小康经验，结合广东省过去统筹推进城乡区域协调发展的经验，提出实施“百千万工程”这一具有时代特征、广东特色的重大战略。

“百千万工程”立足于广东省情，紧扣产业兴、科教兴、民生兴三大关键，将产业、科教与民生的深度融合与创新作为推动县域经济发展的重要动力，作为解决“三农”问题的新路径。广东县域的创新发展在各个领域全方位展开：在产业发展中不断促进结构优化与技术升级，推动城乡产业协同发展，也将加快农业产业化步伐；在科教领域，通过“双百行动”强化创新驱动，完善县域创新体系，提高创新能力，也将培育出一代新农人；在民生领域，创新体制与机制，推动基本公共服务均等化，推进美丽宜居乡村建设。产业、科教与民生的融合创新，可以高质量解决涉及“农业、农村、农民”的“三农”难题，这既是“百千万工程”的重要目标，也是推进乡村振兴的重要方式。

“百千万工程”的重点在于促进城乡融合发展。由于地理因素以及生产要素分布的差异，广东城乡之间发展水平差异较大（见图1），区域之间发展失衡问题较为严重（见表1）。习近平总书记在视察广东时多次就促进城乡区域协调发展作出重要指示。“百千万工程”正是依据习近平总书记的重要指示精神，立足广东实际，进一步优化产业布局，促进城乡区域协调发展，全面系统地解决“三农”问题。实施“百千万工程”，既是贯彻落实党的二十大战略部署的具体行动，也是满足广东人民群众对美好生活新期待的内在要求。

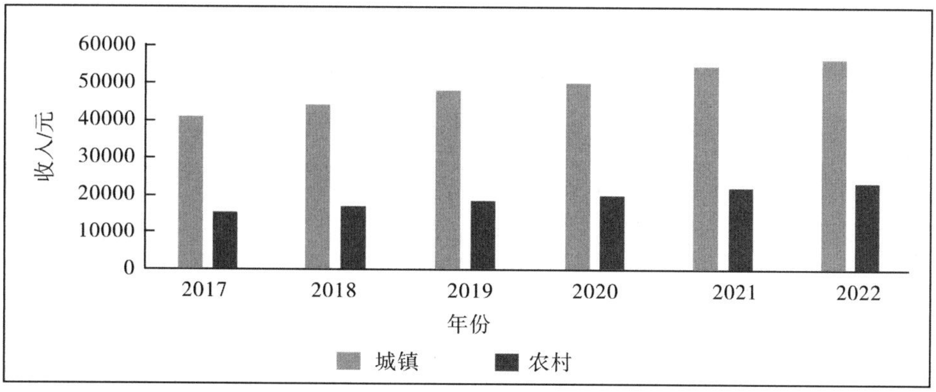

图1　广东城乡居民人均可支配收入水平（2017—2022年）

数据来源：历年广东统计年鉴。

表1　2022年广东省分区域主要指标

区域	地区生产总值/亿元	比上年增长/%	规模以上工业增加值增长/%	固定资产投资增长/%	社会消费品零售总额增长/%	地方一般公共预算收入（同口径）增长/%
珠三角核心区	104681.81	2.1	2.4	0.4	1.6	2.0
东翼	7913.42	0.6	−7.6	−13.4	−0.1	2.0
西翼	9152.20	0.8	−3.0	−10.6	1.8	0.7
北部生态区	7371.15	0.9	−0.6	−14.4	0.4	4.9

数据来源：《2022年广东省国民经济和社会发展统计公报》。

实施“百千万工程”的关键在于促进县镇村联动。广东省委书记黄坤明指出，“县的层面，我们把县城作为新型城镇化的重要载体，进一步完善承载功能，带动县域经济发展更有特色、更有后劲、更有实力。镇的层面，我们做强这个节点，更好地服务经济社会发展，服务生产生活。村的层面，我们抓好人居环境整治，聚焦解决群众急难愁盼问题，把民生实事办好办实”[①]。这体现了广东坚持以人民为中心的发展思想，坚定不移推进“百千万工程”，不断优化县域经济发展环境，激发县域经济活力，努力推动广东在新时代新征程中走在全国前列、创造新的辉煌。广东省作为新时代中国经济社会发展的排头兵，承担着在推进中国式现代化建设中走在前列的重要使命。我们坚信，在全省上下的共同努力下，广东省的县域经济必将迎来更加美好的明天！

马克思在《哲学的贫困》中深刻指出：“城乡关系一改变，整个社会也跟着改变。”[②]这一论断深刻揭示了城乡关系在社会发展中的核心地位。当前，中国发展最大的不平衡是城乡发展不平衡，最大的不充分是农村发展不充分。要从根本上解决这一问题，必须全面振兴县域经济，通过培育新质生产力，推动城乡发展深刻变革，实现以城带乡、城乡融合的发展新格局。

新时代中国坚定不移全面深化改革、扩大高水平对外开放，经济社会发展取得了巨大历史性成就，而广东是中国发生历史性变革、转向高质量发展的生动缩影。作为改革开放的排头兵、先行地、试验区，广东始终在推进中国式现代化建设中走在前列。改革开放40多年来，一些县如中山、东莞，成长为地级市甚至超大城市；一些县如顺德、南海改制为区，融入更广阔的都市体系内；但不少偏远山区的县，经济仍相对落后，与珠三角地区形成明显的城乡区域差距。总体看，以57个省辖县（市）为代表的县域经济仍是广东经济发展的突出短板，镇域经济是薄弱环节，而最艰巨、最繁重的任务仍落在广大乡村。现阶段，广东实施“百千万工程”，就是要推动县域经济高质量发展，建设宜居宜业和美乡村，促进城乡区域协调发展，从而将县镇村发展的短板转化为广东高质量发展的“潜力板”。

广东大力实施“百千万工程”，旨在探索城乡发展新路，全面推进乡

①徐林、骆骁骅、李凤祥、祁雷、姚瑶：《广东代表团举行开放团组活动》，《广州日报》2024年3月8日第1版。

②中共中央马克思恩格斯列宁斯大林著作编译局编《马克思恩格斯选集 第一卷》，人民出版社，2012，第237页。

村振兴，加快推动新型城镇化，有效促进城乡经济、社会和生态一体化和谐发展。推进“百千万工程”，既要遵循经济社会发展的规律，又要把准县域经济高质量发展的重点任务，更要确保各项工作有力有序向前推进。广东省有122个县（市、区）、1609个乡镇（街道）、2.65万个行政村（社区），相比于经济实力雄厚的市辖区，实现高质量发展的突出短板在县（市），因此，只有把后发地区的57个省辖县（含20个县级市）建设成为富有活力的内生发展系统，才可能持续推动广东城乡区域协调发展朝着“再造一个新广东”迈进。

在“百千万工程”实施背景下，本书聚焦57个省辖县（市）展开综合分析，反映广东县域经济发展的新态势；并选择了代表性强的10个典型县（市、区）作为广东县域经济创新发展的样本，深入剖析各县因地制宜促进经济高质量发展的新举措、新模式、新成效，揭示广东高质量发展的内生动力[①]。这10个县（市、区）演绎了广东县域经济创新发展的不同模式：顺德区发展新质生产力打造最友好的制造业强区，鹤山市以转型升级夯实“制造业当家”根基，争创工业化强县；增城区、博罗县通过提升区域能级与制造业能级推动城乡融合发展；饶平县、阳西县以陆海联动推动海洋牧场建设；高州市、东源县紧抓“双百行动”契机探索县域创新发展新路径；梅县区、陆河县以帮扶协作将“绿美”绣入县域建设蓝图。在“百千万工程”视阈下，这10个典型县（市、区）在经济规模、经济增速、经济发展质量方面可圈可点，其实践具有很强的典型性和创新性，可谓之成为广东县域经济创新发展“10强”。

中国式现代化是全体人民共同富裕的现代化。国内外研究经验表明，区域发展不均衡会产生严重的社会问题，尤其福利覆盖面不平衡，还会进

①应当指出的是，广东市辖区与县和县级市在行政级别、自主性、产业结构、功能定位等方面均存在显著差异，在经济发展水平方面表现出典型的“区强县弱”格局。但作为经济发展水平更高的市辖区，其在新时代推进县域经济高质量发展的路径选择方面，仍值得57个后发省辖县（市）借鉴，因此本书在选择县域“10强”时也引入了3个典型市辖区。

一步阻碍经济的可持续成长。缩小收入差距，实现全体人民生活水平的提高和平衡增长是中国经济均衡、协调和可持续发展的重要目标之一，也是实现共同富裕的题中之义。因此，广东必须全面振兴县域经济，实现乡村振兴，提高城乡居民收入，这是迈向共同富裕的必然选择。

从2017—2022年广东省居民人均可支配收入及其增长速度的变化来看，广东居民收入增长态势强劲（见图2）。2022年，广东省居民人均可支配收入达到47065元，比上年增长4.6%。其中，城镇居民人均可支配收入56905元，增长3.7%；农村居民人均可支配收入23598元，增长5.8%。

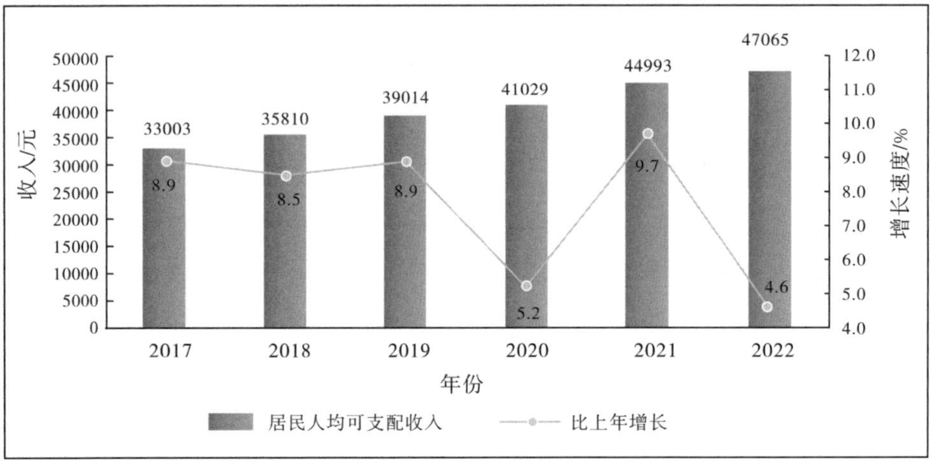

图2　2017—2022年广东省居民人均可支配收入及其增长速度

相比于收入水平，消费水平更能反映居民生活质量。2022年广东省居民人均消费支出32169元，比上年增长1.8%，其消费构成以食品烟酒、居住、交通通信、教育文化娱乐为主（见图3）。其中，城镇居民人均消费支出36936元，增长0.9%；农村居民人均消费支出20800元，增长3.9%。受益于乡村振兴带来的富民增收效应以及网络销售的便捷，农村居民消费水平增势较好。全省居民恩格尔系数为34.3%，其中城镇为32.8%，农村为40.4%。

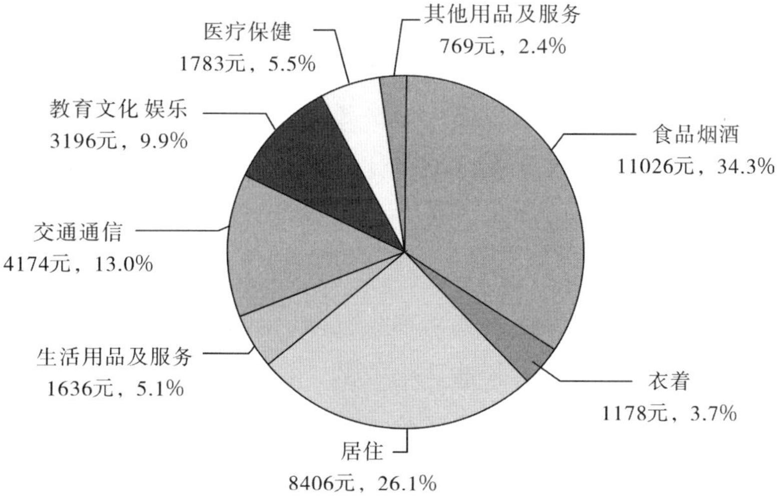

图3　2022年广东省居民人均消费支出及构成

从县域经济演进规律看，由于区域发展条件存在客观差距，绝对均衡的区域经济发展水平是不存在的，即使区域发展进入相对稳定的状态，不同区域间的经济发展水平依然会有差距,通常会使用人均GDP等生产层面的名义指标进行测度，但其实人们真正最直接感受到的经济发展水平差距是民生质量的差距。从生产层面到居民生活层面，除了收入分配、消费等，居民的实际收入水平还受到政府财政收入分配、地区物价水平等多重影响。只有促进县域经济结构变革、产业结构升级、收入结构完善，才能增进民生福祉，提高居民生活品质，在发展中保障和改善民生。“百千万工程”旨在破解城乡二元结构问题，通过进一步深化改革，激发改革、创新、开放三大动力，为推动高质量发展、推进中国式现代化持续注入强劲动力，助力乡村全面振兴，实现城乡区域协调发展和迈向共同富裕。要围绕构建高水平社会主义市场经济体制，深化要素市场化改革，建设高标准市场体系，加快完善产权保护、市场准入、公平竞争、社会信用等市场经济基础制度。要不断完善落实“两个毫不动摇”的体制机制，有效破除制约民营企业公平参与市场竞争的障碍，支持民营经济和民营企业发展壮大，激发各类经营主体的内生动力和创新活力。

2023年，广东县域经济整体发展活力进一步增强，各县域差异化发展特色鲜明，典型示范作用显著。为了从量化视角深入观察广东县域经济发展状况，本书进一步从经济规模、经济效率、居民生活、城乡融合四个维度对广东县域经济发展水平进行综合评价，并进一步对10个典型县（市、区）的经济发展模式进行分析，揭示当前广东县域经济创新发展态势。部分研究结论如下：

其一，广东各县域深化改革，积极创新，成效显著，涌现了各具特色的县域经济发展模式，包括制造业当家的“鹤山模式”、紧抓城乡融合的“增城模式”、规模农业的“徐闻模式”、陆海联动的“阳西模式”、绿色发展的“陆河模式”以及正在形成中的“双百行动”赋能升级的“东源模式”等等，反映出“百千万工程”激发了各地因地制宜、勇于改革、善于创新的闯劲与干劲！

其二，广东各地创新发展实践凝结出一个县域经济高质量发展的“五力提升”范式，即全面提升政府的产业规划力、资源整合力、项目执行力、社会动员力、治理协调力，形成系统化的发展合力、创新动力。

其三，2023年，广东县域经济发展梯队分布呈现出金字塔结构，县域经济发展水平呈现出极化特征，57个省辖县（市）中，博罗县、惠东县和四会市的经济发展水平排名前三。分区域来看，珠三角地区县（市）在各维度的表现均位居前列，北部山区多数县（市）的表现尚不够理想。

其四，从四大维度来看，经济规模和居民生活质量决定当前广东县域经济发展水平，经济效率有待进一步提升，城乡融合仍为广东县域经济发展的短板，也是广东县域城乡区域协调发展的“潜力板”。

其五，与江苏、浙江等同梯队经济强省比较，广东后发区域57个县（市）仍存在经济规模偏小、工业发展滞后、财政自给率不足、公共服务供给存在短板等问题，未来在深入推进“百千万工程”过程中，应有针对性地补短板、强弱项，按农业大县、工业强县、文旅和生态县等分类施策。

作为推动广东高质量发展的头号工程，“百千万工程”是广东的优势塑造工程、结构调整工程、动力增强工程、价值实现工程。推进“百千万工程”的“一三五十”目标安排是：一年开局起步、三年初见成效、五年显著变化、十年根本改变。随着县域经济大发展、大跨越，广东将会进一步深化改革，激发新一轮高质量发展的内生动力，“一三五十”目标必将实现。2024年7月召开党的二十届三中全会，在新的历史起点上把新时代改革开放推向新境界，为中国式现代化持续注入强劲动力。广东必将全面深化改革开放，各典型县（市、区）会积极提升“五力”，加快县域经济创新发展，锻造新质生产力，高质量完成广东省委、省政府战略部署，在“再造一个新广东”历史进程中奋勇突破，再创辉煌！

目　录

上篇

广东县域经济发展报告："百千万工程"视阈下57个省辖县（市）发展总览

中篇

典型县（市、区）高质量发展多维演绎：广东县域经济创新发展10强

下篇

中国式现代化道路的县域演绎：广东县域经济高质量发展新范式

上　篇

广东县域经济发展报告：“百千万工程”视阈下57个省辖县（市）发展总览

广东要实现高质量发展，必须解决城乡区域发展不平衡问题。2022年12月，中共广东省委十三届二次全会审议通过了《中共广东省委关于实施“百县千镇万村高质量发展工程”促进城乡区域协调发展的决定》[①]，该决定提出，“以全省122个县（市、区）、1609个乡镇（街道）、2.65万个行政村（社区）为主体，全面实施‘百县千镇万村高质量发展工程’”。截至2022年底，广东省下辖20个县级市、34个县、3个自治县，此外还有65个市辖区。鉴于市辖区与县和县级市在行政管辖、自主性、产业结构、功能定位等方面均存在显著差异，加之广东存在典型的“区强县弱”格局，本篇拟以广东57个省辖县（市）为主要研究对象，因为它们是解决广东省城乡区域发展不平衡问题的主阵地与突破口，深度分析这些县域的经济发展态势、特征、典型经验与做法，正视其短板和不足，有助于揭示新时代广东县域经济高质量发展的内在规律，更系统地解决“三农”问题，打造振兴县域经济的“广东样板”。

①《中共广东省委关于实施“百县千镇万村高质量发展工程”促进城乡区域协调发展的决定》，https://www.gd.gov.cn/gdywdt/zwzt/xxgcesd/ywbd/content/post_4101013.html?eqid=ddec90ed00036a7400000006642e8c8c，2023年2月27日。

第一章

总览与全貌：广东县域经济发展总体态势

2022年5月，广东省政府就广东经济社会发展提出了“推进高质量发展，打造新发展格局战略支点”新目标，为此后县域经济高质量发展拉开了序幕。为实现这一目标，广东省政府制定了一系列战略和举措。通过深化改革开放，优化营商环境，激发市场活力，为县域经济发展提供强大动力；加大科技创新投入，培育新兴产业，推动传统产业转型升级，提升县域经济的核心竞争力；注重城乡融合发展，优化城乡资源配置，推动城乡经济一体化，缩小城乡发展差距。广东省政府还注重加强区域合作，推动县域经济协同发展。通过加强与周边地区的合作与交流，实现资源共享、优势互补，推动整个区域实现更加均衡、更加协调的发展，为打造新发展格局战略支点提供有力支撑。在这一新目标的指引下，广东县域经济发展呈现出良好的态势。一方面，一些经济基础较好的县域通过优化产业结构、推进创新驱动发展，实现了经济的快速增长；另一方面，一些相对落后的县域也在政策的支持下，加快追赶的步伐，努力实现经济跨越式发展。

第一节　广东县域经济发展的规模和结构

2022年，广东57个县域的地区生产总值共计15995.19亿元，相比于2021年的名义增速为3.17%，实际增速为1.50%①。从三次产业结构来看，2022年广东县域一二三产业增加值分别为3402.24亿元、5327.17亿元、7265.78亿元，呈现出“三二一”的产业结构格局（见表1-1）。相比于广东全省的三次产业结构（4.1：40.9：55.0），县域中的第一产业明显占有较高的比重。从单个县域来看，徐闻县、雷州市、怀集县等9个县域的第一产业增加值占地区生产总值的比重超过30%，乐昌市、南雄市等29个县域的第一产业增加值占比位于20%～30%之间，东源县、龙川县等15个县域的第一产业增加值占比位于10%～20%之间，乳源瑶族自治县、鹤山市等4个县域的第一产业增加值占比位于7%～10%之间。与全省比较来看，县域一二三产业增加值占全省一二三产业增加值的比重分别为63.71%、10.08%、10.24%，凸显广东县域对农业农村的支柱性作用。这一特征同样体现于其他指标。2022年，广东县域农林牧渔业总产值达5556.20亿元，占广东全省农林牧渔业总产值（8892.29亿元）的62.48%；粮食总产量达976.5万吨，其中稻谷总产量达848.5万吨，占广东全省粮食总产量、稻谷总产量的比重均超过75%。

表1-1　2022年广东县域经济规模和产业结构

单位：亿元

县级区划类型	地区生产总值	三次产业增加值		
		第一产业	第二产业	第三产业
57个县域	15995.19	3402.24	5327.17	7265.78
34个县和3个自治县	7692.13	1732.14	2584.07	3375.92
20个县级市	8303.06	1670.10	2743.10	3889.86

资料来源：《广东统计年鉴2023》。

①根据《广东统计年鉴2023》中各县地区生产总值指数计算。

从三次产业增长态势看（见图1-1），2022年广东县域第一产业增加值实现了最大幅度的增长，名义增速达到7.16%，第二、第三产业增加值的名义增速分别为2.80%、1.66%。在此增长结构下，2022年第一产业对县域地区生产总值的贡献进一步提升，表现为县域三次产业结构从2021年的20.48：33.42：46.10变化为2022年的21.27：33.30：45.42。由于广东80%的县域都属于农业主产区或生态功能区，在以高质量发展为牵引全面推进乡村振兴战略的背景下，农业发展势头强劲已经成为广东县域的鲜明特征。

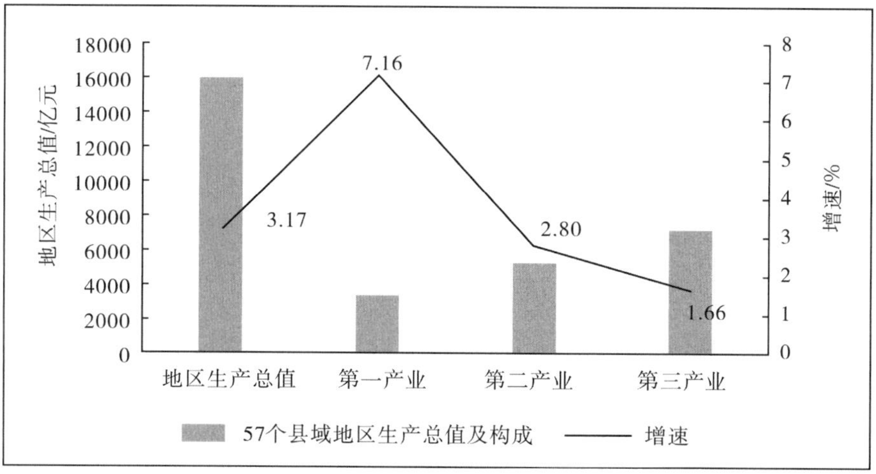

图1-1　2022年广东县域经济规模和增速

资料来源：《广东统计年鉴2023》。

2022年广东34个县和3个自治县的地区生产总值为7692.13亿元，20个县级市的地区生产总值为8303.06亿元（见表1-1），20个县级市因经济相对发达而撑起了广东县域经济的"半壁江山"。从产业结构来看，本节计算了以第二、第三产业增加值占比或第三产业和第二产业的增加值之比衡量的产业结构高级化指数[①]，如图1-2所示。显而易见，由两个产业结构高级化指数得出的基本判断是一致的，即县级市的产业结构高级化进程均高于县和自治县以及广东县域的平均水平，反映出广东县级市在产业结构优化升级方面的整体表现更好。

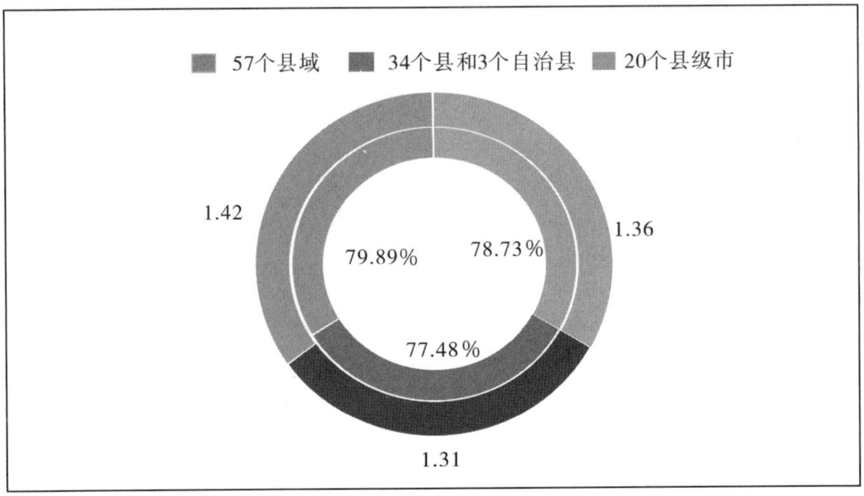

图1-2　2022年广东县域的产业结构高级化指数

注：内环对应的产业结构高级化指数以二、三产业增加值占地区生产总值的百分比表示，外环对应的产业结构高级化指数以第三产业增加值除以第二产业增加值得到。原始数据来自《广东统计年鉴2023》。

2022年国务院第七次全国人口普查领导小组办公室公布了《2020中国人口普查分县资料》，确定了广东十大县级市，包括普宁市（49万人）、四会市（42万人）、台山市（36万人）、开平市（34万人）、信宜市（32万人）、高州市（32万人）、兴宁市（29万人）、化州市（29万人）、阳

①产业结构高级化指的是随着经济发展和人均国民收入水平提高，第一产业的劳动力和国民收入占比逐渐下降，第二产业逐渐上升，随着经济进一步发展，第二、第三产业的劳动力和国民收入占比也开始逐渐提升的演进趋势。

春市（26万人）、鹤山市（26万人）[①]，这10个人口大县（县级市）的地区生产总值占广东20个县级市地区生产总值的比重为63.76%，经济增速为3.47%。按照地区生产总值规模对广东20个县级市进行排名（见图1-3），除了阳春市（第十三）和兴宁市（第十七），上述其他8个人口大县同样是排名前十的经济强县。

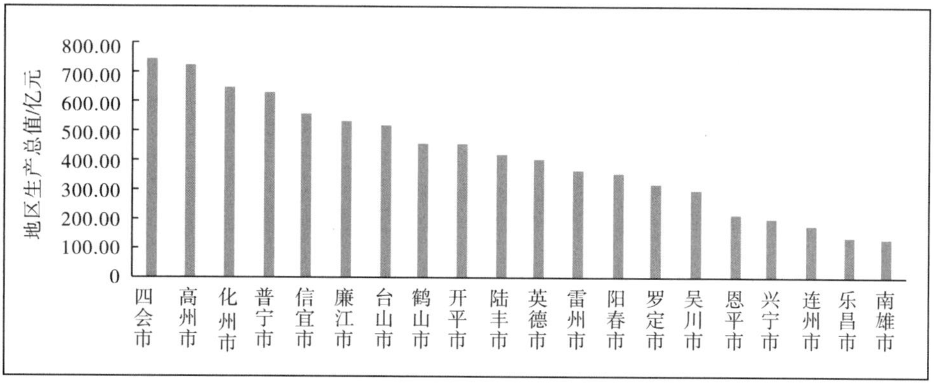

图1-3　2022年按经济规模排序的广东20个县级市

资料来源：根据《广东统计年鉴2023》整理绘制。

2023年8月，农业农村部发展规划司公示了第二批国家乡村振兴示范县，其中，广东省有3个区县（开平市、增城区、高要区）入围，加上2022年第一批国家乡村振兴示范县入围的4个区县（从化区、高州市、南雄市、陆丰市），目前广东省共计4个县级市（开平市、高州市、南雄市、陆丰市）融入这一国家层面的发展战略。这意味着未来会有更多国家层面的资源倾斜到这些县级市，助力乡村振兴。另外，这4个县级市的经济规模分居不同梯队（见图1-3），而且资源禀赋和产业结构迥异。比如珠三角的开平市为历史文化名城，拥有世界文化遗产——开平碉楼与村落，已经形成了金属制品业、纺织服装业、食品加工业等传统支柱产业；粤西的高州市以

①《中央确定广东十大县级市：普宁遥遥领先，江门和茂名各有3县入围》，https://baijiahao.baidu.com/s?id=1771494954547141383&wfr=spider&for=pc，2023年7月15日。

荔枝产业声名远扬；粤北的南雄市为交通要冲，拥有以珠玑巷为代表的丰富的历史文化遗产资源；东翼的陆丰市以秀美的自然景观而闻名。一般来说，县级市作为县域经济中的佼佼者，对于带动区域县域经济发展能够起到示范和引领作用。这4个国家乡村振兴示范县（县级市）的发展不仅能够推动当地农业农村发展、缩小城乡差距，它们在乡村振兴和经济规模壮大过程中形成的发展经验更是有望复制推广到广东其他县域，这对于广东县域经济发展是影响更为长远的利好消息。同时，这4个县级市也是广东经济发展的重要支撑，将为广东经济高质量发展作出贡献。

第二节　广东县域经济发展的空间格局分析

2022年广东57个县域地区生产总值和三次产业空间格局如表1-2和图1-4所示[①]。从县域经济规模来看，呈现出珠三角、西翼、北部山区、东翼依次递减的特征，珠三角以12个县域撑起了30.86%的地区生产总值，相比较而言，东翼成为广东县域经济发展的“洼地”。

表1-2　2022年广东县域经济的空间格局

区域	县域个数/个	地区生产总值/亿元	第一产业增加值/亿元	第二产业增加值/亿元	第三产业增加值/亿元
珠三角	12	4935.83	809.99	2163.89	1961.95
东翼	8	2506.25	408.03	840.51	1257.71
西翼	10	4399.29	1231.88	1087.19	2080.23
北部山区	27	4153.82	952.34	1235.58	1965.90

资料来源：根据《广东统计年鉴2023》整理绘制。

①具体数据见附录A。

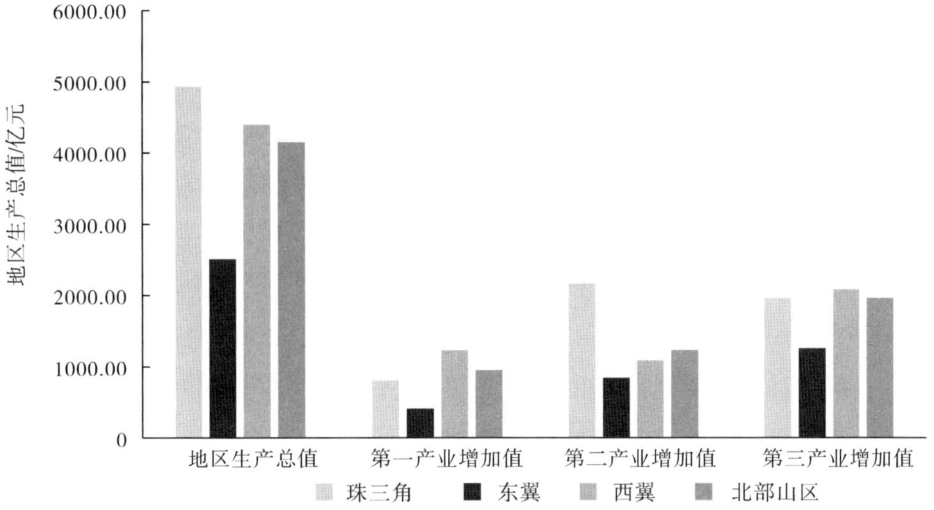

图1-4 2022年广东县域经济的空间格局

资料来源：《广东统计年鉴2023》。

从三次产业来看，东翼的三次产业经济规模都排名最后，在其他三大区域的县域经济规模已经冲破4000亿元大关，甚至迈向5000亿元的情况下，东翼的县域经济规模还未突破3000亿元门槛。位于东翼的南澳县、陆河县均为广东的典型贫困县，2022年南澳县的地区生产总值还不到36亿元，陆河县的地区生产总值刚跨过百亿元大关。

西翼在第一产业和第三产业的经济规模中排名第一。在第一产业方面，西翼拥有徐闻县、雷州市、遂溪县等农业大县。以湛江市徐闻县为例，其菠萝种植历史已长达一个世纪，近两年徐闻菠萝通过"公司＋合作社＋科研院所＋农户"模式全面推进种植机械化，同时借力广东农产品"12221"市场体系建设，成功探索出可复制、可推广的农业发展新模式。目前，徐闻菠萝不仅在国内畅销，还相继开拓出日本、俄罗斯、吉尔吉斯斯坦等全新的海外市场。2021年徐闻菠萝种植面积约35万亩（1亩≈666.67平方米），产量约70万吨，面积及产量均超全国的1/3①。同时，徐闻县还

①韩雨珂、黄楚璇：《徐闻菠萝上市热销》，《南方农村报》2021年2月23日第8版。

大力发展菠萝干、凤梨酥、菠萝烤鱼等深加工品，延长产业链，并以“菠萝的海”为核心，串珠成链，打造广东省最靓丽的乡村旅游、休闲农业观光旅游名片。2022年徐闻县第一产业增加值达到116.03亿元，第三产业增加值达到89.0亿元，二者占地区生产总值的比重合计达到89.43%。

珠三角在第三产业方面的表现次于西翼、北部山区，但在第二产业方面呈现出“一枝独秀”的特征，珠三角12个县域的第二产业增加值占广东57个县域的40.62%（见表1–2）。珠三角县（市）在地理区位、政策、营商制度等方面具有相对较好的禀赋条件，制造业产业基础好，也有条件承接珠三角大中城市转移出来的制造业产业。目前，珠三角已经形成了多个工业大县，2022年博罗县、龙门县、台山市、开平市、鹤山市、四会市、封开县7个县（市）均呈现出“二三一”的产业格局，博罗县、四会市2个县（市）的第二产业增加值规模在广东57个县域中排名分别居第一、第二位，并进入了2022年全国工业百强县榜单。其中，博罗县制造业的产业基础和发展态势非常好，已经涌现了台铃、小刀、新日等一大批电动车龙头企业。博罗县2022年的第二产业增加值达到436.48亿元，占地区生产总值的比重超过一半；规模以上工业企业数量超过1000家，在全省县域中遥遥领先，2022年规模以上工业总产值达到1457.35亿元，同比增长11.01%；2022年以来，博罗县的工业投资始终保持40%以上的增长速度，正在集中力量培育发展电子信息、新材料、电动车和生命健康四大主导产业，举全县之力建设千亿级产业园[①]。四会市2022年的第二产业增加值达到406.22亿元，占地区生产总值的比重为54.63%，规模以上工业总产值达到2122.15亿元，同比增长9.83%。2023年以来，四会市打响了产业增量提质大会战，全面落实制造业当家“十项行动”，积极推进新能源汽车及汽车零部件、新型储能、电子信息、铜铝深加工等“主导＋特色”产业发展，并围绕头部企业上下游精准招商、以商招商。2023年上半年，四会市全域“主导＋特

①陈薇、昌道励、吴浅语：《广东“工业大县”挺起发展脊梁》，《南方日报》2023年3月27日第A04版。

色”产业完成总产值837.92亿元，其中新能源汽车产业产值289.36亿元，新型储能产业产值175.27亿元。此外，全域新引进项目100余个，计划总投资额超250亿元①。

由于自然资源和历史文化资源丰富，北部山区的第一产业、第三产业的经济规模基本与珠三角平齐。第二产业方面，虽然北部山区的仁化县、乳源瑶族自治县、蕉岭县、佛冈县4个工业大县的工业规模超过东翼、西翼，但北部山区的第二产业规模仍与珠三角存在巨大差距，从而形成了与珠三角县域经济规模的巨大差距。

县域经济是“再造一个新广东”的关键抓手，没有县域经济发展，城乡不平衡不协调的状况改变不了。发展县域经济，要以县城为载体，以乡镇为支点，以乡村为神经末梢，形成一个整合产业创新、组织创新、体制机制创新、生产方式提质增效于一体的县域经济体系。这个体系具有城乡融合的内在特性，同时也有利于农业生产方式和乡村生活方式的“城镇化”，需要顶层设计与基层实践同时发力，有为政府和有效市场相互交融，以科学规划推进城乡一二三产业融合发展，把城镇的数字经济、平台经济、“互联网＋”经济、城市服务型经济向农业农村覆盖，把城镇新质生产力延伸到农业农村，使农业农村的经济网络、社会网络借助县城功能、乡镇抓手、农村神经末梢形成符合各地实际情况的产业积聚、居民合理分布的经济社会结构，形成以县城为中心的十分钟经济和生活功能区、半小时或一小时内的功能区和生活聚居区，构造出具有生产盈利性、内生金融性、文化创造性和价值增殖性的县域经济体系，推动县域产业革命、新质生产力革命、现代农业革命、新型生产关系改革、经济社会组织持续创新。

①段凤桂：《15县竞速“创先”赛道　争当下一个“百强县”》，《南方农村报》2023年11月9日第4版。

第三节　实施“百千万工程”以来广东县域经济发展的突出成效

《中共广东省委关于实施“百县千镇万村高质量发展工程”促进城乡区域协调发展的决定》设定了三阶段的目标任务：2025年，城乡融合发展体制机制基本建立，县域经济发展加快；2027年，城乡区域协调发展取得明显成效，县域综合实力明显增强；2035年，县域在全省经济社会发展中的地位和作用更加凸显，城乡区域发展更加协调更加平衡。

一、推进“百千万工程”，增强县域发展活力

根据“百千万工程”目标，各地纷纷制定出台政策，建立机制，努力把工程“施工图”转化为“实景图”，不少地市已经形成了典型做法并显著增强了县域发展活力。

珠三角的广州市从化区以鳌头镇为代表，以“六新”推动“百千万工程”落地。一是通过党建引领、专班负责、上下联动的工作机制，促使项目建设彰显“新速度”；二是系统整合全域人力、资源与资金，统筹推进农用地整理、建设用地整理、生态修复、历史文化保护四项工程，因地制宜、腾挪空间，实现土地利用提升“新效能”；三是充分发挥国企引领支撑作用，“筑巢引凤”，打造国企和民企优势互补、资源共享、融合发展格局，共建共营实现产业导入“新跨越”；四是联农带农，实现利益联结，探索建立“国企＋村公司＋合作社＋农户＋手艺人＋社会投资者”模式，促进共同富裕；五是党群同心，构建党建引领的共建共治共享格局，基层治理谱写“新篇章”；六是系统谋划、整体推进，试点衔接打造大湾区生态田园高质量发展示范区“新高地”。

粤北的南雄市以产业园区作为平台，以承接珠三角产业转移做大经

济增量，以体制机制改革打造良好的营商环境和提供资源要素保障，从而构建起支撑县域经济跃升的特色产业体系。在壮大县域经济的同时，发挥县这一行政单元在促进城乡融合、带动乡村全面振兴中的龙头作用，根据群众需求补足县、镇、村基础设施建设和公共服务短板，提升以县城为重要载体的城镇化水平，分类完善不同节点层级的服务功能，保障生产、生活、生态。“百千万工程”在实施过程中创造性运用了一系列独特的制度优势，如党的领导和工作队伍优势、高效动员和激励竞赛机制、新型帮扶协作机制、基层行政改革和运转保障机制，引导大众参与和乡贤回馈等。

沿海经济带的潮州市饶平县以挂图作战、项目式推进、清单式落实推动“百千万工程”从“施工图”变成“实景图”，把握了“县为主体和镇村为主战场、重点任务和面上统筹、攻坚突破和久久为功、经济发展和生态保护”四个关系，注重“县、镇、村” 三个层面，强化“政策、用地、资金、人才”四个保障①，实现了陆海联动、山海共济。

二、实施“创先、进位、消薄”行动，各县域实现差异化发展

广东57个县（市），县域面积占全省的71.7%，县域常住人口占全省的28%，但县域生产总值仅占全省的12.5%，县域城镇化率仅为44.3%，低于全省平均水平30个百分点②。县域经济总量较小、增长较慢、总体发展水平较低，已成为广东推进现代化的突出短板，但也是“潜力板”。“百千万工程”肇始，“县”再出发，正当其时。2023年，广东统筹抓好产业兴县和强县富民，为了让县域进一步强起来、富起来，引导各县域在不同赛道上争先进位。具体而言，立足资源禀赋、比较优势等因素，科学把握各县域的发展定位、方向、路径、重点，宜粮则粮、宜农则农，宜工则工、宜

①《潮州市饶平县：念好“山海经”推动“百千万工程”争先进位》，https://epaper.xkb.com.cn/view/1223985，2023年9月7日。

②南方日报评论员：《以“百千万工程”引领县域经济争先进位》，《南方日报》2023年8月9日第A05版。

商则商，以差异化发展助推高质量发展。比如，鼓励珠三角地区及周边的县域融入大都市发展建设，主动承接人口、产业、服务功能特别是生产制造环节、区域性物流基地、专业市场等的疏解转移，加快工业化、城镇化进程。以博罗县为例，2023年7月，赛迪顾问县域经济研究中心在北京发布“2023赛迪百强县”榜单，博罗县全国排名第69位，成为广东省唯一上榜的县，相比于2022年的排名第81位，跃升了12位，发展势头强劲。随着广汕高铁全面开通以及博罗站、罗浮山站投入使用，2023年博罗县正式进入“一县双高铁三站”的新高铁时代，将加速构建起内联外通的立体交通格局。

产业实力较强的县域，进一步强化主导产业，以产业平台建设为重要抓手，发展成为先进制造、商贸流通、文化旅游等专业功能显著的区域。作为实体经济的根基，第二产业是四会市实现高质量发展的根本。四会市是广东综合实力最强的县市之一，近年来四会市围绕“主导 + 特色”全面构建现代化产业体系，102个产业项目相继在四会市落地，现阶段正打造千亿元级新能源汽车产业集群、百亿元规模的全玉器产业和预制菜等20亿元级产业，以形成不同梯度的产业集群。

生态功能突出的县域，加强点上开发、面上保护，协调生态发展和环境保护的关系，统筹推进生态产业化、产业生态化，以筑牢全省生态屏障。以大湾区绿色建材产业的重要基地封开县为例，封开县已探明矿产33种，矿区102处，花岗岩、石灰石、铜钼、黄金等矿产储量丰富，资源禀赋优势明显。依托现有矿产资源和西江“黄金水道”，封开县成功引进华润、海螺、中国能建等一批大型企业，培育出了绿色建材这一主导产业。据统计，2022年封开县实现总产值65亿元。2023年，封开县大力推进大湾区绿色建材产业园建设，首期规划用地约1.5万亩，规划布局传统绿色建材产业、新型绿色建材产业、临港物流产业等五大组团，建成面积约0.3万亩，计划投资24亿元的疏港大道等5个基础设施在加快推进①，目前已有华

①谢江涛、陈明红、吴映霖：《肇庆封开：绿色建材撬动绿色发展》，《西江日报》2023年8月21日第1版。

润水泥、海螺水泥等多家绿色建材企业落户产业园。

作为农产品主产区的县域，推动强化农业综合生产能力，大力发展农产品种植养殖、深加工、大流通等全产业链，做好粮食安全保障。以清远市为例，自2022年清远市将麻竹笋列入"五大百亿农业产业"以来，麻竹笋产业发展热度持续高涨，2023年综合产值为66.94亿元①。其中，清远市英德市的麻竹笋种植面积已经突破80万亩，带动从业人员约9万人。

综合实力较弱的县域，包括老区苏区、民族地区和省际边界地区的县域，加快补齐城镇建设、公共服务等方面的短板，为产业发展创造条件，推动县域振兴。连山壮族瑶族自治县是全国唯一以壮瑶民族为主体的少数民族聚居的自治县，少数民族人口达65%。连山抓住电商公益培训这个"牛鼻子"，用这个小支点撬动整个连山的优势资源，积极探索"三地活化"，推动农文旅体康深度融合发展。

广东57个县域具有不同资源禀赋和比较优势，所处经济发展阶段各不相同，为了走出差异化的县域发展路径，2023年7月，广东实施"创先、进位、消薄"行动，即根据各县域经济实力和发展潜力，把57个县（市）划分成创先类（15个）、进位类（27个）、消薄类（15个）三条赛道（见表1-3），推动各地立足县情实际，找准实施"百千万工程"的着力点和突破口。

表1-3　57个县（市）赛道划分

类型	县域
创先类（15个）	陆丰、海丰、普宁、阳春、廉江、信宜、高州、英德、新兴、惠东、博罗、台山、开平、鹤山、四会
进位类（27个）	恩平、龙门、广宁、德庆、怀集、南澳、饶平、惠来、阳西、化州、吴川、遂溪、雷州、徐闻、罗定、佛冈、东源、紫金、乐昌、南雄、仁化、翁源、乳源、兴宁、平远、蕉岭、五华
消薄类（15个）	始兴、新丰、和平、龙川、连平、大埔、丰顺、陆河、封开、连州、阳山、连山、连南、揭西、郁南

①朱文华、邱炜民：《乘势而上　锚定目标　推动五大百亿农业产业再上新台阶》，《清远日报》2024年2月26日第1版。

15个创先类县（市）的经济实力较强。2022年创先类县（市）的地区生产总值为8079.34亿元，平均经济规模（即县域平均生产总值）达到538.62亿元（见图1–5和图1–6），远高于全省57个县域的地区生产总值均值280亿元。具体来看，15个创先类县（市）中，博罗县的经济表现最佳，2022年其地区生产总值突破了800亿元大关；高州市、惠东县、四会市的地区生产总值次之，处于700亿～800亿元之间；经济规模排名比较靠后的是新兴县、阳春市，这两个县（市）的地区生产总值均超过了300亿元但尚未迈入400亿元门槛。雄厚的经济实力也带来了较高的财政收入水平，2022年创先类县（市）的一般公共预算收入平均为26.8亿元，是57个县域均值的2倍。此外，15个创先类县（市）也多为人口大县，常住人口平均为100万人。作为广东县域经济主要支柱，创先类县（市）最有条件与基础打造千亿县，冲击全国百强县也是责无旁贷。截至2023年11月，已有博罗县、惠东县、四会市、普宁市、高州市、鹤山市、陆丰市、海丰县、廉江市、英德市、新兴县11个创先类县（市）提出了"上千亿"或"创百强"的目标①。

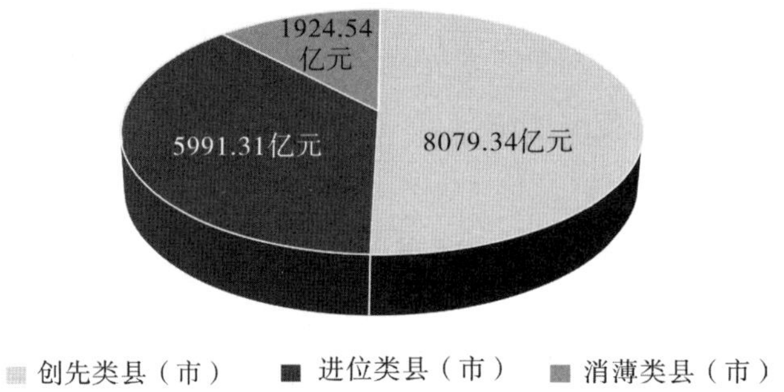

图1–5　三条赛道县域总量经济规模（2022年）

根据"抓两头、促中间"的工作思路，进位类县（市）汇聚了全省近半数的县域，是具备较强发展潜力的中间部分。2022年，27个进位类县（市）的地区生产总值规模为5991.31亿元，其中，南澳县、平远县的地

①段凤桂：《15县竞速"创先"赛道　争当下一个"百强县"》，《南方农村报》2023年11月9日第4版。

区生产总值均不足100亿元，罗定市、饶平县、雷州市的地区生产总值处于300亿～400亿元之间，化州市以651.57亿元地区生产总值位居首位，遂溪县的地区生产总值达到426.61亿元，位居第二，其他20个县（市）的地区生产总值分布于100亿～300亿元之间。从人口规模来看，27个进位类县（市）2022年末常住人口总量约1528万人，占全省的12%左右。有15个县（市）的常住人口规模在18万～50万之间，人口大县主要分布在东翼、西翼，雷州市、化州市、惠来县常住人口均超百万人。

消薄类县（市）多是经济弱县，2022年15个消薄类县（市）的地区生产总值规模为1924.54亿元，平均经济规模仅128.3亿元。具体来看，经济规模体量最大的为揭西县（261.11亿元），连山壮族瑶族自治县、连南瑶族自治县、新丰县的地区生产总值均不足100亿元，其他11个县（市）的地区生产总值在100亿～200亿元之间。从区域来看，15个消薄类县（市）有12个位于北部山区，生态环境优势明显，2个（陆河县、揭西县）位于东翼，1个（封开县）位于珠三角。作为经济弱县、生态大县，如何发挥生态环境等方面的比较优势，将绿水青山转化为金山银山，成为摆在消薄类县（市）面前的一道必答题。

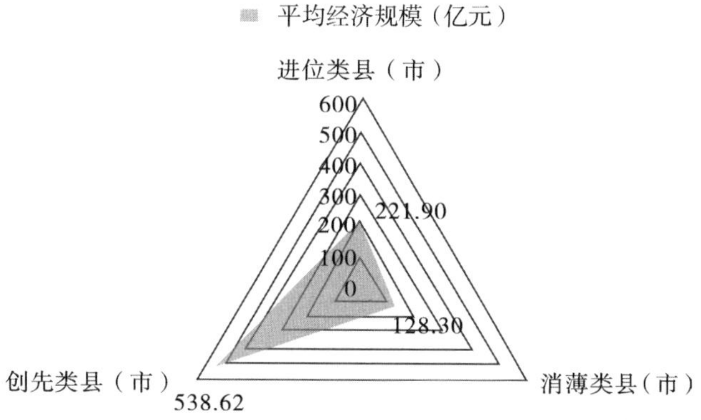

图1-6 三条赛道县域平均经济规模（2022年）

注：县域平均经济规模以各赛道县域总量经济规模除以县域个数得到。

根据新结构经济学理论，若一区域选择的产业与其禀赋结构相适应，企业的生产成本就较低，就具有比较优势和较强的自生能力，如果同时有合适的软硬基础设施，区域经济就会表现出巨大的竞争力①。因此，“创先、进位、消薄”行动是激发县域经济高质量发展内生动力的重要举措。基于各自禀赋结构，各县致力于实现宜粮则粮、宜农则农，宜工则工、宜商则商的错位发展格局。表1-4展示了创先类县（市）、进位类县（市）、消薄类县（市）的三次产业占地区生产总值的比重以及相应的产业比较优势指数。从三次产业结构来看，三类县（市）均呈现“三二一”的产业结构格局。从产业比较优势指数来看，创先类县（市）在第二产业领域具备较强的比较优势，进位类县（市）、消薄类县（市）在第一产业和第三产业领域均表现出比较优势，但相比较而言，进位类县（市）在第一产业和第二产业领域均比消薄类县（市）具备更强的比较优势。这意味着要走出特色发展道路，创先类县（市）应扎实推进制造业高质量发展，进位类县（市）、消薄类县（市）应充分发挥农业资源优势和文旅优势。

表1-4　三条赛道县域产业比较优势

类别	占比/%			比较优势指数		
	第一产业	第二产业	第三产业	第一产业	第二产业	第三产业
创先类	16.573	39.249	44.178	0.779	1.178	0.973
进位类	26.445	27.622	45.934	1.243	0.829	1.011
消薄类	24.882	26.044	49.074	1.170	0.782	1.080

注：某类县（市）的第i产业比较优势指数=某类县（市）的第i产业占地区生产总值的比重÷57个县（市）的第i产业占地区生产总值的比重。

自“创先、进位、消薄”行动提出以来，各地市积极响应，各展所

①林毅夫、王勇、赵秋运等：《新结构经济学：理论溯源与经典文献》，格致出版社、上海三联书店、上海人民出版社，2021，第92页。

长。江门市明确采取"一县一策"差异化发展策略，在创先类县（市）中推动台山市奋力建设强富绿美新台山、开平市全力创建省"百千万工程"示范县、鹤山市深入实施制造业当家"一把手"工程。进位类县（市）中的恩平市则全力推进五城共建，即"珠西智造之城、广东绿美之城、侨乡活力之城、县域繁荣之城、平安幸福之城"，加速推动综合实力实现新跃升；进位类梯队的饶平县，利用其农业大县和潮州市唯一海洋县的资源优势，突出念好"山海经"、做好"土特产"、加大力度"走出去"，已经成立海洋牧场海水种业、网箱养殖、陆基中高密度海水温棚养殖以及规模化蛋鸡养殖、林业经济等5个领导小组，紧抓"百千万工程"的机遇，高位推动5项富民重点产业高质量发展[①]。消薄类梯队的封开县，矿产资源方面禀赋优势明显，一直是绿色建材产业的重要基地。"百千万工程"实施以来，封开县大力推进大湾区绿色建材产业园建设，同时，还成立了以县委主要领导为产业链招商链主的绿色建材产业工作专班，县、镇、村协同联动推进全员招商，持续强龙头、建链条、聚集群，预计年产值5年内可达到150亿元，把建材产业打造成强县的核心支柱[②]。还有些县（市）按照省委"抓两头、促中间"的工作要求，将"创先、进位、消薄"行动贯彻到镇域。例如，东莞市选取长安镇、洪梅镇作为镇域经济"创先""消薄"示范镇，将长安镇打造成镇域经济高质量发展样板，力争2024年地区生产总值突破千亿元，成为全省第三个千亿镇，当好高质量发展排头兵，成为"创造示范"；将洪梅镇打造成后进镇赶超发展样板，力争2025年地区生产总值超150亿元[③]。

2024年5月，广东省人民政府办公厅印发《关于推进"社村"合作助力

---

①《潮州市饶平县：念好"山海经"推动"百千万工程"争先进位》，https://epaper.xkb.com.cn/view/1223985，2023年9月7日。

②陈薇、卢逸轩、唐子湉：《以绿色建材产业振兴县域经济》，《南方日报》，2023年5月31日第A05版。

③《重磅！东莞这里将打造综合示范区，面积约104平方公里！》，https://nyncj.dg.gov.cn/zl/2021xczx/gzdt/content/post_4066372.html，2023年9月5日。

新型农村集体经济试点方案》，拟优先从“百千万工程”典型县、产粮大县及特色优势产业县中遴选12个县（市、区）开展为期三年的试点，建立健全县域主导的“社村”合作运行机制，建构龙头企业带动的“社村”合作经营服务体系。这为全省消薄类县域加快发展提供了新路径，注入了新动能。

三、典型选树，示范引领县域经济发展

在发展县域经济、全面推进乡村振兴过程中，广东注重树立典型，开展了“千企帮千镇、万企兴万村”行动典型评选、文化产业赋能乡村振兴典型案例评选[①]、乡村振兴示范村评选[②]等工作。一般来说，典型选树秉持发展模式可借鉴、可复制、可推广的原则，典型县应具备示范性、引领性、带动性，通过建立示范样板进行差距比对和经验借鉴，助力其他县（市）进行有针对性的提升和改进，从而能够较好地带动广东整体县域经济发展。

2023年11月6日，全省推进“百千万工程”促进城乡区域协调发展现场会在茂名市召开，会上公布了广东省“百千万工程”首批22个典型县（市、区）、110个典型镇、1062个典型村（社区）名单。其中，排除市辖区，22个典型县（市、区）中包括15个县（市），即7个创先类（惠州市博罗县、江门市鹤山市、湛江市廉江市、茂名市信宜市、茂名市高州市、肇庆市四会市、云浮市新兴县）、6个进位类（韶关市南雄市、河源市东源县、梅州市蕉岭县、阳江市阳西县、潮州市饶平县、揭阳市惠来县）、2个消薄类（汕尾市陆河县、清远市连州市）。鉴于经济实力，创先类、进位类、消薄类三条赛道典型县（市）个数依次递减，且各典型县（市）特色鲜明。以7个创先类县（市）为例，博罗县和四会市均为工业强县，

①《河源入选！首批广东省文化产业赋能乡村振兴典型案例正式发布》，http://www.heyuan.gov.cn/bmjy/hysfpgzj/tzgg/content/post_509446.html，2022年8月12日。

②林露：《以排头兵示范“带”动全域兴》，《南方日报》2023年6月8日第IC01版。

"百千万工程"下前者以创优营商环境、"筑巢引凤"来强化实体经济发展，后者则展开了产业增量提质大会战，围绕头部企业上下游精准招商、以商招商。高州市是粤西经济体量最大的县域和农业大市，在农业设施化、园区化、融合化、绿色化、数字化方面表现亮眼，但高州市工业基础薄弱。普宁市为人口最多的县域，正着力打造现代轻工纺织、生物医药与健康、现代农业与食品及新兴产业的"3 + 1"产业体系。廉江市的人口总量仅次于普宁市，是全国首批中国小家电产业基地之一，拥有中小企业特色产业集群。自2023年以来，廉江市推进家电产业强链补链延链，把招商引资作为龙头任务来推动，实施"整县推进招商引资"机制，2023年上半年经济运行保持良好的发展势头。鹤山市人均地区生产总值位居全省县域第二，规模以上工业企业数量仅次于博罗县，为了给经济高质量发展腾出空间，鹤山市启动实施低效工业用地专项整治提升行动，"工改工"正成为拉动鹤山市产业转型升级的新动力源。新兴县的人口规模和经济规模较小，但人均地区生产总值、人均存款以及税收收入占一般公共预算的比重均位居创先类县（市）前列，拥有温氏股份、明基水产等农业龙头企业，簕竹镇、太平镇、天堂镇3个全国农业产业强镇，以及年产值近百亿元的金属制造产业集群。

第二章

特征与评价：广东县域经济发展水平

县域经济是个多维复杂系统，本章拟从经济规模、经济效率、居民生活、城乡融合四个维度构建广东县域经济发展水平评价指标体系，并以熵权TOPSIS法进行指标赋权和综合指数的计算，借此从量化的角度对2022年广东各县域经济发展的相对水平和驱动因素形成系统认识，进而总结发展经验。

经济规模是衡量县域经济实力的基础指标，可以反映一个县域的经济总量和发展水平。在广东县域经济发展中，经济规模的评价指标包括地区生产总值、财政收入、固定资产投资等具体指标，这些指标能够直观地展现县域经济的规模和实力。

经济效率是评价县域经济发展质量的关键指标。在广东，由于各县域的资源禀赋、产业结构和发展阶段存在差异，经济效率的评价显得尤为重要。可以通过考察劳动生产率、资本产出率、能源消耗率等指标，来评估县域经济的运行效率和可持续发展能力。

居民生活是评价县域经济发展成果的重要方面。县域经济的发展最终要落实到改善民生、提高居民生活水平上。因此，可以从居民收入、消费水平、教育医疗条件、社会保障等方面构建居民生活评价指标，以全面反映县域经济发展对居民生活的实际影响。

城乡融合是县域经济发展的重要目标。在构建评价指标体系时，应充分考虑城乡之间的协调发展。通过城乡收入差距、公共服务设施覆盖率、城乡人口流动等指标来衡量城乡融合的程度，以评估县域经济在推动城乡一体化方面的成效。

第一节　广东县域经济发展的产业特征

实施"百千万工程"以来，广东各县因地制宜，把产业振兴放在突出位置。例如，高州市提出把工业做大、把农业做强、把城乡做美，以实施"百千万工程"为抓手，全面推进县域振兴；乳源瑶族自治县等11个县是国家级重点生态功能区和省级重点生态功能区，发展思路是化绿水青山为金山银山，实现绿色发展，对此，乳源瑶族自治县在全域生态保护、推进产业攻坚、增强县城综合承载能力以及优化项目建设机制4个方面下功夫，坚持生态优先、绿色发展，持续用力推进县域经济高质量发展。按照主体功能区规划，广东有22个县是农产品主产区，有12个县（市）位于粤港澳大湾区内，处于大城市周边的县域，可以发挥其区位优势，加快农商旅发展。全省县域产业发展呈现以下特征。

一、加快构建现代乡村产业体系

近年来，广东现代化农业产业已触及前端的种业，农产品加工业也有长足发展，农业产业链不断向两端延伸，乡村产业成链、成体系的趋势明显。例如，高州市石鼓镇九罡工业园的省级丝苗米现代农业产业园核心区丝苗米加工车间通过引入现代化机器，实现了稻谷烘干、加工、分拣、包装一体化自动化生产，补齐了困扰石鼓镇多年的稻米加工短板。随着2023年广东"百千万工程"的深入推进，各地强县富民的系列土特产也正在孕育出新商机，远近闻名的有陆丰甘薯、英德麻竹笋、高州荔枝等。

为助推农业特色产业发展，广东以县为单位推进“互联网＋”农产品出村进城，以农产品市场体系建设为抓手，全方位打响“粤字号”农业品牌，着力开展特色优势农产品海内外宣传推广，加快发展供销农产品直供配送网，省市县供销社建成运营区域配送中心86个，助推荔枝等农产品丰产又丰收；开展“广东乡村振兴板”上市培育工程，培育挂牌展示企业318家，其中，57个重点县培育139家挂牌展示企业。随着县域商业体系建设的推进，农业大县的商贸物流发展进入新阶段。2022年广东省商务厅、广东省财政厅、广东省乡村振兴局组织开展了第一批国家县域商业建设行动示范县评选，广东省共有兴宁市、怀集县、南雄市、封开县、台山市、平远县等14个县（市）入选，合计获得中央财政专项资金1.46亿元。以此为契机，相关县（市）瞄准县域商业体系的短板、弱项，充分发挥好财政资金效能，精准施策，增强县域经济内生动能。新发展阶段补齐县域商业基础设施短板、强化县城综合商业服务能力的关键抓手正是升级改造乡镇商贸中心。

在深入推进现代农业产业园、跨县集群建设方面，2023年全国新建44个国家现代农业产业园，其中广东有2个，分别是化州市现代农业产业园和清远市清城区现代农业产业园。《中共广东省委　广东省人民政府关于做好2023年全面推进乡村振兴重点工作的实施意见》就推动产业能级提升方面，提出“深入推进现代农业产业园、跨县集群建设。支持农业龙头企业发挥串联产业链上下游、优化资源配置作用，牵头搭建大平台、实施大项目，推动产业园区拓功能、扩规模、增效益。提升特色化、专业化、集约化水平，打造更多百亿元级、千亿元级现代农业产业集群。加快建设现代农业与食品战略性支柱产业集群，立足10个千亿元级、5个百亿元级子集群，积极打造‘现代种业’等若干重点链。建立集群发展‘企链群’传导机制，支持处于产业链核心地位、对优化资源配置和产业生态构建有影响力的链主企业实施重点环节大项目，将链条延伸到镇村。实施农业龙头企业培优工程，支持企业强强联合、同业整合、兼并重组、挂牌上市，培育一批年销售收入10亿元以上的标杆企业"[①]。

广东牢记习近平总书记的殷殷嘱托，树立大食物观，既向陆地要食物，也向海洋要食物，耕海牧渔，推进海上牧场、"蓝色粮仓"建设。广东支持沿海经济带有条件的县域建设一批海洋产业园区、打造一批渔港经济区；坚持"疏近用远、生态发展"，培育壮大现代化海洋牧场全产业链和产业集群，争创一批国家级海洋牧场示范区。《中共广东省委　广东省人民政府关于做好2023年全面推进乡村振兴重点工作的实施意见》提出，"在市、县级国土空间总体规划和海岸带综合保护与利用规划中充分保障海洋牧场发展需求。优化养殖用海审批机制，推动养殖用海市场化配置。推进养殖工船建设，支持具有良好避风条件和海水营养条件海域的沿海县率先建设一批海洋产业园和国家级现代化海洋牧场。开展多品种海洋藻类的种植和推广，打造碳汇渔业。积极开展适宜深远海养殖和精深加工的新品种研发和产业转化，建设一批现代化海洋牧场精深加工产业园。加快广州番禺、汕头南澳国家级沿海渔港经济区建设，推动珠海洪湾国家级中心渔港评定。持续推动淡水养殖转型升级，推进百万亩池塘升级改造。加强人工鱼礁、人工鱼巢建设和沿海自然生物礁体养护。推动传统渔业转型升级，优化海洋空间生态，推动岸线集约使用。扩大水产养殖保险保障范围"[②]。

2023年初，"年鱼经济"成为广东经济发展新热词，掀起了一股提振水产产业、促进水产预制菜美食消费的热潮。发展"年鱼经济"，可以形成一系列节庆产品，让水产品成为美食品，成为文化品。在水产品消费疲软的环境下，作为"年鱼经济"的主打产品，海鲈鱼的价格与2022年同期对比提升了50%以上。其中，海鲈鱼溢价的部分直接带动珠海市斗门区农

①《中共广东省委　广东省人民政府关于做好2023年全面推进乡村振兴重点工作的实施意见》，https://www.gd.gov.cn/gdywdt/zwzt/bxqzwc/zxzc/content/post_4190990.html，2023年6月2日。

②同上。

民收益超过2亿元，珠海养鱼相关产业产值增长16.2%、养殖户家庭人均纯收入增长22.9%[①]。

2022年以来，广东多措并举加快建设高标准农田，截至2022年12月底，已建成高标准农田161.85万亩，完成年度建设任务的135%。通过建设高标准农田，广东的田、土、水、路、林、电、技、管得到综合治理，昔日的“望天田”“巴掌田”变成今天的季产千斤的“粤良田”。农田基础设施和农业生产条件得到大幅改善，显著提升了全省农业综合生产能力。据调查，全省高标准农田项目区粮食生产能力提升10%以上，粮食产量亩均提高100千克左右，成为保障粮食安全的“压舱石”[②]。

发展特色优势产业，写好“土特产”文章，以“粮头食尾”“农头工尾”为抓手，培育农产品加工业集群，同时积极发展农业生产性服务业。土特产已经成为农业大县的“金疙瘩”，不仅助农增收致富，更有塑造地区品牌的强大潜力。潮州市紧抓凤凰单丛茶品牌，坚持品牌化推广、产业化发展双向发力，谋划种、养、采、制、销全产业链条，推动茶文化、茶产业、茶科技“三茶”联动，打响“世界工夫茶文化之乡”招牌。

广东省统计局公布的数据显示，2023年前三季度全省农林牧渔业总产值0.64万亿元，同比增长5.0%，呈现稳步提升态势。农村居民人均可支配收入19886元，同比增长6.2%，拉动城乡居民收入比进一步缩小至2.38：1。广东省进出口农产品2659.7亿元，同比增长11.4%，占全国的15.2%，其中，出口额954亿元，增长18.1%。

①《年产值达39亿！央视再次聚焦斗门这条鱼》，https://static.nfapp.southcn.com/content/202402/08/c8591725.html，2024年2月9日。

②《广东去年超额建成高标准农田160余万亩，亩均增产一百公斤》，https://static.nfapp.southcn.com/content/202301/03/c7231320.html，2023年1月3日。

二、招商引资赋能制造业当家

纵观各地市"百千万工程"具体"施工图"，冲刺全国百强县、打造工业强县已成为多地锚定的目标。工业强县博罗县把"百千万工程"作为头号工程，以高质量发展为目标，主动承接穗深莞优质资源外溢，引进的一批重大项目、外资项目加快建设投产，2023年1～9月博罗县累计引进项目156宗，总投资约308亿元。博罗县把园区作为推动制造业当家和工业高质量发展的主战场，2023年1～9月累计完成基础设施投资超10亿元，收储土地2057.1亩，供应土地1213.6亩，园区科学研究与试验发展（Research and Experimental Development，R&D）投入强度约7.87%。博罗县正在加速形成以电子信息、新材料、电动车、生命健康和新能源、新型储能为主的"4＋1"现代化产业集群，"百千万工程"成果斐然[①]。

四会市是肇庆市推进新型工业化的主力，2023年以来，打响产业提升大会战，立足新能源汽车、新型储能、铜铝深加工等优势主导产业，展现出强劲的经济活力，完成工业投资近200亿元，102个产业项目相继落地，现阶段正在打造千亿元级新能源汽车产业集群、百亿元规模的全玉器产业和预制菜等20亿元级产业，以形成不同梯度的产业集群[②]。

各县（市）有序承接中大城市的产业转移，深化"研发＋制造""总部＋基地"等多重合作模式，开展联合招商引资，推进一批加工贸易产业转移园建设。清远市以国家城乡融合发展试验区广东广清接合片区为基础打造承接产业有序转移主平台，打造大湾区产业转移首选地，坚持做大做强现代轻工纺织产业、装备制造、前沿新材料三大主导产业，重点培育生物医药、电子信息、食品加工三大特色产业。2023年1～10月，主平台实现规模以上工业产值1039亿元，同比增长6.9%；实现规模以上工业增加值225亿

①黄进、陈薇、张子俊、彭琳：《全省"百千万工程"首批典型县镇村名单公布》，《南方日报》2023年11月7日第A01版。

②邵一弘、陈薇、任龙、施亮、陈咏怀、焦莹：《不同赛道创先争优 县域振兴活力迸发》，《南方日报》2023年10月20日第A01版。

元，占全市规模以上工业增加值的40.1%，同比增长9.3%；新建成标准厂房逾144万平方米；完成承接产业有序转移年度任务时序进度超85%。目前，各园区的高新技术企业、国家级专精特新“小巨人”企业、省级专精特新企业分别达到115家、2家、55家。2023年，主平台产业园区新引进项目343个，投资额413亿元①。

三、文旅兴带动百业旺

近年来，广东省加快推动一二三产业融合发展，以文化产业赋能县域全面振兴。广东省文化和旅游厅不断丰富乡村旅游文化内涵，依托历史文化、生态等旅游资源培育文化体验、休闲度假、养生养老等产业，乡村旅游新业态不断涌现。截至2023年9月，先后推动建设了45个全国乡村旅游重点村、259个省级文化和旅游特色村，打造了200余条国家级、省级乡村旅游精品线路，推动了近百个乡村创建A级旅游景区。2022年推出了深圳鹏城村、汕头东华村、广州南平村等11个省级乡村旅游优质项目，形成了品牌形象鲜明的广东乡村旅游目的地和乡村旅游发展的示范样板②。

开平市利用赤坎华侨古镇和开平碉楼群两大知名文旅点，积极推进从品牌营销向城市营销纵深发展，并带动民宿等其他项目入驻。如开平市塘口镇依托赓华村立园、自力村碉楼群，以及近距离的赤坎华侨古镇和已入驻的包括“五十三度竹下”在内的4家民宿，使塘口镇成为游客入住民宿的首选地之一。在全市层面，开平市已打造形成包括“塘口优品”在内的6个镇级行政区品牌，并积极整合全市优势资源，联合打造县级行政区品牌“开平优品”。以文旅产业成功带动其他产业，不止开平市一个典型范例，汕头南澳岛、潮州古城以及享有“中国兰花第一县”美誉的韶关翁

①《产值破千亿、新引进项目343个！清远这一主平台建设进展顺利》，https://m.thepaper.cn/baijiahao_25699432，2023年12月18日。

②《2023年广东旅博会举办项目推介活动，分享汕头东华村的美丽蜕变！》，https://m.thepaper.cn/baijiahao_24648513，2023年9月16日。

源……各地正以文旅兴带动百业旺做强县域经济。各县多措并举，宜农则农、宜工则工、宜商则商、宜游则游，深入推进"百千万工程"的"施工图"，实现县域振兴正当时。

广州市增城区作为穗莞两个超大城市的交会地带，既可承接广州国际大都市消费力的辐射，又能为全球最佳供应链提供可靠支撑。此外，广州市增城区山、水、农、林、田等资源丰富。因此，广州市增城区可以同时发展文旅产业与制造业，形成自身的快速成长路径。在毗邻广州北部山区800多平方公里的广袤乡村，打造高品质文旅产业，塑造精美乡村，培育生产设施化、管理智慧化、产品特色化的现代农业园区；在中南部一体化的工业地带，积极实施东部中心战略规划，致力于战略性新兴产业集群的发展，成为广东制造业当家的典型代表。

第二节　广东县域经济发展指数：测算和分析

本章第一节从定性视角展示了实施"百千万工程"以来，功能定位各异的广东县域产业发展特征。本节拟从量化视角进一步展示广东57个县域的经济发展现状，构建包括经济规模、经济效率、居民生活和城乡融合四个维度的广东县域经济发展水平评价指标体系，借助熵权TOPSIS法计算县域经济发展指数，考察各维度对广东县域经济发展的贡献度大小，并观察县域经济发展的空间特征。

一、设计评价指标体系

县域经济本质上是个多维复杂系统，高质量发展中的县域经济发展水平评价指标的选取应遵循系统性、代表性、可比性以及数据可得性。参考杜挺、魏敏、王蔷、林森等人的研究[①]，本部分拟从经济规模、经济效率、居民生活、城乡融合四个维度构建广东县域经济发展水平评价指标体系，其中经济规模重在反映县域经济高质量发展中的“量”，而经济效率、居民生活和城乡融合重在捕获县域经济高质量发展中的“质”。具体而言，以地区生产总值和地方一般公共预算收入两个指标反映县域经济规模；以人均地区生产总值和规模以上工业企业平均利润反映县域经济效率；对于居民生活维度，则引入居民收入和居民消费两个层面，前者以城镇居民、农村居民人均可支配收入来反映，后者以人均社会消费品零售额来反映；城乡融合维度以城乡居民人均可支配收入比值来反映，为负向指标。本书最终设计的评价指标体系如表2-1所示，相应指标的描述性统计量如表2-2所示。为了保证数据的权威性和口径可比性，本部分所用数据均来自《广东统计年鉴2023》。

表2-1　广东县域经济发展水平评价指标体系

一级指标	二级指标	指标构建方法	指标类型	权重
经济规模	X1：地区生产总值（亿元）		正	21.88%
	X2：地方一般公共预算收入（万元）		正	25.18%
经济效率	X3：人均地区生产总值（元）		正	11.43%
	X4：规模以上工业企业平均利润（万元）	规模以上工业企业利润总额÷单位数	正	4.60%

①杜挺、谢贤健、梁海艳、黄安、韩全芳：《基于熵权TOPSIS和GIS的重庆市县域经济综合评价及空间分析》，《经济地理》2014年第6期；魏敏、李书昊：《新时代中国经济高质量发展水平的测度研究》，《数量经济技术经济研究》2018年第11期；王蔷、丁延武、郭晓鸣：《我国县域经济高质量发展的指标体系构建》，《软科学》2021年第1期；林森、林先扬、徐明威：《新发展阶段广东县域经济高质量发展测度和时空分异探究》，《云南农业大学学报（社会科学版）》2023年第5期。

（续表）

一级指标	二级指标	指标构建方法	指标类型	权重
居民生活	X5：人均社会消费品零售额（元）	社会消费品零售总额÷总人口	正	17.37%
	X6：城镇居民人均可支配收入（元）		正	4.43%
	X7：农村居民人均可支配收入（元）		正	9.69%
城乡融合	X8：城乡收入比	城镇居民人均可支配收入÷农村居民人均可支配收入	负	5.41%

资料来源：《广东统计年鉴2023》。

表2-2 广东县域经济发展水平评价指标的描述性统计量

变量	观测值	均值	标准差	最小值	最大值	中值
X1	57	280.617	199.709	35.933	801.388	200.994
X2	57	128555	114534	12814	662169	88140
X3	57	46664.630	16159.200	19376.660	114903.900	44709.900
X4	57	805.749	1257.909	−2742.261	5044.667	480.758
X5	57	16523.240	9206.529	5697.327	66188.810	13769.000
X6	57	31727.560	3851.398	20064.000	41938.000	31700.450
X7	57	21250.420	3008.368	15381.420	30487.910	20684.000
X8	57	1.504	0.156	1.194	1.930	1.516

二、选取测算方法

首先对上述评价指标进行正态性检验，表2-3给出的检验结果显示，近半数评价指标并不具有正态分布特质，不满足传统的主成分分析、因子分析等测算方法的前提假设，因此，本书选取熵权TOPSIS法进行综合指数的计算。该方法的基本原理是：首先利用熵权法进行客观赋权，即基于评价指标数值的变异程度来确定评价指标的权重，再利用TOPSIS法计算各评价对象与最优解的接近程度并进行量化排序。

表2-3　正态性检验分析结果

名称	Kolmogorov-Smirnov检验		Shapiro-Wilk检验	
	统计量*D*值	*p*	统计量*W*值	*p*
X1	0.177	0.000**	0.873	0.000**
X2	0.193	0.000**	0.754	0.000**
X3	0.095	0.227	0.903	0.000**
X4	0.194	0.000**	0.875	0.000**
X5	0.203	0.000**	0.691	0.000**
X6	0.100	0.165	0.965	0.102
X7	0.099	0.183	0.962	0.069*
X8	0.062	0.844	0.983	0.592

注：***、**、*分别表示在1%、5%、10%显著性水平下统计显著。正态性检验用来研究定量数据分析是否具有正态分布特质，一般来说，小样本（小于50）时建议使用Shapiro-Wilk检验，大样本（大于50）时建议使用Kolmogorov-Smirnov检验。若检验所得结果显著（即*P*值较小），则说明该变量不具有正态分布特质。

资料来源：SPSSAU软件。

采用熵权TOPSIS法之前，首先对原始指标数据矩阵进行归一化处理，如下所示。

对于57个评价对象、8个评价指标，构建判断矩阵：

$$X=(X_{ij})_{mxn}\text{（}i=1,2,\cdots,57;\ j=1,2,\cdots,8\text{）}\qquad（1）$$

将每个评价指标X_j进行归一化处理，具体而言，将正向指标按照公式（2-1）进行处理，将负向指标按照公式（2-2）进行处理[①]。

$$\text{正向指标：}r_{ij}=\frac{X_{ij}-\min(X_j)}{\max(X_j)-\min(X_j)}+0.01\qquad（2-1）$$

①为了避免部分数据出现0的情况，导致在利用熵权TOPSIS法求权重时取对数值无意义，在归一化处理后本书进一步对评价指标进行了非负化处理。

$$负向指标：r_{ij}=\frac{\max(X_j)-X_{ij}}{\max(X_j)-\min(X_j)}+0.01 \qquad（2-2）$$

其中，$\max(X_j)$、$\min(X_j)$分别为所有评价对象（$i=1,2,\cdots,57$）在指标X_j下的最大值、最小值。

得到新的归一化矩阵R：

$$R=(r_{ij})_{\mathrm{mxn}}\ （i=1,2,\cdots,57;\ j=1,2,\cdots,8） \qquad（2）$$

采用熵权TOPSIS法计算评价指标的X_j熵权，所得各指标的权重结果见表2-1中的第5列。显而易见，经济规模维度占有最大权重（47.06%），构成了广东县域经济发展水平评价的基础维度；居民生活维度次之（31.49%），经济效率和城乡融合两个维度的权重较小，分别为16.03%、5.41%。

三、测算结果和分析

（一）广东县域经济发展水平的评价结果分析

表2-4统计了广东57个县域的经济发展水平评价值和排名。整体看来，广东57个县域的经济发展水平梯队呈现出典型的金字塔结构（见图2-1）。

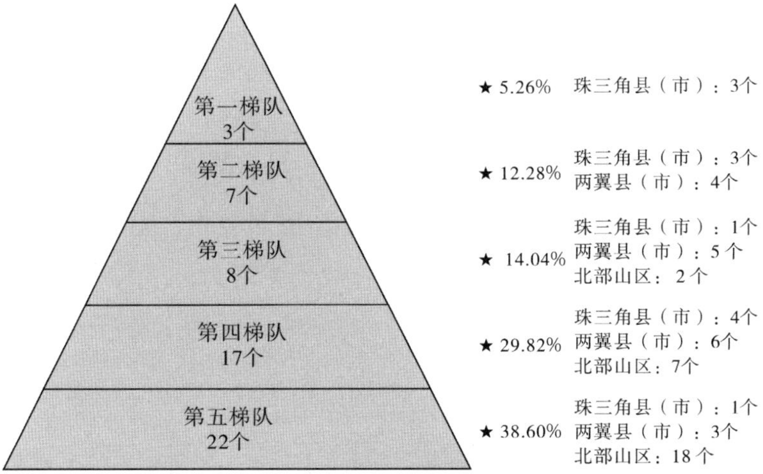

图2-1 广东57个县域的经济发展水平梯队

具体来看，博罗县的经济发展水平评价值最高，达到0.731，惠东县和四会市的评价值也大于0.6，这3个县（市）的经济发展水平处于第一梯队；鹤山市、台山市等7个县（市）的经济发展水平评价值处于0.4～0.6之间，处于第二梯队；信宜市、英德市等8个县（市）的经济发展水平评价值处于0.3～0.4之间，处于第三梯队；阳西县、封开县等17个县（市）的经济发展水平评价值处于0.2～0.3之间，处于第四梯队；惠来县、紫金县等22个县（市）的经济发展水平评价值处于0.1～0.2之间，处于第五梯队。57个县（市）的经济发展水平评价值的极差为0.616[①]，平均值为0.274，博罗县等21个县（市）的评价值处于均值之上，罗定市、饶平县等36个县（市）的评价值低于均值。多数县域的经济发展水平低于平均水平，意味着广东县域经济发展存在一定的极化特征。

分梯队来看四大维度对县域经济的贡献（见图2-2），经济规模和居民生活构成了广东县域经济发展的基础，其中前三个梯队的县域，经济规模为第一大支柱；第四、第五梯队的县域，由于经济规模较小，居民生活对县域经济发展的贡献更为重要。城乡融合为广东县域经济发展的短板，目前不同梯队在该维度上的得分差距不大，这意味着推动城乡融合发展有望助力实现城乡、区域双重协调发展。广东县域在经济效率方面仍有较大的发展空间，第一梯队的3个县（市）在经济效率方面的得分高于其他四个梯队，呈现出“一枝独秀”的特征。高质量发展要求经济发展提质增效，未来必须基于当地资源禀赋结构，狠抓特色优势产业，提升县域经济核心竞争力；引导支持各类市场主体参与县域经济发展，推动人才、土地、资本等要素在县域城乡之间自由流动，带动更多要素向县域积聚、向县域流动，畅通要素流动，优化要素结构，释放要素活力。

①极差为样本最大值与最小值的差，这里为排名第一的博罗县和排名最末的连山壮族瑶族自治县的经济发展水平评价值的差值。

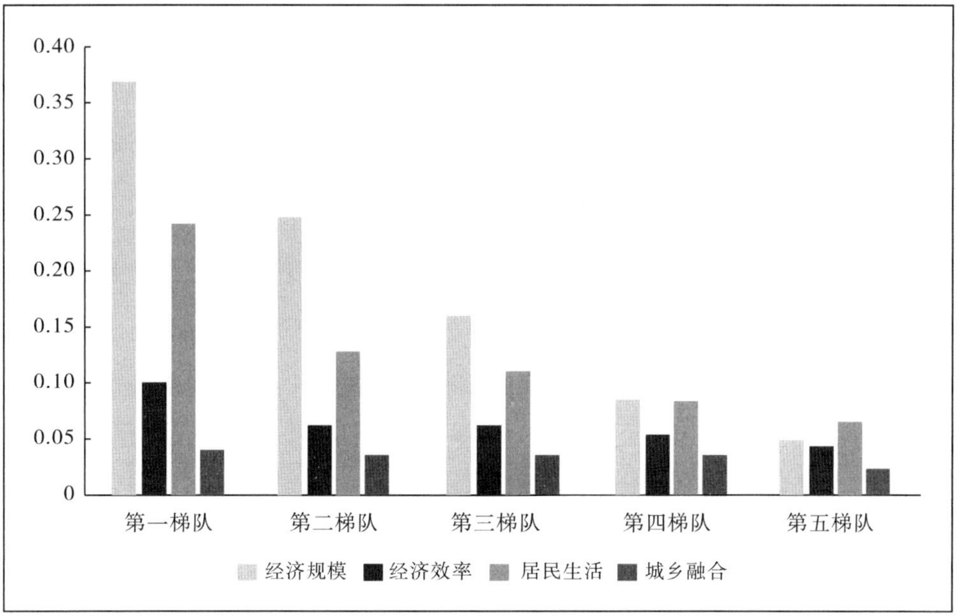

图2-2　各梯队的四大维度综合得分

表2-4　广东57个县域经济发展水平评价值和排名

县（市）	评价值	排名	县（市）	评价值	排名
博罗县	0.731	1	仁化县	0.216	30
惠东县	0.685	2	东源县	0.214	31
四会市	0.629	3	蕉岭县	0.213	32
鹤山市	0.530	4	徐闻县	0.212	33
台山市	0.509	5	佛冈县	0.211	34
高州市	0.471	6	兴宁市	0.200	35
开平市	0.468	7	惠来县	0.198	36
普宁市	0.435	8	紫金县	0.197	37
化州市	0.432	9	平远县	0.192	38
廉江市	0.406	10	广宁县	0.191	39
信宜市	0.398	11	乳源瑶族自治县	0.188	40
英德市	0.381	12	揭西县	0.187	41
海丰县	0.355	13	始兴县	0.173	42
龙门县	0.333	14	龙川县	0.172	43
阳春市	0.318	15	连州市	0.171	44

（续表）

县（市）	评价值	排名	县（市）	评价值	排名
遂溪县	0.314	16	乐昌市	0.167	45
新兴县	0.312	17	五华县	0.165	46
陆丰市	0.301	18	南雄市	0.164	47
阳西县	0.286	19	翁源县	0.163	48
封开县	0.284	20	和平县	0.156	49
吴川市	0.281	21	连平县	0.156	50
罗定市	0.262	22	新丰县	0.147	51
饶平县	0.260	23	阳山县	0.144	52
雷州市	0.249	24	陆河县	0.136	53
恩平市	0.244	25	连南瑶族自治县	0.130	54
郁南县	0.230	26	大埔县	0.124	55
德庆县	0.226	27	丰顺县	0.124	56
南澳县	0.225	28	连山壮族瑶族自治县	0.115	57
怀集县	0.222	29	平均值	0.274	

（二）广东县域经济发展水平的空间特征分析

表2-5和图2-3汇总了四大区域的广东县域经济发展水平指数和四大维度的得分值。显而易见，广东县域经济发展水平呈现出珠三角、西翼、东翼、北部山区依次递减的空间特征。从驱动模式来看：

（1）珠三角县（市）在四个维度上的综合得分均排名第一，县域经济整体实力较强。但各维度的表现仍呈现失衡状态，经济规模和居民生活构成了珠三角县（市）经济发展的两大支柱，而经济效率和城乡融合两个维度的得分较低。

（2）西翼和东翼的县（市）同样以经济规模和居民生活为县域经济发展的主要支撑，但得分值与珠三角县（市）仍有较大差距，从而拉开了与珠三角县（市）的差距。值得注意的是，西翼在城乡融合维度的表现优于其他区域，主要归因于吴川市（1.22）、遂溪县（1.31）、阳西县（1.28）、廉江市（1.37）4个县（市）较低的城乡收入比。

（3）北部山区在居民生活这一维度上的综合得分大致与东翼齐平，但在经济规模、城乡融合两个维度上的综合得分要低于其他三个区域，经济效率这一维度的综合得分与东翼齐平，导致北部山区成了广东县域经济发展的"洼地"。受制于地理环境和资源禀赋，北部山区大多数县（市）存在交通不便、工业不发达以及产业结构单一的问题，但高质量发展背景下，这些县（市）也面临着新的发展机遇。一方面，作为广东的"生态绿肺"，北部山区县（市）的生态资源价值正在不断攀升；另一方面，随着基础设施建设的完善以及疫情后宏观经济的复苏，北部山区文旅产业的发展潜力正在被激活，2023年北部山区的红色旅游接待人数增长了30%，形成了当地重要的经济增长点①。

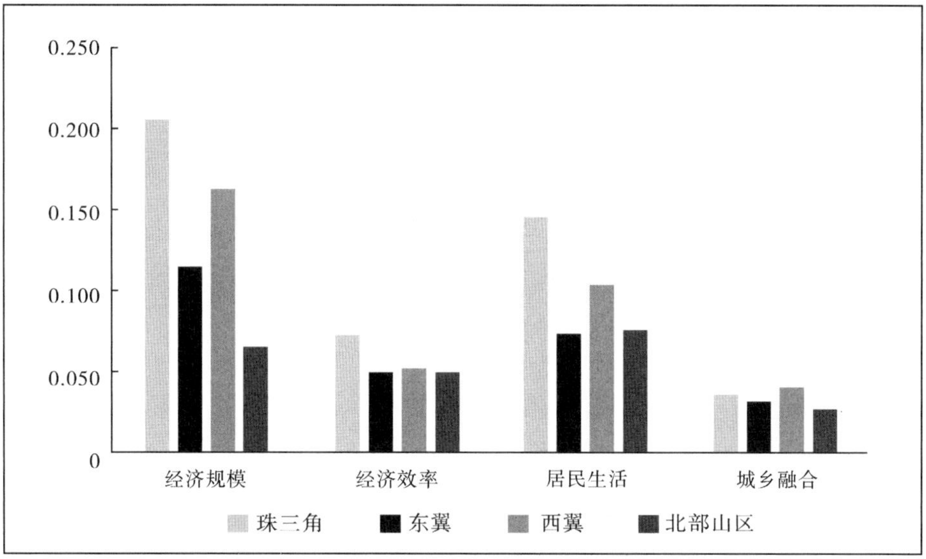

图2-3　四大区域的四大维度综合得分

①《广东省落后的10个县：梅州3县入围，韶关上榜2县，大多在粤北地区》，https://baijiahao.baidu.com/s?id=1781897611509778287&wfr=spider&for=pc，2023年11月7日。

表2-5　广东县域经济发展水平的空间格局

区域	评价值	经济规模	经济效率	居民生活	城乡融合
珠三角	0.421	0.206	0.073	0.146	0.036
东翼	0.262	0.115	0.050	0.074	0.031
西翼	0.337	0.163	0.052	0.103	0.041
北部山区	0.188	0.066	0.050	0.077	0.027

注：通过对区域内各县域的评价值或综合得分求算数均值，得到整个区域的评价值或综合得分数据。

第三节　广东县域经济发展的模式与启示

在发展县域经济的实践探索中，广东各县域逐渐走出了特色各异的发展道路，形成了不同的发展模式，积累了推动县域经济发展的成功经验。

一、广东县域经济发展的不同模式

改革开放之初，广东县域经济走的是以对外开放为特征的“珠江模式”[①]，工业化与出口贸易相结合，成功者大多升级成为地级市或者区。近年来，广东县域经济发展出现了以下新模式。

①县域经济发展的“珠江模式”是以“四小虎”为代表的珠三角县域地区，利用政策优势和区位优势，大力发展专业化的民营经济和出口导向型的外贸经济。它是“东莞模式”“中山模式”“顺德模式”“南海模式”的统称。东莞市积极引进外资，大力发展“三来一补”企业，积极融入跨国公司供应链，成为国际性对外加工基地。中山市以地方国有企业为龙头，带动当地经济稳步发展。佛山市顺德区率先发展乡镇企业，按照集体经济为主、镇办企业为主和骨干企业为主的“三个为主”方针，走出了一条经济持续高速发展之路。佛山市南海区实施“五个轮子”（市、区、镇、街、村）一齐转、三大产业齐发展战略，非公有制经济成为南海最活跃的经济支柱。广东“四小虎”创造了改革开放初期广东县域经济发展的辉煌。

（一）制造业当家的"鹤山模式"

作为工业大市，目前鹤山市制造业门类齐全，涵盖了印刷包装、五金卫浴等传统产业以及电子信息、装备制造、新材料等新兴产业。回顾鹤山市发展历程，改革开放初期，鹤山市率先通过补偿贸易的方式与港资合作，自此开启了鹤山制造的发展历程。2000年左右，鹤山市的机械、塑料、印刷、食品等传统制造业行业迅速壮大，电子电器、通信设备、化学制品等新兴行业也在崛起。随着中国宏观经济结构的转型，鹤山市也积极推动产业转型升级，以创新驱动产业升级，实现工业经济增长与转型升级的同频共振。2012年之后，鹤山市主导产业集群实现转型升级，由印刷、制鞋、卫浴、食品等传统产业向新一代信息技术、先进材料、装备制造等战略性新兴产业转变。鹤山市高技术制造业增加值占比从2012年的13.22%提升至2021年的13.66%；先进制造业占规模以上工业增加值比重从2012年的37.7%提升至2021年的39.8%①。2022年以来鹤山制造在发展过程中注重以大平台建设吸引项目落地。鹤山市主平台是江门主平台的重要组成部分，规划总面积约31.2平方公里，辖区内拥有广东省硅能源产业基地、鹤山工业城、中欧雅瑶新兴产业园、中欧新材料创新基地、珠西物流国际中心五大重点产业平台。40年来，鹤山制造书写出一份令人惊喜的时代答卷，使得鹤山从农业县转型为工业大县，并形成了以大平台建设为依托，以创新驱动、工业经济与转型升级同频共振为主要特征的制造业当家的"鹤山模式"。

（二）紧抓城乡融合发展的"增城模式"

从区位上看，因比邻大都市，建设国家级产业园区、打造具有国际影

①《喜迎二十大 鹤山这十年 | 做强工业"主引擎"跑出鹤山"加速度"》，https://mp.weixin.qq.com/s?__biz=MzAxMjYxMzc4Ng==&mid=2653299866&idx=1&sn=e07a49ffca60683a8a97f1d53562e2be&chksm=807da56fb70a2c79b78e0aad7b3e3d21a3cbc640ac18a4444a0dce31c72956ff12401bf39da5&scene=27，2022年10月11日。

响力的宜业宜居宜游的城乡融合发展试验区成为广州市增城区发展的必然选择和必由之路。2007年前后，增城结合中央和省有关主体功能区规划的精神，因地制宜划分了各有特色的三大主体功能区：以新塘镇为龙头的南部新型工业化区、以城区为中心的中部城市生活区、以白水寨景区为龙头的北部都市农业与生态旅游区。三大主体功能区建设为增城推进城乡产业融合和城乡空间联结提供了重要抓手。短短几年，增城县域经济基本竞争力从1999年的全国第58位上升到2007年的全国第15位，发展成果引人瞩目。2023年增城地区生产总值超过1400亿元，经济规模增量在广州下辖11个行政区中排名第一。未来，增城仍将依托重大交通设施，打造广州通达世界、促进双循环的重要交通门户枢纽，同时形成产业要素双向流动的城乡融合发展内生逻辑，成为广州未来的重要发展动力源和增长极。

（三）以大农业为主要特征的“徐闻模式”

徐闻县属于热带季风气候区，土壤肥沃、地势平坦、三面环海，这使得徐闻县历来是广东传统农业县和重要农产品生产基地，拥有“中国菠萝之乡”“中国香蕉之乡”“中国冬季蔬菜龙头县”“国家海洋生态文明示范区”“国家农产品质量安全县”“广东省乡村振兴先进集体”等诸多荣誉。

做强特色产业，推动县域振兴。现阶段，徐闻县已建立起了菠萝、香蕉、冬种蔬菜、甜玉米、对虾、良姜、黑山羊等优势产业和荔枝、火龙果、马友鱼、东风螺等特色产业[①]。以菠萝为例，徐闻县种植菠萝已有近百年历史，2023年菠萝种植面积达35万亩（1亩≈666.67平方米），产量近80万吨，面积及产量均超过全国的1/3。延长农业产业链，以农促工，积极开展干果加工、水果罐头等农副产品深加工，培育一批涉农工业企业，培育县域品牌。推进“12221”市场体系建设，拓宽产销渠道，借助“互联

①《广东湛江徐闻县：做强特色产业推动县域振兴》，https://www.msweekly.com/show.html?id=145668，2023年6月17日。

网+"手段促进生产与市场资源对接，让好产品卖出好价钱，把好品牌建设成大产业。打造"海上粮仓"，以海洋牧场产业链项目为核心，推进水产良种选育、孵化、养殖、服务、加工一体化发展。2023年徐闻县实现第一产业增加值121.52亿元，占地区生产总值的比重为47.65%，在广东57个县域中排名前列。将资源禀赋转化为农业发展优势，以大农业为主要特征的"徐闻模式"成效明显。

（四）向海图强、陆海联动的"阳西模式"

阳西县位于广东省西南沿海，全县海岸线长达174.23千米，海域面积5668平方千米。海洋资源丰厚，使得阳西县历来是广东传统渔业大县。早在2011年，阳西县就开始试水深海网箱，经过10多年的发展，阳西县已成为广东深海网箱养殖核心优势区，并将数字化智能技术探索应用于生蚝养殖。近年来，通过"海洋牧场+"的创新融合，阳西县大力发展深水网箱养殖，投产深水网箱660口年产量10万吨，产值超过20亿元[①]。2024年阳西县政府工作报告提出"突出向海图强，打好海洋强县建设硬仗"，推进"海洋牧场+海上风电""海洋牧场+海水鱼苗""海洋牧场+预制菜""海洋牧场+滨海旅游"等多产业融合发展模式，通过陆海联动打造更高水平的海上新阳西[②]。"陆海接力""岸海联动"，在近岸推进原种良种培育，在深海推进海洋牧场建设、深远海养殖，在陆上推进预制菜、海洋生物制品加工业加速发展，构建从种业、养殖、装备到精深加工的现代化海洋经济产业全链条，正是实现县域振兴的"阳西模式"。2022年，阳西县地区生产总值首次超过250亿元，渔业年产值达到68.78亿元。

①《省报看阳西：传统渔业大县挺进深蓝》，http://www.yangxi.gov.cn/xw/yxxw/content/post_707582.html，2023年5月25日。

②《2024年政府工作报告》，http://www.yangxi.gov.cn/gk/gzbg/content/post_761673.html，2024年1月23日。

（五）以绿色崛起为主要特征的“陆河模式”

陆河县毗邻粤港澳大湾区，自然资源极其丰富，境内罗经嶂、狮子嶂、莲花山脉等群峰叠翠，拥有全国最大的红锥林自然保护区，作为广东省林业生态县，陆河县森林覆盖率达73.04%①。基于自身资源禀赋，近年来，陆河县多措并举，大力发展绿色产业，聚力“文旅＋”，真正把绿水青山转化为金山银山。2016年，陆河县被纳入国家重点生态功能区，2019年成为全省唯一成功申报“中国生态养生之乡”的县域城市，南万镇入选“广东十大绿美森林小镇”，共光村、螺洞村、高塘村、南跃村、田墩村、西湖村等入选广东省首批“国家森林乡村”②。2022年，陆河县第三产业增加值为59.23亿元，占地区生产总值的比重达到55.87%。基于自身比较优势和宏观政策导向，陆河县大力推动林业碳普惠交易项目工作。2023年在广州碳排放权交易中心，陆河县7个镇37个村林业碳普惠交易项目以成交价63.61元/吨竞价成功，售出约11.51万吨碳普惠减排量，带来700多万元的经济效益③。紧抓“文旅＋生态价值交易”，“陆河模式”正在将当地绿色资源发挥出最大效益。

二、广东县域经济发展的启示

分析上述县域经济发展模式，可以发现把县域经济发展作为解决“三农”问题，实现区域协调发展的主要路径，坚持党建引领，解放思想、锐意进取，及时打破思想观念和不适合经济发展的体制机制的束缚，以改革创新闯出县域经济发展之路。县域经济发展过程中，一是党委、政府要起

---

①《陆河概况》，http://www.luhe.gov.cn/luhe/zjlh/lhgk/content/post_817424.html，2022年4月29日。

②《落选百强县，陆河如何迎头赶上？》，https://baijiahao.baidu.com/s?id=1748491342837669630&wfr=spider&for=pc，2022年11月3日。

③彭伟栋：《“绿水青山”转化为“金山银山” 陆河37个村“卖空气”收益700多万元》，《汕尾日报》2023年12月7日第3版。

到主导作用，例如增城规划建设主体功能区这样的大举措，如果没有党委、政府的主导和推动，是不可能实现的。二是要依据本地区的区位、资源特点，因地因时制宜，推动县域经济走特色化、差异化发展道路。三是把产业兴县、建设园区平台、推进城乡融合作为发展县域经济的基本路径。实施"工业立县"，走新型工业化道路，以产业园为载体，积极承接珠三角产业转移。统筹城乡协调发展，推进农村"三产"融合，加快推进城镇化建设，推动县域经济实现全面发展。四是激活市场，积极支持和发展民营经济。激活要素市场，优化投资环境，通过民营经济的壮大就地解决县域剩余劳动力，增强县域经济发展的内在动力和竞争力。在总结经验的基础上，可以进一步揭示其对未来县域发展的有益启示。

（一）遵循市场经济规律，引领县域经济前行

改革开放初期，珠三角县域经济凭借解放思想、打破束缚的勇气和智慧，取得了令人瞩目的成绩。当前，推动县域经济高质量发展，要解决好思想观念的问题，新时代的县域经济不是"诸侯经济"、闭环经济，而是开放、绿色、共享的经济；要解决好发展方式不适应时代要求的问题，不能走粗放型发展的老路，要走集约型的绿色发展道路；要解决好增长动力不足的问题，要把体制机制改革（尤其是城乡二元体制机制改革）作为实现县域经济高质量发展的内在动力，把开放作为实现高质量发展的外在动力，把创新作为实现县域经济高质量发展的第一动力；要解决好工作思路方法的问题，基于各自资源禀赋结构，坚持走特色发展和错位发展之路。

（二）深化体制机制改革，释放县域经济潜能

纵观中国经济发展历程，深化机制体制改革、激活市场活力是促进县域经济发展的根本动力。改革开放以来，广东以市场化为导向，在行政体制、财政体制、经济管理权限等方面不断改革探索，有效推进了县域经济快速发展。例如2010年前后，一些地方出现县镇经济发展和社会管理与行

政设置不匹配、“小马拉大车”的问题，体制机制不完善、政策体系滞后成为当时广东县域经济发展的制约因素，基层政府服务经济社会发展的功能不完善。面对此种严峻问题，省委、省政府实行富县强镇事权改革[①]，要求能下放的权力都下放给县镇。下放的权力几乎涵盖经济社会的大部分领域，包括规划、国土资源、经贸、交通、建设等的行政审批、行政许可、行政处罚等领域，使县镇有了更大的自主选择权和决策权，增强了县域经济发展的自主性，推动了县域经济的发展。

当前，体制机制不完善仍是广东县域经济发展的瓶颈之一，“百千万工程”视阈下要破解广东县域经济发展难题，仍要突出改革创新，推动扩权赋能强县。2023年9月，《广东省人民政府关于调整一批省级行政职权事项的决定》发布，将60项省级行政职权调整由有关地级以上市和县（市、区）实施，这是广东省强县扩权的重大举措[②]。同时，抓好城乡融合发展体制机制改革，破除妨碍城乡要素平等交换、双向流动的制度壁垒，激活城乡融合发展的内生活力。同时，要深化行政管理体制改革。以责权统一、城乡协调发展为原则，探索省、市、县以及乡镇管理体制的改革。在2024年1月9日召开的全省机构改革工作会议中，广东省委书记黄坤明指出，要扎实推进地方机构改革工作，结合实施“百千万工程”，调整完善乡镇、街道机构设置和管理体制，深入推进赋权强镇和强镇赋权，建立与事权相衔接的保障机制，深化乡镇（街道）统一指挥协调工作平台建设，推动资源、管理、服务下沉，夯实党长期执政的基层基础[③]。

①《广东省关于富县强镇事权改革的指导意见》，http://www.gdqy.gov.cn/xxgk/zzjg/zfjg/qysfzhggj/zdlyzl/content/post_42485.html，2011年9月15日。

②吴哲、李凤祥：《粤首次从省级层面系统性向县级“批量放权”》，《南方日报》2023年9月26日第A03版。

③徐林、骆骁骅、李凤祥：《深入学习贯彻习近平总书记关于深化党和国家机构改革的重要论述精神　扎实推进我省地方机构改革工作 更好助力广东现代化建设》，《南方日报》2024年1月10日第A01版。

（三）培育壮大产业集群，提升县域竞争实力

广东县域经济发展的经验表明，着力培育具有竞争优势的产业集群，发展专业镇，是提升县域经济竞争力的有效路径。专业镇通过培育产业链，逐步发展成为现代规模经济，推动了县域经济转型升级，对县域经济发展起到很大作用。

产业是县域经济发展的核心支柱，产业链的优化与稳定也将成为未来县域经济发展规划的重点，产业集群和产业园建设对完善产业链条、强化产业链条的韧性有着重要作用。2023年2月，广东省工业和信息化厅印发的《广东省促进中小企业特色产业集群发展暂行办法》提出，"十四五"期间，在全省范围内认定100个左右集群，引导和支持地方培育一批市级集群，而且申报认定的集群应在县级区划范围内，由县（市、区）中小企业主管部门作为申报单位[①]。这意味着，广东县域经济发展再迎利好。要加强与当地主体功能定位相匹配的产业园载体建设，推进工业入园，促进产业园提质增效，以产业园为载体支持现代产业集群发展。

（四）转化特色资源，打造县域特色市场优势

特色产业源于特色资源，具有鲜明的地域性，是形成县域独特品牌的基石。广东不少县域已经形成了自己的特色产业，如潮安的食品、五金等专业化生产，新兴的凉果加工，英德的竹产业，徐闻的南亚热带农业等，都是坚持做好"专业""特色"大文章的典型案例。

广东县域经济发展必须走特色经济之路，依托本地优势资源发展特色产业，努力将本地的资源优势转化为市场优势，围绕"特色"和"差异化"打造"粤字号"品牌。龙头引领、科技赋能，罗定市借助行业龙头广

①《广东省工业和信息化厅关于印发〈广东省促进中小企业特色产业集群发展暂行办法〉的通知》，https://www.sz.gov.cn/attachment/1/1258/1258392/10483443.pdf，2023年2月28日。

东微容电子科技有限公司的落户，实现了从优质稻米享誉岭南到“电子工业大米”——贴片电容（Multilayer Ceramic Capacitor，MLCC）走向全球的转型。传统农业县更是利用自然的馈赠，打造特优品牌，走出了增收致富的道路，在韶关市仁化县，丹霞贡柑、长坝沙田柚等优良品种吸引络绎不绝的批发商，并通过电商平台走向全国。

（五）汇聚高素质人才，智力赋能县域发展

经济增长理论表明，人力资本是经济发展的重要源泉。在高质量发展阶段，人才是推动县域经济发展最强大、最持久的支撑。20世纪八九十年代，珠江三角洲县域经济的飞速发展，离不开来自全国各地的农民工，离不开“孔雀东南飞”的人才支撑，新时期广东县域现代农业和高新技术产业的快速发展也离不开科技人才的专业服务。而长期以来，粤东西两翼和粤北县域经济落后与人口流失及人才流失较严重有直接关系。

目前，广东县域经济发展面临着人才结构与经济发展需求不匹配、发展环境在招引人才方面的吸引力不足以及人才流失较严重等现实问题。这就需要大力发展教育事业，扩大县域优质教育资源的城乡覆盖面，促进基础学科教育与职业教育齐头并进，以夯实经济发展的人才基础。2023年7月，广东省人民政府办公厅印发《广东省“百县千镇万村高质量发展工程”教育行动方案（2023—2027年）》，提出优化县镇村教育资源配置、推进城乡教育一体化发展、全面振兴乡村教育、提升教育育人成效、持续提升教育服务能力五大任务，服务实施“百千万工程”[①]。

三、“百千万工程”视角下广东县域经济发展新要求

广东实施“百千万工程”，是加快推动新型城镇化、促进城乡融合的

①《广东省人民政府办公厅关于印发广东省“百县千镇万村高质量发展工程”教育行动方案（2023—2027年）的通知》，https://www.gd.gov.cn/zwgk/wjk/qbwj/ybh/content/post_4219859.html，2023年7月18日。

重要措施，旨在探索全面振兴县域经济，有效促进城乡经济、社会和生态一体化和谐发展的新路子。既要按照经济社会发展的规律推进，也要把准县域经济高质量发展的重点任务，更要确保各项工作有力有序向前推进。"百千万工程"视角下，要求促进县镇村联动，处理好产业转移与区域协调发展、产能发挥与消费激发、城乡融合、发展与生态保护的关系，才能真正实现高质量发展，为推动实现中国式现代化注入新动能。

（一）处理好区域间产业有序转移的关系

产业是支撑县域经济发展的基石，珠三角县（市）的工业基础雄厚，而粤东粤西粤北县（市）受制于资源禀赋多以农业、文旅为主要产业，这导致广东区域间县域经济发展水平的分异特征明显。2023年3月，中共广东省委、广东省人民政府印发《关于推动产业有序转移促进区域协调发展的若干措施》，提出"加快形成主体功能明显、优势互补、高质量发展的区域经济布局"①。当前，广东省已形成"1＋14＋15"的政策体系②，辅以平台载体建设、营商环境优化、资源要素保障、省内对口帮扶协作等工作部署，多地承接珠三角产业转移取得良好成效。如粤北东源县围绕现有的三大主导产业（电子信息、智能制造、新材料）扩大招商引资，用活用巧驻点招商、以商招商、平台招商等新模式，积极探索"飞地经济""飞海经济"，推动"反向飞地"平台实体化运作，吸引一大批头部企业项目相继落户。2023年1～10月，东源县共签约亿元以上工业项目13个，总投资

---

①《中共广东省委 广东省人民政府印发〈关于推动产业有序转移促进区域协调发展的若干措施〉》,https://www.gd.gov.cn/gdywdt/gdyw/content/post_4139523.html，2023年3月24日。

②"1"即《关于推动产业有序转移促进区域协调发展的若干措施》这个主文件；"14"即14个省级配套文件，包括主平台建设方案、对口帮扶方案、考核办法、财政支持方案、产业转移基金组建方案、优化营商环境方案等；"15"即粤东粤西粤北12个市以及参照享受支持政策的惠州、江门、肇庆3个市的实施方案。

额42亿元，预计项目达产达效后可实现年产值72亿元以上[①]。广东区域间产业转移是一个长期性的复杂过程，有必要识别各县域的土地、劳动力、资本等要素形成的资源禀赋结构及其动态变化，将珠三角产业有序、精准地转移到粤东粤西粤北各县（市），形成57个县（市）联动的县域产业图谱，助力广东高质量发展。

（二）平衡好生产和消费的关系

激活县域消费活力有助于实施扩大内需战略、畅通内循环，是强化高质量发展的内生动力，也是满足人民日益增长的美好生活需要的直观表现。2023年7月，商务部会同农业农村部、文化和旅游部、国家邮政局、供销合作总社等单位联合印发《县域商业三年行动计划（2023—2025年）》提出，到2025年，工业品下乡、农产品进城双向流通渠道进一步畅通，农民增收和消费提质实现良性循环，更好满足乡村产业振兴和农村居民生产生活需求。广东是全国消费第一大省，2022年广东全省社会消费品零售总额为44882.92亿元，其中57个县域的社会消费品零售总额为6261.71亿元，占比为13.95%。激活县域消费活力，既要强化县（市）、镇的商业体系建设，使其成为工业品下乡和农产品进城（镇）流转的关键枢纽，也要处理好生产和消费的关系，强化县域产业的“富民”属性，带动县域广大农民增收致富，从而促进当地消费扩容和消费结构升级。截至2023年，广东省农村居民收入增速连续11年快于城镇居民收入增速，城乡居民人均可支配收入比缩小至2.36以内，广东省农村居民人均可支配收入为19886元，增长6.2%；农村居民人均生活消费支出为16069元，增长5.1%，为保持县域消费活力与经济增长打下基础。2023年制定的《中共广东省委 广东省人民政府关于做好2023年全面推进乡村振兴重点工作的实施意见》提出了多项举措，包括健全县镇村就业公共服务体系，实施“万千农民素质提升行

①曾敏、李成东、杨坚：《擦亮现代化工业“金字招牌”——东源县工业园区争先进位，推进全域产业园区化》，《河源日报》2023年10月18日第05版。

动"，完善乡村工匠培育机制。深入实施"粤菜师傅""广东技工""南粤家政"三项工程。加强农民工工资支付监测预警和联动监管。维护好超龄农民工就业权益。完善灵活就业人员权益保障制度，推进新业态就业农民工参加灵活就业失业保险。做好农民工金融服务工作。在政府投资重点工程和农业农村基础设施建设项目中推广"以工代赈"，适当提高劳务报酬发放比例。鼓励农民工匠承接农村小型工程①。

（三）统筹好县域城乡的关系

县域经济本身就是城乡经济，"百千万工程"视角下实现城乡区域协调发展要求推进城乡融合、破除城乡二元结构，这客观上要求厘清县域城乡关系，包括县（市、区）、镇、村三级发展联动的机理与外在表现，以及在产业布局、人口分布、利益分配等多环节上县域城乡的功能定位和分工模式。从生产过程来看，实现城乡融合发展，城乡要素的双向无障碍流动是前提，因此农村基础设施等"硬条件"以及公共服务等"软条件"首先要"赶上来"，由此增加乡村吸引力，推进资金、技术和高技能人才由县（市）、镇向乡流动，也为土地、剩余劳动力由乡向县（市）、镇流动提供交易保障和制度条件。截至2023年8月，广东农村基础设施建设在持续完善，已经基本实现全省100人以上自然村通硬化路；在全国率先实现20户以上自然村全部通百兆光纤，乡村广播电视网络基本实现全覆盖。全省农村公共服务质量全面改善：每个乡镇建成1所以上规范化公办乡镇中心幼儿园，建成规范化村级园的行政村占比达100%，实现全省村委会公共卫生委员会全覆盖②。县域是城乡关系的最小载体，处理好县域城乡关系对于广东

①《中共广东省委 广东省人民政府关于做好2023年全面推进乡村振兴重点工作的实施意见》，https://www.gd.gov.cn/gdywdt/zwzt/bxqzwc/zxzc/content/post_4190990.html，2023年6月2日。

②《广东："头号工程"，万千气象》，https://baijiahao.baidu.com/s?id=1781780570882090890&wfr=spider&for=pc，2023年11月6日。

实现城乡区域协调发展具有战略性意义。

（四）把握好经济发展和环境保护的关系

习近平总书记指出："生态环境保护和经济发展是辩证统一、相辅相成的，建设生态文明、推动绿色低碳循环发展，不仅可以满足人民日益增长的优美生态环境需要，而且可以推动实现更高质量、更有效率、更加公平、更可持续、更为安全的发展，走出一条生产发展、生活富裕、生态良好的文明发展道路。"①自宏观经济由高速增长阶段转向高质量发展阶段以来，广东始终牢固树立和践行"绿水青山就是金山银山"理念，将生态文明建设摆在突出位置。目前，广东全省森林覆盖率达53.03%，已经基本实现"绿起来"的目标；深入打好污染防治攻坚战，已经到了"美起来"的阶段。作为生物多样性最丰富的省份之一，广东野生动植物物种数量位居全国前列，人与自然和谐共生的绿美广东正加速形成。广东57个县（市）近半数分布在北部山区（27个），这些县（市）有25个位于县域经济发展的第四、第五梯队，县域经济规模偏小的现状客观上要求这些县（市）持续探索绿水青山与金山银山的转化路径，"点绿成金"，做好"生态富民"工作。如韶关市翁源县面对生态富矿积极发展林下经济，将澳洲茶树精油建设项目作为林业产业发展提升行动之一，已完成3000亩澳洲茶树种植②。而珠三角和两翼的县（市）也要转变发展理念，积极推动以能源结构调整为基础的发展方式绿色低碳转型。

---

①习近平：《努力建设人与自然和谐共生的现代化》，《求是》2022年第11期。

②王际娣：《打造人与自然和谐共生的绿美广东》，《小康》2023年第29期。

第三章

比较与展望：广东县域经济发展短板与方向

2022年，广东省、江苏省、山东省、浙江省、河南省是中国经济规模排名前五的省份，表3-1统计了这五大经济强省的县域经济规模相关指标。2023年广东地区生产总值突破13万亿元，在全国各省（区、市）中连续35年排名第一，但2022年广东县域经济规模（15995.19亿元）以及对全省经济的贡献（12.39%）均远低于江苏省、山东省等其他经济强省。

表3-1　县域经济规模的省际比较（2022年）

省份	县（市）个数/个	县域生产总值/亿元	占比/%	千亿元县域个数/个	年末常住人口/万人	占比/%	土地面积/平方公里	占比/%
广东省	57	15995.19	12.39	0	3550.79	28.05	129000.00	71.70
江苏省	40	50400.65	41.02	21	3771.88	44.30	64339.25	60.02
山东省	78	35727.99	40.86	5	—	>50	105985.40	67.08
浙江省	53	33380.17	42.95	9	3408.1	51.82	78180.00	74.10
河南省	102	36728.63	59.87	2	6740.04	68.27	140900.00	85.00

资料来源：2023年各省统计年鉴。

第一节 县域经济“量”与“质”的省际比较

县域经济高质量发展的内在包含“量”和“质”两个维度，本章拟围绕这两个维度展开省际比较，以总结广东县域经济发展的短板与不足。对于前者，本章拟利用地区生产总值规模、人口规模、土地面积等经济指标展开比较研究；后者则引入产业结构、财政自给率、公共服务等领域的关键指标加以对比。

一、县域经济“量”的省际比较

截至2023年，广东57个县（市）中尚没有“千亿县”，经济规模最大的博罗县地区生产总值刚达838亿元。而江苏省2022年就有21个“千亿县”，经济规模最大的昆山市地区生产总值已经迈过5000亿元门槛，排名第二的江阴市地区生产总值也近4800亿元。浙江省有慈溪市、义乌市、诸暨市、余姚市、乐清市、温岭市、海宁市、桐乡市、瑞安市9个“千亿县”，并有平湖市、宁海县、临海市、嘉善县、长兴县5个县（市）的地区生产总值在800亿～1000亿元之间；河南省有中牟县、新郑市2个“千亿县”，巩义市、禹州市、长葛市、永城市4个县（市）的地区生产总值在800亿～1000亿元之间。广东省的县域经济整体规模以及经济强县数量与经济第一大省的地位不匹配，呈现出典型的“省域强而县域弱”的特征。

广东县域个数（57个）、土地面积占比（71.7%）在五大经济强省中处于中等水平，广东县域常住人口占比（28.05%）明显低于其他经济强省，根本原因是广东城乡区域发展失衡严重。县域经济弱导致人口吸引力不足，人口长期向珠三角城市群和都市圈流动、集聚，尤其是经济不发达的粤东粤西粤北县（市）的青年人才流失严重，成为掣肘广东县域经济规模壮大的重要因素。以河源市为例，龙川县2021年常住人口与2010年第六次全国人口普查的人数相比，10年共减少超过10万人，而河源市仅源城区常住人口正增长，其余县人口均为负增长[①]。

索洛模型、卢卡斯的人力资本溢出模型等经典经济增长理论均指出，劳动力尤其是高技能劳动力是经济增长的重要源泉。"百千万工程"背景下广东各县域不仅要把人才"引回来"，更要让人才"有的干""干得好"。关于如何"栽梧引凤、筑巢聚才"，其他经济强省的既有经验做法有望为广东县域经济发展提供借鉴，如江苏省太仓市的以产塑人、"订单式"人才培养之路、浙江省德清县的柔性引才模式、山东省寿光市的县级人才发展集团经验等。

近20年来，江苏省太仓市立足高端装备制造、汽车核心零部件等优势产业，依托大量本土院校、在地德国企业、德国巴登符腾堡双元制应用技术大学、德国工程师协会等多方资源，相继建立了20多个双元制培训中心和项目，逐步构建起了覆盖中专、大专、本科的多层次技术人才培养体系[②]。

浙江省德清县采用柔性引才的模式，依托靠近上海、紧临杭州的区位优势，先后在杭州与上海设立"人才飞地"，大力招引发达城市的高科技项目和高科技人才，形成"上海/杭州研发办公+德清县转化生产"的闭环生态。此后，德清县又立足本地高端装备制造、电子信息等核心产业，扩大柔性引才范围，在创新要素、产业资源富集的深圳与投石智库联合打造了"飞地孵化器"——经开智库，全力招引和承接珠三角地区具有成长潜力和市场前景的优质产业项目、人才项目。

山东省寿光市于2020年正式揭牌成立寿光市人才发展集团有限公司，根据当地企事业单位的用人需求，精心绘制"人才地图"，并通过与36氪、深圳创成汇等5家知名的市场化人力资源服务机构签署协议，引进青年人才近万人，助力寿光市成功入选全国青年发展型县域试点。寿光市人才

①《广东县域经济扫描：仅博罗跻身全国百强，"千亿县"后备军如何"跑步"进阶》，https://static.nfapp.southcn.com/content/202302/15/c7358965.html，2023年2月15日。

②吴影跃、黄博文：《这些小县城靠什么在"抢人大战"中胜出》，https://baijiahao.baidu.com/s?id=1774165407318461779&wfr=spider&for=pc，2023年8月14日。

发展集团有限公司已经成为我国县域探索市场化引才的重要先驱，其发展经验表明，作为覆盖人力资源服务全产业链的“城市HR”和整体人才解决方案的供应商，人才发展集团尤其适用于县域地区。

二、县域经济“质”的省际比较

表3-2利用产业结构、财政收支等多个指标对县域经济发展质量进行了省际比较。从三次产业占县域地区生产总值的百分比来看，广东县域第一产业占比（20.85%）远超其他经济强省，第二产业占比（32.68%）明显过低，第三产业占比（46.47%）基本与其他经济强省齐平，产业结构比较凸显广东县域产业结构高级化进程滞后于江苏省、浙江省等同梯队的经济强省，根本原因在于第二产业相对较弱。广东县域工业尤其制造业短板明显这一特征直观体现于规模以上工业企业数量较少，2022年广东57个县域仅有6758家规模以上工业企业，而浙江省超过3万家，江苏省达到2.69万家，河南省、山东省规模以上工业企业数量也分别达到了1.46万家、1.75万家（见表3-2）。

表3-2　县域经济发展质量的省际比较（2022年）

比较对象	广东省	江苏省	山东省	浙江省	河南省
第一产业占比/%	20.85	6.38	12.53	4.47	14.20
第二产业占比/%	32.68	47.77	40.94	49.17	41.51
第三产业占比/%	46.47	45.85	46.53	46.37	44.29
规模以上工业企业/家	6758	26875	17489	30101	14591
设施农业种植面积/公顷	25890	427238	291713	134539	150493
地方一般公共预算收入/亿元	726.06	3144.12	2429.14	2683.97	1806.90
地方一般公共预算支出/亿元	2950.77	4933.81	4145.32	4319.80	4746.33
地方一般公共预算支出与收入比	4.06	1.57	1.71	1.61	2.63
医疗卫生机构床位/万张	17.09	21.27	31.75	15.53	41.05
提供住宿的民政服务机构床位数/万张	8.08	22.31	17.83	11.53	27.09

资料来源：《中国县域统计年鉴（县市卷）2023》。

近年来，县域已经成为我国工业经济发展的主战场，县域第二产业增加值占全国第二产业增加值的比重均超过40%，且县域规模以上工业企业数量达到全国规模以上工业企业总数的50%左右①。新征程上，广东亟待推进县域工业振兴和产业转型升级以实现县域经济高质量发展。

现代设施农业是利用现代信息技术、生物技术、工程装备技术与现代经营管理方式，为动植物生长提供相对可控的环境条件，在一定程度上摆脱自然依赖进行高效生产的农业类型，涵盖设施种植、设施畜牧、设施渔业和提供支撑服务的公共设施等。设施农业发展有助于提高单位产出效率、突破资源环境制约，还能不断提高农业生产的标准化、设施化、集约化、智能化水平，助力农业高质量发展。因此，现代设施农业已经成为衡量农业现代化水平的重要标志。2023年6月，农业农村部、国家发展改革委、财政部、自然资源部联合印发《全国现代设施农业建设规划（2023—2030年）》，就形成现代设施农业发展格局提出了1个总体规划、4个专项实施方案②。这是我国出台的第一部现代设施农业建设规划，为各省市发展设施农业提供了具体指南。表3-2统计了各省的设施农业种植面积。从占地面积来看，2022年广东省设施农业种植面积不到2.6万公顷，其他经济强省均超过10万公顷，江苏省更是达到了42.7万公顷，广东省设施农业发展呈现出总量不足的鲜明特征。

从地方一般公共预算收支来看，受制于总量经济规模，2022年广东省县域一般公共预算收入仅726亿元，江苏省、山东省、浙江省、河南省县域的一般公共预算收入分别为广东的4.13倍、3.25倍、3.65倍、2.77倍。广东省县域一般公共预算支出与收入比为4.06，明显高于其他经济强省，县域财政自给率严重不足。具体来看，广东珠三角县域的财政自给率相对较

---

①陈薇、吕道励、吴浅语：《广东"工业大县"挺起发展脊梁：惠州博罗、肇庆四会等全国工业百强县奋勇争先》，《南方日报》2023年3月27日第A04版。

②《农业农村部 国家发展改革委 财政部 自然资源部关于印发〈全国现代设施农业建设规划（2023—2030年）〉的通知》，http://www.moa.gov.cn/nybgb/2023/202308/202308/t20230829_6435329.htm，2023年6月9日。

高，鹤山市、开平市、四会市、博罗县等8个县（市）的一般公共预算支出与收入比在3以下；而非珠三角县域的财政自给率更低，最低的为揭西县，2021年的一般公共预算支出与收入比达到11.0。

从县域卫生和社会保障方面来看，2022年广东省县域医疗卫生机构床位数为17.09万张，略高于浙江省，但低于江苏省、山东省和河南省；2022年广东县域提供住宿的民政服务机构床位数为8.08万张，在五大经济强省中排名最末。由此可窥探广东在县域公共服务供给上仍存在突出短板，尚未能充分满足人民对美好生活的需要，进而影响县域引才留才，掣肘县域经济高质量发展。为促进城乡、区域公共服务均等化，广东已经出台系列政策。2021年11月，广东省人民政府办公厅印发《广东省公共服务“十四五”规划》，就“十四五”期间公共服务供给提供顶层设计；2021年12月，广东省发展改革委、广东省委宣传部等多部门联合印发《广东省基本公共服务标准（2021年版）》；2023年9月，中共广东省委办公厅、广东省人民政府办公厅印发《关于推进以县城为重要载体的城镇化建设的若干措施》，提出“公共服务设施提标扩面”的总体要求，在公共服务供给方面强调完善医疗卫生体系、扩大教育资源供给、提升社会服务保障能力、优化文化体育设施四大举措，以及“推进县城公共服务向乡村覆盖”。得益于“百千万工程”的系统谋划，广东各县（市）正在加快补齐公共服务短板，大幅提升县域综合服务能力。

第二节　广东县域经济发展的短板与不足

通过上一节与江苏省、山东省、浙江省、河南省四个经济强省的县域比较分析，我们可以看到现阶段广东县域经济发展的短板与不足之处。

第一，相比于广东省第一经济强省的地位，广东省县域经济整体规模远低于江苏省、浙江省等同梯队经济强省，千亿县尚未实现零的突破，广东县域经济发展呈现出典型的"省域强而县域弱"特征。这一特征同样体现在赛迪顾问对中国县域经济百强县的评选结果中。

根据2023年7月25日赛迪顾问发布的《2023中国县域经济百强研究》①，表3-3统计了广东省、江苏省等五大经济强省的百强县名单和排序。广东省仅博罗县入选，河南省有4个县（市）入选，江苏省、浙江省、山东省的表现尤其突出，分别有23个、16个、13个县（市）入选。从排序来看，博罗县在百强县中排名第69位；江苏省包揽了前10中的6席，而且除了建湖县和射阳县之外，江苏省其他21个县（市）的排名均在广东省博罗县之上；山东省13个百强县（市）中有9个县域的排名在博罗县之上；浙江省16个百强县（市）中有15个县域的排名在博罗县之上；河南省4个百强县（市）中有3个县域的排名在博罗县之上。从百强县来看，广东省县域明显弱于同梯队的其他经济强省，与其第一经济强省的地位极不相符。

表3-3　2023年中国县域经济百强

省份	百强县（排序）
广东省	博罗县（69）
江苏省	昆山市（1）、江阴市（2）、张家港市（3）、常熟市（4）、太仓市（6）、宜兴市（9）、如皋市（22）、海安市（23）、启东市（25）、溧阳市（28）、丹阳市（29）、泰兴市（30）、如东县（35）、靖江市（36）、东台市（37）、邳州市（43）、仪征市（52）、沭阳县（62）、兴化市（64）、高邮市（66）、沛县（67）、建湖县（72）、射阳县（73）
山东省	龙口市（8）、胶州市（17）、滕州市（34）、荣成市（38）、寿光市（44）、邹城市（47）、诸城市（49）、招远市（51）、平度市（60）、莱西市（71）、邹平市（84）、广饶县（93）、青州市（98）

①2023年赛迪顾问百强县设置评价"双门槛"，即地区生产总值≥600亿元，一般公共预算收入≥20亿元，从经济实力、增长潜力、富裕程度、绿色水平4个一级指标，以及8个二级指标、27个三级指标进行综合评价。

（续表）

省份	百强县（排序）
浙江省	慈溪市（7）、义乌市（11）、诸暨市（12）、余姚市（13）、乐清市（15）、海宁市（16）、温岭市（18）、桐乡市（21）、瑞安市（26）、平湖市（40）、宁海县（45）、嘉善县（53）、长兴县（55）、临海市（65）、东阳市（68）、永康市（74）
河南省	巩义市（46）、新郑市（58）、永城市（59）、中牟县（78）

资料来源：《2023中国县域经济百强研究》。

第二，从产业结构和产业水平看，广东县域第二产业总量规模偏小，县域工业整体发展水平严重滞后于省域和其他经济强省，农业现代化水平不高，农业大而不强。根据《中国县域统计年鉴（县市卷）2021》，以最为发达的东部粤、闽、浙、苏、鲁五省为例，2000—2020年，县域制造业产值在全省制造业中一直保持着相当大的比重。五省中广东省最低，占33%左右，这与广东省的区划调整有关。另外四个省的比重普遍保持在50%以上，近年来浙江省在66%左右，而江苏省则上升到70%。粤东粤西粤北县（市）经济发展基础支撑不足，产业集聚能力不足，资源综合利用效率不高，第二产业增加值较低。2021年，广东省县（市）第二产业增加值全部低于200亿元，低于50亿元的占到一半，规模以上工业企业数量停留在个位数的县（市）仍有2个。粤东粤西粤北县（市）第三产业增加值比重也整体偏低，低于50%的占比57.78%，50%～60%的占比40%，60%以上的占比2.22%，导致经济韧性较弱，就业承载力有限。与此同时，以设施农业种植面积反映的农业现代化进程相对落后。县域经济高质量发展要求产业结构优化和传统产业转型升级以搭建现代化产业体系，对此广东县域仍面临较大挑战。

第三，广东县域人口流失严重，劳动力尤其是技能人才不足以成为制约广东县域经济发展的明显痛点。粤东粤西粤北地区农村人口持续向珠三角集聚，第七次全国人口普查数据显示，2010—2020年，珠三角9市属于人口净流入地区，其中除江门市、肇庆市外人口增速均高于全省平均水平，而粤东粤西粤北地区中，汕尾市、梅州市、揭阳市、河源市、潮州市、湛江市等地则属于人口净流出地区，只有清远市、阳江市人口增速高于全国平均水平。粤东粤西粤北地区分布了大量农村人口，人口受教育程度较之珠三角地区也较低。以每10万人口中拥有大专以上受教育程度人数为例，城市人口集中的广州市、深圳市、珠海市等地人口分别达到2.73万人、2.88万人、2.58万人，而城镇化率较低的粤东粤西粤北地区12市，每10万人口中拥有大专以上受教育程度人数均低于1万人，揭阳市、汕尾市、云浮市、潮州市等地级市，每10万人口中拥有大专以上受教育程度的人数分别只有0.44万人、0.52万人、0.68万人、0.77万人。此外，粤东粤西粤北地区人口老龄化程度也明显高于珠三角地区。

第四，城乡收入差距依然较大，欠发达县劳动人口收入水平有待提高。2022年广东省农村居民人均可支配收入为22306元，排在全国第7位，低于上海市农村居民人均可支配收入（39729元）、浙江省农村居民人均可支配收入（37565元）、北京市农村居民人均可支配收入（34754元）、天津市农村居民人均可支配收入（29018元）、江苏省农村居民人均可支配收入（26791元）、福建省农村居民人均可支配收入（24987元）。另外，广东省城乡居民收入比为2.46：1，高于全国23个省份，显著高于天津市（1.83：1）、浙江省等省（市）的城乡居民收入比；广东省内各区域农村居民可支配收入差距相对较大，如东莞市是揭阳市的2.4倍，区域发展不平衡拉大了全省的城乡收入差距。

第五，广东在县域公共服务供给上仍存在突出短板，掣肘县域经济高质量发展。县域财政收入规模偏小、财政支出压力大一定程度上解释了县域公共服务供给不足的现象，即县域财政自给率低会加剧省域、市域和县域的公共服务供给失衡，进而恶化城乡区域发展失衡现象。广东城乡公共资源配置存在较大差距，农村基本公共服务投入相对不足，医疗、教育、社会保障、金融服务等公共服务方面历史欠账较多，交通、绿化、供电、供水以及环卫等配套设施建设与城市相比差距较大。目前，广东城乡每千人卫生技师数之比为2.3∶1，每千人执业医师数之比为2.24∶1，均高于全国平均水平。农村基本公共服务供需匹配度有待提高。相对于城镇居民，农村居民对基本公共服务供给决策的参与度不足，公共服务供给错配问题仍然存在。

第三节 广东县域经济发展前瞻

未来，广东要充分把握新型工业化、信息化、城镇化、农业农村现代化规律，更好地把县的优势、镇的特点、村的资源统筹起来。立足县镇村各自功能定位科学谋划，坚定不移走特色发展、错位发展之路。要以增强县域综合承载能力为抓手，着力搞活带旺县域内商业圈，紧盯消费新潮流，大力发展夜经济等新业态，持续拓展餐饮、休闲、娱乐等消费新场景，不断培育壮大县域经济；抓住、用好"百校联百县"行动，积极引入优质人才资源开展校、县联合办医办学；加快补齐县域公共服务短板，切实增进县域民生福祉；利用当地优势资源发展好农业观光、康养休闲等特色产业，开拓新型文旅商业消费市场，更好聚揽人气、促进消费、拉动经济。

一、"高质量发展"背景下壮大县域经济的战略意义

2023年5月，中共广东省委、广东省人民政府发布《关于新时代广东高质量发展的若干意见》（简称《意见》）。《意见》提出，"把高质量发展作为广东现代化建设的首要任务和总抓手"，并设定两阶段发展目标：到2027年全省高质量发展实现新进步，到2035年高质量发展实现更大成效[①]。

①《中共广东省委广东省人民政府关于新时代广东高质量发展的若干意见》，https://www.gd.gov.cn/gdywdt/gdyw/content/post_4188047.html?eqid=e51117480003b04d00000006647551f3，2023年5月29日。

就实现高质量发展目标的具体表现来看，《意见》提出了五个主要维度：自主创新能力、城乡区域发展协调性、开放型经济、绿美广东建设和人民生活水平。

（一）发展县域经济是实现广东高质量发展阶段性目标的主要抓手

县域经济本身就是县（市）、镇、村经济的融合，也是新型城镇化战略和乡村振兴战略的交汇点。

第一，广东实现高质量发展最艰巨最繁重的任务在农村。现阶段农业经济总量构成了广东县域经济规模的1/5，县域经济壮大要求乡村产业振兴，大力发展富民兴村产业，打造现代农业产业集群，从而缩小乡村与县（市）、镇的发展差距。

第二，县域经济壮大要求补齐县域工业短板，"百千万工程"要求把县的优势、镇的特点、村的资源更好地统筹起来，实现县（市）、镇、村的产业链接和利益共享，合力形成强县促镇带村的主导产业，助力广东制造强省建设。

第三，县域经济虽然是广东经济的短板，但在区域协调性方面，县域的表现优于广东全省。图3–1统计了2022年广东省域和县域视角下的地区生产总值占比。显而易见，广东省域视角下各区域发展失衡极其严重，珠三角区域贡献了80%以上的地区生产总值；相比较而言，县域视角下区域经济发展规模较为均衡。这就意味着，县域经济持续壮大以及对全省经济的贡献度不断提升，将有助于缓解广东区域之间发展不平衡的问题。因此，在推动城乡区域协调发展视角下，发展县域经济对推动广东高质量发展阶段性目标的实现具有战略性意义。

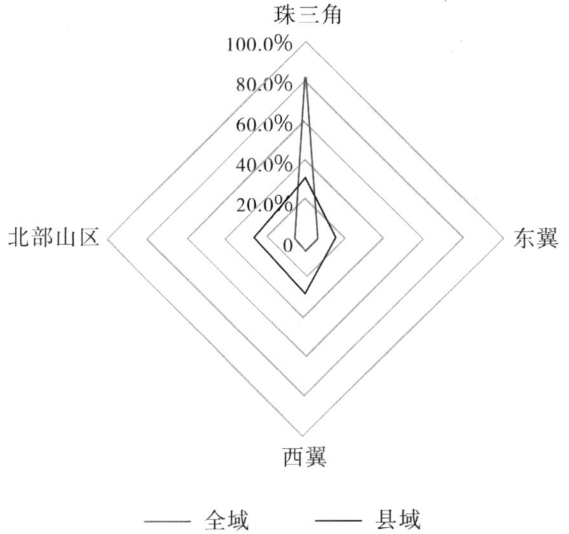

图3-1　广东省各区域地区生产总值占比（2022年）

（二）发展县域经济是改善人民生活、实现共同富裕的关键切入点

2022年广东全省城镇居民人均可支配收入为56905.3元，57个县域的城镇居民人均可支配收入均未赶上这一均值（见表3-4），其中最高的博罗县城镇居民人均可支配收入为41938元，最低的南澳县城镇居民人均可支配收入为20064元，凸显广东省的县（市）、镇与地级及以上城市的发展差距；2022年广东全省农村居民人均可支配收入为23597.8元，57个县域中仅有四会市、惠东县、博罗县、龙门县、吴川市、德庆县、鹤山市、开平市、阳西县、廉江市10个县（市）的农村居民人均可支配收入超过了全省均值，县域农民收入与县域作为农业农村主战场的地位极不匹配。因此，广东省改善人民生活、实现共同富裕的短板在县域，发展壮大县域经济是实现城乡共同富裕的关键切入点。

表3-4 广东57个县域居民人均可支配收入（2022年）

单位：元

县域	城镇居民	农村居民	县域	城镇居民	农村居民
南澳县	20064	16802	阳春市	33079	21964
乐昌市	32860	20175	阳西县	30715	23928
南雄市	33890	20614	雷州市	27401	17652
仁化县	34295	22369	廉江市	32506	23708
始兴县	32710	21239	吴川市	30809	25339
翁源县	34022	20330	遂溪县	29517	22602
新丰县	32710	20165	徐闻县	29531	21818
乳源瑶族自治县	33827	20149	信宜市	31842	22404
东源县	29052	20531	高州市	32263	22523
和平县	29509	19845	化州市	31504	22529
龙川县	27360	20137	四会市	41934	30488
紫金县	26630	20660	广宁县	30370	19931
连平县	27874	20141	德庆县	30783	25154
兴宁市	31408	21996	封开县	30895	19798
平远县	30991	22456	怀集县	35192	20824
蕉岭县	33026	22257	英德市	33686	21230
大埔县	29047	18038	连州市	35574	18428
丰顺县	30383	18097	佛冈县	35475	20684
五华县	26320	16617	阳山县	33700	19131
惠东县	35585	28067	连山壮族瑶族自治县	30065	17831
博罗县	41938	27987	连南瑶族自治县	31264	18198
龙门县	32625	27107	饶平县	26492	19272
陆丰市	31922	21052	普宁市	31700	21307
海丰县	39238	23588	揭西县	24676	15381
陆河县	27710	16478	惠来县	26364	16931
台山市	33721	22937	罗定市	32073	20197
开平市	36220	24195	新兴县	33655	23257
鹤山市	37959	24593	郁南县	31264	19656
恩平市	31250	20488			

数据来源：《广东统计年鉴2023》。

（三）发展县域经济是发挥生态功能、建设绿美广东的有力支撑

在空间上，县域占据了全省70%以上的土地面积，相比于地级及以上城市，县域拥有更优质的生态资源禀赋，基于新结构经济学理论，县域理应是绿美广东建设的主战场，在此意义上，绿美广东生态建设与“百千万工程”同频共振。

一方面，广东不断推进生态产业化。通过建立健全生态产品价值实现机制，开展跨区域生态补偿试点创新，有望以县域的绿水青山吸引中大城市的金山银山，实现县域绿色发展和中大城市进一步高质量发展的双赢，从而服务于绿美广东建设。关于生态补偿，广东已经形成了系列政策和指导意见，包括《广东省生态保护补偿办法》《广东省人民政府办公厅关于健全生态保护补偿机制的实施意见》《广东省东江流域省内生态保护补偿试点实施方案》《广东省生态环境损害赔偿工作办法（试行）》等。根据广东省财政厅数据，2017—2020年广东生态补偿规模年均增长40%，2020年的生态保护区财政补偿转移支付资金达到73.7亿元[①]。就资金分配而言，广东坚持“谁保护，谁得益；谁改善多，谁得益多”的原则，将生态保护补偿与高质量发展绩效评价结果、生态环境状况指数相挂钩。例如，对生态保护成效排名前10的地区，县均补助高达1.8亿元，这种分配标准将使得生态建设成效好的地方多受益并更有获得感。

另一方面，广东不断推进产业生态化。广东县域正处于全力招引和承接中大城市产业、补齐制造业短板的关键时期，这一过程中若能同步推进县域产业的绿色转型，有望在塑造绿色低碳生产方式上实现县域经济发展的“弯道超车”。2023年11月，广东省绿化委员会、广东省林业局、广东省住房和城乡建设厅、广东省农业农村厅、广东省交通运输厅联合印发了

①《我省生态保护区财政补偿规模实现2017至2020年年均增长40%》，https://www.gd.gov.cn/gdywdt/bmdt/content/post_3078598.html，2020年9月4日。

《关于全力做好2024年县镇村绿化工作的通知》，强调要把县的优势、镇的特色、村的资源发挥好利用好，统筹提升县城、圩镇、乡村道路的绿化水平，鼓励企业把县镇村绿化与产业发展相结合。在“百千万工程”视角下，对建设高水平城乡一体化绿美环境进行提前谋划，有助于切实引领县域高质量发展。

二、广东支持县域经济发展的政策体系

为了把县域经济发展的短板转化为高质量发展的“潜力板”，2023年以来，广东省深入实施“百千万工程”，激发县域经济活力。中共广东省委十三届三次全会强调深入实施“百千万工程”，明确“锚定一个目标，激活三大动力，奋力实现十大新突破”的“1310”具体部署，尤其强调开展争创全国经济强县行动，重点支持若干基础条件好的县（市）做强做优做大，示范带动全省县域高质量发展。从各县（市）经济综合发展力空间分布来看，受益于近年来广东省促进城乡区域协调发展、产业有序转移等政策的支持与引导带动，特别是“百千万工程”的深入实施，环珠三角核心地带以及沿海、沿主要干线的县（市）（如博罗县、四会市、惠东县、台山市、鹤山市、开平市、龙门县、恩平市），粤西地区的高州市、信宜市、廉江市、化州市以及粤东地区的普宁市、海丰县等县（市）总体上经济综合发展力居于前列。东西两翼的县域经济中，粤西地区整体保持较快

发展，同时粤北山区的新兴县、东源县、英德市等也得到较快发展[①]。

在政策层面，自《中共广东省委关于实施“百县千镇万村高质量发展工程”促进城乡区域协调发展的决定》正式印发以来，各部门纷纷出台政策或措施助力“百千万工程”落地见效，省级层面已经形成了包括《广东省“数字政府2.0”建设服务“百县千镇万村高质量发展工程”若干措施》《广东省科技支撑“百县千镇万村高质量发展工程”促进城乡区域协调发展实施方案（试行）》《广东省自然资源厅关于加强自然资源要素保障　助力实施“百县千镇万村高质量发展工程”的通知》《“百社联百村——助力百千万工程”专项行动实施方案（2023—2027年）》《关于实施“百县千镇万村高质量发展工程”促进城乡区域协调发展若干财政支持政策》《关于金融支持“百县千镇万村高质量发展工程”促进城乡区域协调发展的实施方案》等在内的“1 + N”政策体系（见表3-5）。与此同时，全省21个地市均出台了相关专项文件或者召开了专题会议，部署推进“百千万工程”的落实。

①《2023广东县域经济综合发展力研究报告》是由广东县域经济研究与发展促进会联合广东省委党校课题组完成的。课题组依据2023年11月公开的广东统计年鉴，并利用实地调研获取的最新数据以及对各地发展态势的实践观察，在保持2009年以来该团队建立的评价框架稳定性前提下，通过建立规模、水平、增长以及质量四个维度的指数，计算出相应各县域经济体的发展实力、发展活力和发展潜力，最终通过构建的模型，得出全省57个县（市）以及45个县级区县域经济综合发展力总体评价分值。同时，对各县域经济体的发展活力与发展潜力进行分值评价。值得提及的是，该报告系统分析了2018—2022年广东县域经济总量变化情况，发现县域地区生产总值5年平均增长4.76%，比全省平均增速（7.56%）低2.80个百分点，一定程度上反映出广东县域经济发展面临动力不足的困境。值得注意的是，这一特征在产业结构上集中表现为第二产业的增长明显低于第一产业与第三产业的增长。

表3-5 广东省出台的推进“百千万工程”的主要政策文件

时间	政策文件
2022年12月	《中共广东省委关于实施“百县千镇万村高质量发展工程”促进城乡区域协调发展的决定》
2023年2月	中共广东省委办公厅 广东省人民政府办公厅印发《关于全面推进“百县千镇万村高质量发展工程”促进城乡区域协调发展的实施意见》的通知
2023年2月	《广东青年下乡返乡兴乡助力“百县千镇万村高质量发展工程”三年行动》
2023年3月	中共广东省委、广东省人民政府印发《关于推动产业有序转移促进区域协调发展的若干措施》
2023年4月	广东省政务服务数据管理局关于印发《广东省“数字政府2.0”建设服务“百县千镇万村高质量发展工程”若干措施》的通知
2023年4月	《广东省市场监督管理局服务百县千镇万村高质量发展的实施意见》
2023年4月	广东省卫生健康委印发《落实“百县千镇万村高质量发展工程”实施新一轮基层卫生健康服务能力提升五年（2023—2027年）行动计划》
2023年5月	《广东省交通运输厅关于贯彻落实“百县千镇万村高质量发展工程”推进城乡区域交通运输协调发展的实施意见》
2023年6月	《广东省科学技术厅关于印发〈广东省科技支撑“百县千镇万村高质量发展工程”促进城乡区域协调发展实施方案（试行）〉的通知》
2023年7月	《广东省财政厅等5部门关于进一步发挥农业保险、农业融资担保作用支持“百县千镇万村高质量发展工程”的通知》
2023年6月	《广东省人民政府办公厅关于印发〈广东省“百县千镇万村高质量发展工程”教育行动方案（2023—2027年）〉的通知》
2023年8月	《广东省自然资源厅关于加强自然资源要素保障助力实施“百县千镇万村高质量发展工程”的通知》
2023年8月	《广东省人民政府办公厅关于印发〈广东省发展壮大农村经营主体若干措施〉的通知》
2023年9月	《中共广东省委办公厅 广东省人民政府办公厅印发〈关于推进以县城为重要载体的城镇化建设的若干措施〉》
2023年10月	《广东省民政厅关于印发〈“百社联百村——助力百千万工程”专项行动实施方案（2023—2027年）〉的通知》
2023年11月	《广东省人民政府办公厅印发关于金融支持“百县千镇万村高质量发展工程”促进城乡区域协调发展实施方案的通知》

在上述各项政策推动下，广东县域经济展示了勃勃生机。2023年，广东全省推进“百千万工程”促进城乡区域协调发展现场会梳理盘点了实施“百千万工程”的进展成效，总结交流了经验做法，对未来工作进行了研

究部署。

首先，大力提升县域城镇化水平，全面提升县城综合承载能力和乡镇综合服务功能，建强中心镇、专业镇、特色镇，建设美丽圩镇。有效改善群众生产生活条件，以美丽圩镇建设和乡村建设行动为抓手，用心答好环境综合整治优先题、风貌管控必答题、美丽圩镇建设加分题、绿化美化基础题，实现人居环境靓起来、乡村治理强起来、文明新风扑面来的良性循环。

其次，突出基础设施提能级、民生服务提质量、社会治理提效能，持续改善县镇村发展环境，建设更美好家园。多措并举增强乡镇联城带村节点功能，强化公共服务供给，完善基础设施网络，因地制宜开展美丽圩镇建设，注重示范带动、典型引领，加强路网边、水岸边、街巷边等区域的洁化、绿化、美化，精心打造小公园、小广场等公共生活空间，推动农贸市场、商场超市等提质升级，把乡镇建设成为乡村治理中心、乡村服务中心、乡村经济中心。

最后，以全域土地综合整治为抓手，进一步优化生产、生活、生态空间格局，科学做好村庄规划、农房风貌管控和改造提升，注重加强古树名木、特色民居和传统村落保护利用，塑造别具风格的特色乡村风貌，守住乡村文化根脉。坚持稳中求进、扎扎实实，紧紧依靠人民，广泛凝聚各方力量推进“百千万工程”，坚持政府引导、市场运作、社会参与，统筹用好财政资金，撬动各类资金投入，落实好新型对口帮扶协作机制，引导企业发挥所长积极参与，加大力度吸引乡贤投资，充分调动群众积极性、主动性、创造性，形成推动县镇村高质量发展的强大合力①。

---

①徐林、骆骁骅、李凤祥等：《以头号工程的力度抓紧抓实“百千万工程”推动城乡区域协调发展不断取得新进展新成效》，《南方日报》2023年11月7日第A01版。

三、"百千万工程"背景下加快优化广东县域经济发展的对策

相比于广东经济第一大省的地位，现阶段广东县域经济的发展水平仍呈现相对滞后的状态，但仍要充分看到广东县域自身的诸多发展优势。一是无可替代的区位优势。县域是珠江三角洲经济的重要腹地延伸，是珠三角产业转移的首选之地。同时，县域是泛珠三角区域经济合作体系的重要连接带，处于承上启下、承前启后的特殊地位。二是得天独厚的资源优势。县域劳动力资源丰富，成本低廉，耕地资源和水资源充沛，有利于农业产业化发展。连片待开发的建设用地丰富，有利于承接珠三角产业外溢。县域不少地区文化底蕴深厚，自然风景秀丽，民族风情独特，非常适宜发展文化产业和旅游产业。三是自身发展动力催生的后发优势。当前全省加快县域发展的春风劲吹，各县正形成你追我赶、取长补短的良好氛围。一些县勇于开拓创新，以改革破经济发展滞后之局。一些县立足自身资源禀赋找优势，立足自身比较优势找特色，立足县际比较找差距，立足政策机遇寻突破。我国改革开放以来的发展历史屡次证明，通过自力更生、改革创新来发展经济，必定是县域长期发展的根本所在。

57个县（市）是广东城乡区域发展不平衡的集中体现，在"百千万工程"的引领推动下，它们将会开启一场有史以来跨越度最大、最具突破性和创新力的经济提质增效新征程，并需遵循三个原则。

首先，要坚持培育内生增长新引擎。进入后工业化时代，经济发展动能出现新趋势，县域经济更需要培育内生增长新引擎。特别是珠三角制造业向外转移呈现新特征，从以往的成本导向逐步趋向于以供应链总体效率为导向。因此，山区县应该更多地学会顺势而为、尽力而行，结合本地特有资源如山林、特色农产品等，利用"双百行动"良机，吸引科技下乡，针对大湾区采取定制化生产、精准化营销、标准化提升，使得每个相对欠发达县都能进行差异化竞争、品牌化运营、动态化递进，实现广东全省范围新质生产力的再布局、再提升。由此可见，在"百千万工程"推动县域

经济发展过程中，各县首先要结合自身资源培育现代化产业体系，不求大而全，但求“特、精、强”。

其次，要坚持交通先行原则。后发县域要充分借鉴珠三角路通财通的重要发展经验，高铁、城市轨道、低空飞行、现代航运等此前未有的立体交通再布局，将会使欠发达县获得全新的区位优势，使欠发达县由落后偏远地区一跃成为重要经济节点，一举改变市场格局、市场效率、运输成本，使它们融入更高层次的区域经济战略，在空间上成为新的产业链的有力竞争者。

最后，要坚持融湾入圈创新业态。具备高质量产业体系、便利化的交通条件后，后发县就要使县域经济融入大湾区，通过现代产业、交通、商贸 的联动互促来打造县域经济崭新的成长路径，提高价值实现能力。因此，除了要关注与生产力匹配的、与交通匹配的传统商贸业态，还要关注以直播电商、数字贸易为代表的现代商贸流通体系的成长，创造新型交易业态。

在遵循上述原则前提下，我们可从以下方面着手加快县域经济发展。

（一）提供全方位系统性支持，保障要素供给

中国特色社会主义制度的一个显著优势是集中力量办大事。发挥有为政府的作用是中国经济发展的重要经验。对于进一步发展壮大县域经济，各级政府重任在肩，责无旁贷。

第一，在统筹培育本地产业和承接外部产业转移的过程中，应着力促进产业转型升级，壮大工业经济。鼓励与当地主体功能定位相匹配的产业园区建设，通过推进工业入园，重点扶持一批十亿元级企业、建设一批亿元级项目，以推动现代产业集群的蓬勃发展。

第二，深化县级行政改革，释放制度红利，强化要素保障。必须赋予县级政府更多的管理权限，特别是在发改、交通、水利、住建、商务等领域推动行政审批权限的下放，以进一步扩大县（市）经济社会发展自主

权。要对已有政策进行认真梳理，调整滞后于经济发展要求的政策，坚持求真务实、勇于创新的原则，确保经济主体能够享受到最优化的服务。在要素资源投入方面，以财政支持、金融资本、社会资本"三管齐下"的策略强化县域资金保障；在财政支持方面，选取省级现代农业产业园等七项资金，制定财政资金"补改投"试点方案，以帮助基层积累资产、壮大财政实力、激活发展动力。发力重点聚焦在健全县级基本财力保障长效机制、增强县域发展内生动力和财政保障能力。此外，还需要通过县、镇、村三级共同发力落实土地保障，县内、县外"双向施策"加大人才保障力度，从而全方位强化要素保障。

第三，抓好头号工程，必须加强组织保障，狠抓落实。各级党委、政府要落实主体责任、属地责任，县委书记、镇委书记、村（居）委书记要分别当好"一线总指挥""一线施工队长""领头雁"，各级指挥部及其办公室要发挥牵头抓总的作用，引导各方面各有关单位紧密协作，形成五级书记抓、上下协同干的生动局面，以实实在在的工作成果彰显组织保障的成效。同时，加强考核督导和舆论宣传，引导各地在高质量发展赛道上奋勇争先，在创先争优中落实好"百千万工程"。

第四，用活用好新型对口帮扶协作机制，深化细化战略规划与实施方案。充分发挥市场在资源配置中的决定性作用与多方、多级政府相互协同、服务作用；同时，在原有的对口帮扶基础上拓展领域，稳步推进制度、市场、产业、空间与民生重点领域帮扶。充分发挥广东"数字政府2.0"建设在全面数字化发展中的牵引驱动作用，依托数字政府大平台、大服务、大治理、大协同、大数据优势，加快数字政府基础能力均衡化发展，助力"百千万工程"落地见效，以推动广东城乡区域协调发展向更高水平和更高质量迈进。

（二）做好县域功能规划，促进县域特色发展

广东省各县（市）的历史文化传统、自然资源、社会资源等均有差

异，形成了各自特色鲜明的禀赋结构。在本书研究的广东省57个县（市）中，一些县（市）是农业大县，稳粮保供任务重，生态屏障功能突出；一些县（市）有着雄厚的制造业根基，工业对经济的拉动作用强劲，产业集聚进一步带动区域经济发展，成为县域经济的重要支撑；一些县（市）历史文化、自然风光等旅游资源丰富，第三产业对当地经济总量的贡献较高。县域资源禀赋各有特色，根据新结构经济学等典型经济发展理论，这意味着广东各县域的经济发展应该多样化，不走产业雷同的路子。因此，加快广东县域经济发展，应做好县域功能规划，促进各县域特色发展。

一是进一步优化经济强县。以调整和优化经济结构为主，以新技术改造提升传统产业；积极实施大企业、大项目战略，推动各类生产要素向优势产业、优质企业集中；做大做强主导产业，延伸产业链条，辐射带动周围各县。

二是培育中等发展水平特色县。要素保障先行，着力培育壮大一批具有显著比较优势和鲜明特色的骨干支柱产业，把这些县的潜在资源优势转化为现实生产力，将中等发展水平县培育成广东县域经济快速发展的中坚力量。

三是创新扶持经济欠发达县。第一，改变对欠发达县的扶持方式，广东省财政对山区县、欠发达县的扶持重点应是保民生、保运转，在此基础上以产业转移和项目扶持方式培育内生发展动力，增强自身“造血”功能。第二，加大县域之间干部交流力度，激励干部担当作为，通过取长补短、相互借鉴，更好推动区域之间协调发展。

（三）大力推进新型城镇化，促进人民安居乐业

在县域这个层面上，通常县城是全县的政治经济中心，也集聚了辐射全县的专业产品市场。各乡镇政府所在地是镇域的中心市场，服务于周围村落的居民。新阶段加快县域城镇化，应强化县城承载力、发挥镇联城带村的作用，充分放大城镇的信息、资金、技术、人才等优势，引导农村人口向县城和小城镇集中，引导乡村小微企业和商品市场形成聚集规模效应，推动农业产业化、农村工业化和农民非农化，形成城乡联动的县域经

济发展格局，扎实在县域层面消除城乡分割。

（四）鼓励民营经济发展，保持县域经济活力

县域发展特色产业离不开民营经济。构建以民营经济为主力的协同发展格局，是来自沿海发达县（市）的成功经验，也是现阶段广东壮大县域经济的重要路径。提高县域民营经济发展的自主性，持续优化发展环境至关重要，应深化商事制度改革，简化登记审批程序，创造适宜民营经济发展的优越制度环境；激活要素市场、优化投资环境，降低民营资本进入门槛，放宽进入领域。

一是努力营造公平竞争的县域营商环境。健全地方性法规，强化公平竞争审查制度刚性约束，破除市场准入壁垒，完善涉企政策制定和落实机制，加快推行惠企政策“免申即享”，实施公平的投资规则。深化联系服务民企和商会制度改革，完善民企诉求闭环解决机制，健全政府守信践诺机制，严格规范涉企执法检查，推行“进一次门、查多项事”，努力构建新型亲清政商关系；强化县域法治建设，保护民企产权和企业家权益。

二是创新民企融资增信机制。“一企一策”精准助企融资，鼓励各类基金支持县域高成长性中小企业发展；加大民企经理人培训力度，加大县域创新型人才引进力度和产教融合培育技能人才力度，建设高素质民企人才队伍；加强县域重点项目用地保障，引导民企集聚发展。

三是积极完善县域民营龙头企业，健全专精特新企业、创新型中小企业、“小巨人”企业、单项冠军企业的梯度培育体系，促进县域小微企业提质扩量，建立全周期孵化体系，完善“个转企”“小升规”培育机制，推动建立规范化公司治理结构；强化企业创新主体地位，引导民企加大研发投入，加大对民企知识产权保护力度，促进科技成果转化；深入实施企业技术改造，全面促进数字化赋能，加快推动绿色低碳发展；助力县域民企拓展市场空间，深入挖掘国内市场潜力，积极巩固拓展海外市场，扩大外贸出口规模。

中 篇

典型县（市、区）高质量发展多维演绎：广东县域经济创新发展10强

第四章

转型升级夯实制造业当家根基

本章选取顺德区和鹤山市作为通过转型升级夯实制造业当家根基的广东县域发展典型。它们均以实体经济为本，坚持制造业当家。在“百千万工程”推进过程中，作为改革先锋的顺德区仍以改革作为突出特征，在县域空间演绎新质生产力的“顺德样板”；鹤山市紧抓重点工业项目建设，坚持以开放驱动县域经济高质量发展。

表4-1给出了2023年这两个典型县（市、区）的基本经济指标。作为制造业大县，两个县（市、区）的第二产业均贡献了当地经济总量的“半壁江山”，且成为拉动经济增长的主要引擎。不同之处，顺德区的经济体量和对人口的吸纳力远超过鹤山市，凸显广东县（市、区）存在的典型“区强县（市）弱”特征。在2023年7月广东实施的“创先、进位、消薄”行动中，鹤山市和顺德区均被归类于创先类赛道。鉴于市辖区、县、县级市在行政级别、改革自主性、产业结构、功能定位等方面均存在显著差异，本章引入顺德区和鹤山市作为县域高质量发展典型，以全方位展现以转型升级夯实制造业当家根基的“广东样板”。

表4-1 顺德区、鹤山市的基本经济指标（2023年）

指标	顺德区	鹤山市
县级行政区划类别	市辖区	县级市
总面积/平方公里	806	1082.73
常住人口/万人	321.44	54.07
地区生产总值/亿元	4317.01	502.87
地区生产总值同比增速/%	4.5	6.2
三次产业结构	1.7∶60.8∶37.5	8.1∶54.5∶37.4
第二产业同比增速/%	7.1	9.3
规模以上工业增加值同比增速/%	6.8	8.8

数据来源：各县（市、区）统计局。

第一节 打造中国新质生产力的顺德标杆

顺德区为佛山市五个市辖区之一，位于珠三角腹地，北接广州，南近港澳，毗邻中山和江门。全区总面积806平方公里，下辖4个街道、6个镇、206个村（社区）。截至2022年底，常住人口321.44万，其中户籍人口162.43万，旅居海外乡亲50多万[①]。

2023年，顺德区实现地区生产总值4317.01亿元，同比增长4.5%，增速比2022年提高了3.7个百分点。第一产业增加值73.71亿元，同比增长4.4%，以水产养殖为主要支柱。第二产业增加值2626.24亿元，同比增长7.1%。其中，规模以上工业增加值2262.72亿元，同比增长6.8%，增速比2022年提高了5.4个百分点。第三产业增加值1617.05亿元，同比增长0.7%。显然，第二产业是顺德区经济的最大支柱以及拉动经济增长的主要引擎。

① 《基本概况》，https://www.shunde.gov.cn/sdqrmzf/zjsd/jbgk/content/post_5959863.html，2024年5月7日。

一、向改革要动力，形成推进“百千万工程”的顺德思路

佛山市顺德区在推进“百千万工程”的过程中，依托自身实际，不断深化市场化改革，简政放权，优化营商环境，降低企业成本，激发市场活力和社会创造力。通过改革推动资源要素高效配置，为“百千万工程”的实施提供源源不断的动力。

（一）充分认识自身优势

2023年11月，中国中小城市发展指数研究课题组、国信中小城市指数研究院发布《2023年中国中小城市高质量发展指数研究成果》，顺德区再夺2023年度全国综合实力百强区第1名[①]。已经12年蝉联该荣誉。并且荣获2023年全国工业百强区第3名，质量强国建设工作获2022年度国务院督查激励。作为百强区，顺德区的经济规模增长成绩始终亮眼（见图4-1），其地区生产总值于2017年突破3000亿元门槛，于2021年突破4000亿元大关，经济体量在广东65个市辖区中排名前列。

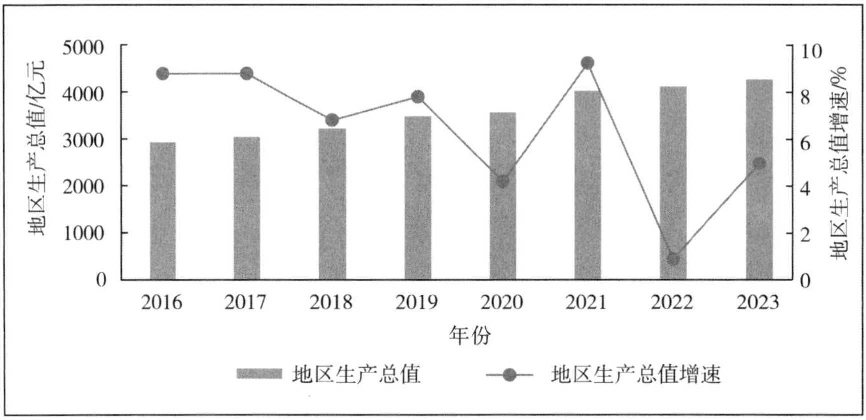

图4-1　顺德区经济规模和增速（2016—2023年）

资料来源：佛山市顺德区统计局。

①《顺德再夺“全国综合实力百强区”榜单第一》，https://mp.weixin.qq.com/s?__biz=MzAxODkyNTkzMQ==&mid=2247529368&idx=2&sn=679a94155ab0a18271d00c64c7736fd0&chksm=9bcce39cacbb6a8a19023d4233bf0c42037f43ba80e7445f63fd4b26d7a2f328defd9a90bbb7&scene=27，2023年11月22日。

作为制造业大区，顺德区的十大支柱行业包括智能家电制造业、高端装备制造业、新一代电子信息制造业、智能机器人、新材料制造业、生物医药与健康制造业、珠宝制造业、家具制造业、五金制造业、纺织服装业。从图4-2可以看到2018年以来顺德区三次产业结构的演变情况，即第二产业对地区生产总值的贡献是逐年增长的，第三产业对地区生产总值的贡献有所减少。但相比鹤山市，顺德区第一产业对地区生产总值的贡献较小，第二产业对地区生产总值的贡献更大，这根源于顺德区的功能定位、资源禀赋结构以及所处经济发展阶段。

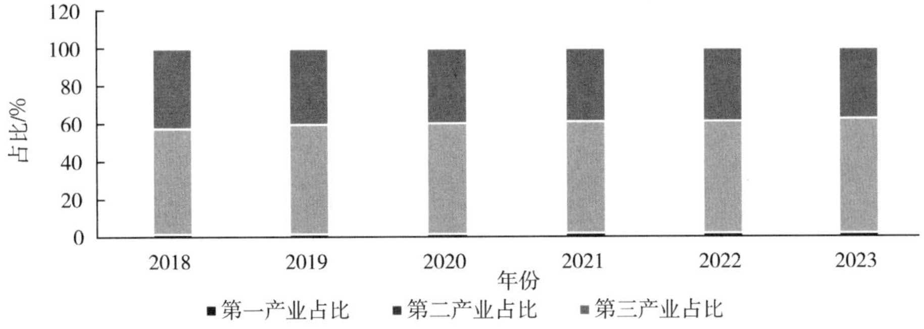

图4-2　顺德区三次产业结构（2018—2023年）

资料来源：佛山市顺德区统计局。

（二）大力发扬改革精神

顺德区历来是敢为人先的改革先锋。1978年，顺德县[①]容奇镇创立了首家“三来一补”（来料加工、来样加工、来件装配和补偿贸易）企业——大进制衣厂。先进的生产管理经验以及绩效工资分配模式给进厂工人带来了收入的倍增，大进制衣厂迈出的这一步也开了外贸进中国的先河。20世纪80年代，顺德县大力发展乡镇企业，以容奇镇为例，1984年

①1992年3月26日，经国务院批准，顺德撤县设县级市，建立顺德市。2002年12月8日，国务院批准调整佛山市行政区划：撤销县级顺德市，设立佛山市顺德区。——编者注。

全镇工业总产值超1.1亿元，人均收入达1703元[①]，助力顺德县成为“广东四小虎”之一。1992年，顺德市被省委、省政府确定为综合改革试验县（市），在全国率先推进以产权制度改革为核心的综合配套改革，改革经验获全国推广。1999年，顺德市被省委、省政府确定为率先基本实现现代化试点市，为全省基本实现现代化探索经验、提供示范。2009年，顺德区被省委、省政府确定为落实科学发展观试点区，率先开展了以行政体制改革、社会体制改革和基层治理改革为重点的一系列综合改革试验。2018年，顺德区被省委全面深化改革领导小组确定为率先建设广东省高质量发展体制机制改革创新实验区。

改革开放这一宏大国家战略在顺德区得到了充分实践[②]，给顺德区带来了巨大的改革红利。这一成就在民营经济领域尤其突出，市场化改革给民营经济提供了肥沃的“土壤”，加持顺德区的文化孕育出创新、务实、拼搏、诚信的企业家精神，促使美的、碧桂园、顺德农商银行等一大批企业跟随顺德区的改革历程成长起来，并做大做强，形成了典型的“顺德发展模式”，即转变政府角色、明晰保护产权、龙头企业带动、尊重市场规律、敢为人先精神。在2023年1月胡润研究院发布的《2022胡润中国500强》[③]中，佛山市顺德区有6家企业上榜，其中包括美的、碧桂园、碧桂园服务、科达制造、格兰仕等5家企业。从顺德区上榜企业价值来看，美的价值3440亿元，排名第16位；碧桂园价值705亿元，排名第169位；碧桂园服务价值600亿元，排名第209位；科达制造价值330亿元，排名第415位；格

①《中国“三来一补”工厂第一家 顺德大进制衣厂》，https://www.sohu.com/a/219467965_99940276，2018年1月28日。

②顺德形象概括了改革过程中的诸多“顺德特色”，包括形容产权改革的“靓女先嫁”“转得快，好世界”，比喻行政体制改革的“拆庙搬神”，坚定改革决心的“不争论、不埋怨、不停步”，还有顺德最引以为傲的“识做、搞掂”和“顺德制造，中国骄傲”。

③《2022胡润中国500强》列出了中国500强非国有企业，并按照企业市值或估值进行排名。

兰仕价值300亿元，排名第458位。

（三）推进“百千万工程”的顺德思路

《佛山市顺德区国民经济和社会发展第十四个五年规划和2035年远景目标纲要》将顺德区“十四五”时期战略定位为“五个标杆”，即全国制造业创新发展标杆、城乡融合新型城镇化县域标杆、岭南水乡风情的美丽中国标杆、中小城市全域国际化标杆、社会治理现代化县域标杆[①]。围绕上述战略定位，2023年以来，顺德区锚定佛山市委“515”高质量发展战略目标，坚持工业立区、科技强区战略，构筑新质生产力，奋力打造最友好的制造业强区，全面推动经济大发展、治水大会战、城市大建设、品质大提升，实现美城、聚才、兴业，以头号力度推进“百千万工程”，全面建设高质量发展先行示范区。

图4-3展示了顺德区实施“百千万工程”、打造中国新质生产力标杆的顺德思路，也是“施工图”。顺德区通过“村改”（即村级工业园升级改造）为新产业发展腾出了空间，奠定了硬基础；同时，通过营商环境优化为招商引资提供了软辅助。随即在产业升级、科技创新、城乡融合、数字经济、乡村振兴五个方面共同发力，实现了效率变革、质量变革和动力变革，进而孕育了新质生产力，在县域空间演绎了新质生产力的“顺德样板”。

①《佛山市顺德区国民经济和社会发展第十四个五年规划和2035年远景目标纲要》，https://www.shunde.gov.cn/sdqrmzf/zwgk/ghjh/fzgh/content/post_5492121.html?eqid=c1b43bda000008e30000000664912218，2022年12月8日。

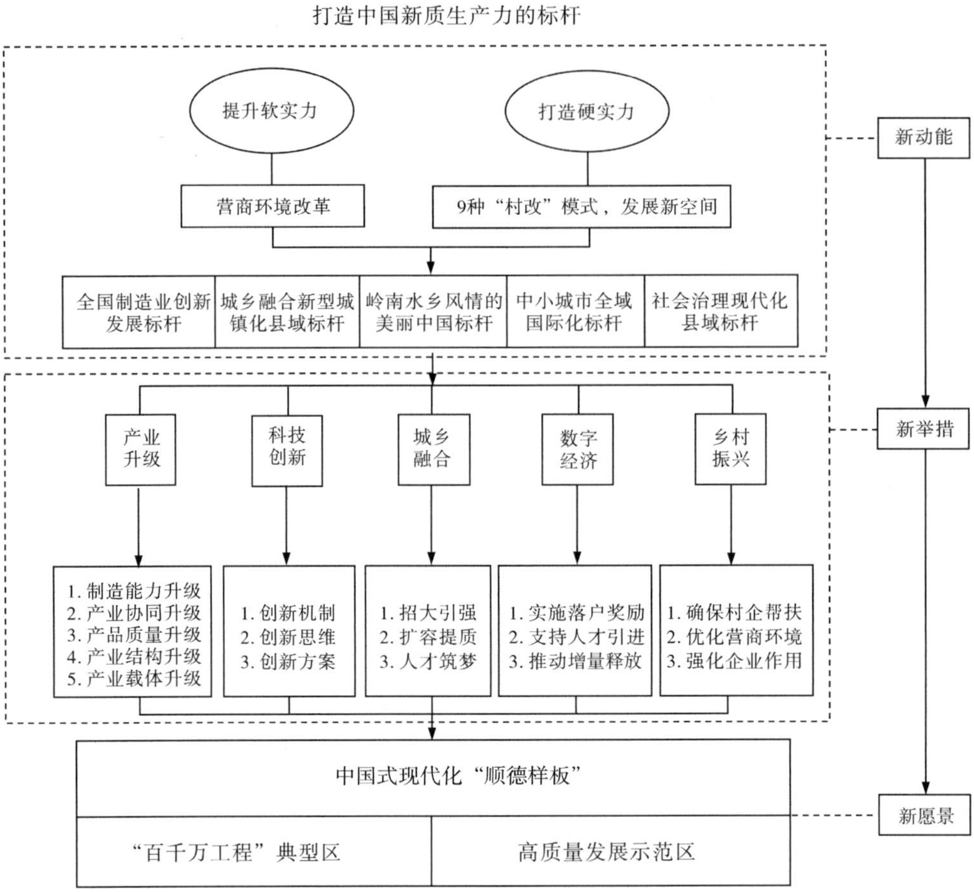

图4-3 实施“百千万工程”，打造中国新质生产力标杆的顺德思路

二、以头号工程的力度推进“百千万工程”落地

2022年12月，中国共产党佛山市第十三届委员会第五次全体会议通过的《中共佛山市委 佛山市人民政府关于贯彻落实省委“百县千镇万村高质量发展工程”推进高水平城乡区域协调发展的实施意见》，提出到2025年、2030年、2035年城乡区域协调发展的“三步走”目标；佛山将围绕推进重点产业协同发展、推进基础设施互联互通、推进公共服务均衡供给、推进居民收入同步提升、推进生态环保共治共享及推进城乡面貌一体改善

6个方面，优化重构城乡区域发展格局；在落实保障方面，佛山将建立健全市级统筹、跨区协作、四级联动的工作落实机制，成立市“百县千镇万村高质量发展工程”指挥部，构建推动城乡区域协调发展的“1＋N＋X”政策体系，深化农村宅基地制度改革试点工作，完善区域协调发展促进机制，建立城乡区域协调发展考核评价体系等，确保各项政策措施落地见效①。

顺德将区委的中心工作与省委、市委“百千万工程”紧密结合起来，谋划和推动了“三大整治”“六项重点工作”“十大牵引性工程”，以头号工程的力度推进“百千万工程”落地。

（一）以“村改”链接乡村振兴和经济高质量发展

改革是没有终点的，在“百千万工程”视阈下，顺德区又是如何通过深化改革继续推动县域经济高质量发展的呢？其中的一个重要改革是顺德区进一步深化“村改”。经多年探索，顺德区“村改”已形成9种可供推广借鉴的模式：

（1）政府挂账收储模式：先出让后补偿，政府全额让利。.

（2）政府直接征收模式：征改结合，连片成片。

（3）政府生态修复模式：政府主导，复垦复绿。

（4）企业长租自管模式：集体土地公开入市，市场运作。

（5）政府统租统管模式：政府兜底，收益保障。

（6）企业自主改造模式：自筹资金，自拆自建。

（7）一级、二级联动开发模式：市场主导，协议出让。

（8）国有集体混合开发模式：国有集体统筹，连片开发。

（9）改造权公开交易模式：政府主导，企业协助，净地移交。

①《佛山印发贯彻落实省委“百县千镇万村高质量发展工程”推进高水平城乡区域协调发展的实施意见》，https://www.foshan.gov.cn/zwgk/rdzt/cxlkxjgzlfzkfs/xgzc/content/post_5668691.html，2023年3月17日。

"村改"进一步优化了产业发展空间，也提高了集体经济组织收入和村民收入。

对于"村改"腾出的土地空间，顺德区坚持"工改工"的"村改"主导方向，坚持将腾出的空间重点用于发展先进制造业，优先支持一批本土骨干企业增资扩产及完善产业链配套。同时，积极引进一批机器人、新材料、新一代信息技术、生物医药等领域的战略性新兴产业和科技创新企业。2023年以来，顺德区借助"村改"推动产业格局重塑，以"土地再革命""效率再革命"撬动一大批重大项目落地建设。

此外，"村改"涉及企业、业主、村民、村集体、政府等诸多利益主体，其改革的深化是提高农民收入、壮大农村集体经济和实现城乡融合发展的重要动力，是促进城乡区域协调发展的重要举措。

顺德区出台的系列"村改"政策均以保障村集体与村民利益为主要出发点，给予村民一次性现金补偿，不让百姓利益受损。同时，配建的产权物业由村集体持有，明确至少需提留"村改"新增收益的50%以上，增强集体经济"造血"功能，不少村（社区）提留的比例达到100%[①]。

截至2023年，顺德区已启动510个村级工业园改造项目，在建工程项目193个。如容桂细滘产业园项目是由股份社自主投资建设并引入意向方投资的新型产业园，已完成建设封顶，预计后续一年可为集体增加1850万元的租金收入。

（二）以深化营商环境改革打造最友好制造业强区

2022年12月30日召开的顺德区委十四届三次全会提出"全力打造最友好的制造业强区"。"最友好"也即"最适合"，通过扩空间、提效率、优配套、拿诚意、撑企业等措施，让顺德区的制造业企业逐步实现综合成本最低、生产效率最高、市场竞争力最强，夯实顺德区制造业强区地位。

---

①《广东顺德：以村改撬动乡村振兴》，https://m.thepaper.cn/baijiahao_14500821，2021年9月14日。

打造最友好制造强区归根到底就是打造最适合制造业发展的土壤、生态和环境，除了拿出真金白银扶持，深化营商环境改革也是打造最友好制造业强区的“一号改革工程”。

1.持续推进工程审批改革，吸引企业投资落户

抓投资、抓项目就是抓未来，顺德区打造“标准地＋全程代办＋分阶段施工许可＋容缺审批”的全流程标准化管理体系，打好“联审联批＋帮代办服务”的“组合拳”，让有意愿的企业无须走绿色通道、无须特事特办，就可以做到“拿地即开工”[①]。截至2023年11月，顺德工程审批代办团队共提供线上线下辅导13000宗，深入对接工程项目345个，涉及项目投入总额达到350亿元[②]。

2.深化“放管服”改革，全方位为企业降压减负

顺德区深入推进“一件事一次办”主题集成服务，创新探索“政务服务＋商圈”模式，积极推动高频事项秒批秒办，主动变“人找服务”为“服务找人”，让政务服务更加“触手可及、移步可至”。而在便利企业办事方面，顺德区聚焦企业开办经营场景，整合压缩业务申请全流程手续，全力深化商事登记制度改革，实现企业开办“半个工作日完结”常态化。

3.数字赋能实体经济，实现经济质量提能升级

2022年8月，顺德区在全国率先完成数据要素市场化配置改革。2023年，顺德区累计超1700家规模以上工业企业实施数字化转型，助力企业换挡提速发展；顺德区政务服务数据管理局推进的数字顺德平台已经汇聚了全区人、企、地、物、事、城市固件六大要素数据550万条，集成了视频、物联网、远程会商、360度全景图、AI分析等技术能力，助力在市监、住

①《广东县域高质量发展！顺德：打造最友好的制造业强区》，https://baijiahao.baidu.com/s?id=1760815999404638053&wfr=spider&for=pc，2023年3月20日。

②《如何优化营商环境？顺德使出惠民便企“连环招”》，https://www.shunde.gov.cn/fssdxzfw/gkmlpt/content/5/5830/post_5830587.html#3996，2023年11月15日。

建、交通、医疗、农业农村等多个领域持续推进市场主体信用监管[①]。

“百千万工程”视阈下的顺德区已经形成了具有自身特色的营商环境制度体系。2024年顺德区政府工作报告更是明确提出将“打好营商环境‘组合拳’，为企业高质量发展保驾护航”作为全年工作之首，以营商环境优化的确定性应对外部环境的不确定性，以有为政府带动有效市场[②]。

（三）让“百千万工程”建设成果更好惠及基层和群众

顺德区把实施“百千万工程”作为推动高质量发展的总抓手，在事关发展全局和群众福祉的“十大牵引性工程”上作出示范，努力让“百千万工程”建设成果更好惠及基层和群众。

1.推动老旧建筑活化利用

顺德区保留了大量各个历史时期的文物老建筑，现有不可移动文物464处、佛山市优秀历史建筑55处以及大量未纳入法定保护范围的特色老旧房子。为了推动“百千万工程”典型区建设，顺德区提出实施老旧建筑活化利用工程。2023年10月，北滘镇碧江村活化保护工作被住建部科技委历史文化保护与传承专业委员会评为全国历史文化保护传承的优秀案例。这是名村类广东省唯一入选的案例，也是“百千万工程”城建领域在打造岭南特色乡村风貌方面的有益探索。

2.着力推动老旧学校“焕新行动”

着力推动老旧学校“焕新行动”是顺德区落实省委“百千万工程”的重要措施之一。2023年11月，顺德区举办老旧学校“焕新行动”推介会，亮出未来5年的行动路线图。截至2023年底，顺德区老旧学校“焕新行动”

---

①《顺德借力数据赋能谋好城市智治新篇章，数字政府建设见成效 数字顺德平台已汇聚重点数据550万条》，http://epaper.sc168.com/html/2023-11/15/content_57991_268205.htm，2023年11月15日。

②《2024年1月30日吕园园同志在佛山市顺德区第十七届人民代表大会第四次会议上作政府工作报告》，https://www.shunde.gov.cn/sdqrmzf/zwgk/gzdt/zfgzbg/content/post_5898949.html，2024年2月5日。

首批试点项目（共33个）已完成8个，持续提升老旧学校颜值与发展信心，新改扩建18所学校，新增幼儿园、义务教育、高中公办学位超1.06万个，完成华东师大二附中美的高中、佛山一中顺德学校等签约，优质教育资源不断汇聚。与此同时，增强教师校长队伍，优化调整中小学校领导比例达35%。新招聘“双一流”高校教师比例、研究生比例双双突破65%。

3.打造湾区医疗高地

在医疗方面，佛山市妇幼保健院佛山新城院区已投入使用，广州中医药大学顺德医院新院区正加快建设，和祐国际医院将于2024年启用。顺德区还推出全省首个“健康共同体”建设方案，该方案入选“2022年广东医改十大创新典型”，推动医疗资源下沉，全区基层诊疗量占比提升10%，让群众享受到了方便优质的医疗卫生服务。

4.激发社会参与热情

在“百千万工程”推进过程中，顺德区还坚持发动社会力量，推进共建与共享相结合。一是引导建筑企业帮扶。邀请93家次企业结对帮扶各镇街57个项目，帮扶总金额约1597.9万元。二是谋划区“百千万工程”基金。将乡村建设、人居环境提升、教育发展、公共服务、基础设施、帮扶协作等方面的社会资金（规模约3亿元）进行整合，谋划设立顺德区“百千万工程”基金，支持县域发展和推进强镇兴村。三是探索高校联村助力“百千万工程”。邀请华南理工大学、华南农业大学等高校与顺德区57个村居开展面对面互动式交流，为美化设计方案提供指导。四是以赛事活动搭建社企参与“百千万工程”平台。举办美的·顺德半程马拉松、万和·顺德容桂环岛马拉松等“永不落幕的马拉松”，通过提升环境、营造氛围，吸引更多企业家、群众出钱出力投身“百千万工程”，打造最优赛道，带动沿线两侧景观、沿途乡村风貌改善。五是设置“百千万工程”观察点。选取一批典型村居和优秀企业作为“百千万工程”观察点，及时了解基层推进“百千万工程”工作中的实际情况、问题、经验。

三、成效与展望

2023年以来，顺德区充分发挥作为县域经济领头羊的比较优势，各项工作取得显著成效，在“城市有品位，乡村有韵味”上更进一步。2023年11月，顺德区入选首批“百千万工程”首批创先类典型区，北滘镇入选首批典型镇，13个村（社区）入选首批典型村（社区）。2024年2月18日，佛山市高质量发展大会在顺德区召开，顺德区的“百里芳华”伦教—勒流段、龙江城区中心小学焕新项目入选佛山市2023年度“百千万工程”十大典型项目案例，顺德区的北滘镇、大良街道被评为全市2023年“百千万工程”工作先进镇街，顺德区勒流街道江义村、陈村镇仙涌村、龙江镇左滩村、北滘镇黄龙村被评为全市2023年“百千万工程”工作先进村居[①]。

（一）城市品质显著提升

1.城市补短板提能级

城乡品质曾是顺德区的发展短板，通过补短板提能级，顺德区正在将短板打造成样板。

（1）以水为脉推动城市品质提升。顺德区依水而生，因水而盛，806平方公里的广阔土地，有大小河涌近1000条，水域面积占全区总面积的32.6%，是一座典型的岭南水乡[②]，但多年的工业发展一度使得昔日岭南水乡原生态空间遭到损坏。2021年，顺德区提出“以水美城、以水兴城”战略部署；2022年2月，《顺德区以水兴城建设行动方案（2022—2025）》出台，顺德区按照先摸排后设计、先清岸后建设、先试点后推广、先治水后治城的“四先四后”原则，有序开展“清岸、清源、提质、净水、美岸、智慧、兴城、爱河”八大行动。在实施过程中，顺德区坚持品质至

①《奋进百千万，顺德6个单位被评为佛山先进》，https://www.shunde.gov.cn/sdqrmzf/zwgk/gzdt/bmdt/content/post_5906089.html，2024年2月20日。

②《解码顺德“以水兴城”的方法论》，https://finance.eastmoney.com/a/202402262994641039.html，2024年2月26日。

上。截至2023年底，清岸行动累计拆除235.89万平方米违建，打造20个美岸示范项目，推动北滘碧江暗涵复明工程、桂畔海水上立交工程、云鹭片区水系连通工程等精品项目建设。

（2）实施城市品质提升八大专项行动。2023年3月，顺德区召开城市品质提升大会，会上发布了《顺德区城市品质提升三年行动实施方案（2023—2025年）（草案）》，明确用3年时间，通过开展城市设计、建筑风貌、自建房、公共建筑、交通设施、滨水空间、市容市貌、乡村环境八大提升专项行动，全面提升顺德城市品质。

顺德区下辖4个街道（大良街道、容桂街道、伦教街道、勒流街道）也多措并举推进城市品质提升。以顺德区中心城区的大良街道为例，2023年以来，大良街道以城市品质提升为总抓手，编制《佛山市大良街道新滘股份社（五组）固化宅基地整体规划建设方案设计》，以规划引领推动自建房风貌管控，倾力打造新滘（五组）固化宅基地风貌管控试点项目，全面管控自建房规划、建设和管理，积极探索顺德区自建房管控新模式。在这一过程中，大良街道注重全民全过程参与。在初期，相关部门全力组织村民代表召开座谈会，通过意见征询提升公众参与度；在中期，在编制自建房设计方案上尊重村民意愿，设计方案通过村民公约共同遵守，充分发挥村民自律约束作用[①]。与此同时，大良街道还高水平建设云鹭片区、南城水轴片区、德胜河北岸片区、五沙工业园、顺德大道以西片区等关键区域，完善提升大良街道历史文化街区等老城区域，奋力提升城乡品质和能级。借助“百千万工程”契机，大良街道充分发挥先行示范引领作用，以点带面、辐射全区，打造更高品质的顺德区南部都会中心核心区。

---

①《锚定“百千万工程”佛山顺德大良城市品质向美而行 打造固化宅基地风貌管控示范样板》，https://baijiahao.baidu.com/s?id=1783737263552067123&wfr=spider&for=pc，2023年11月28日。

2.镇域能级不断跃升

顺德区下辖6镇，鉴于经济发展基础和资源禀赋的不同，顺德区委始终注重突出各镇产业特色，坚持强镇引领，支持工业大镇和制造业重镇北滘镇充分发挥龙头带动作用、陈村镇争当广佛同城桥头堡、乐从镇建设北部都会中心核心区、龙江镇激活传统产业新动能、杏坛镇打造临港经济特色镇、均安镇走山水文旅发展道路。

2023年以来，各镇基于自身定位，借力“百千万工程”实现了镇域能级的不断跃升。

（1）北滘镇。作为顺德区唯一入选全省“百千万工程”首批典型镇、唯一的“千亿镇”，北滘镇以解决好“两个不平衡、一个不充分”（即产城人发展不平衡、城乡发展不平衡、优质的生态资源利用不充分）问题为突破点和着力点，重点做好引人才、建城市、办教育、增动能四大领域的工作，推进“百千万工程”落地见效。具体而言，北滘镇将人的需求、人的发展放到最核心地位，加快推动城市从“产城人”向“人城产”转变。针对“不城不乡”问题，北滘镇进一步强化联城带村的纽带作用，持续提升中心城区活力和能级，强化与周边村居的功能互补和交通连接，形成有效带动和引领，并通过综合突显水资源的生态效益、社会效益、经济效益和城市品牌效益，盘活沉睡的生态资源，将交织的河网从城乡隔离带打造成城乡融合共享带。作为制造业重镇，北滘镇为顺德区建设“百千万工程”典型区夯实了经济基础。

（2）均安镇。锚定“奋力建成粤港澳大湾区宜居宜业宜游宜养的精致小城”的目标，均安镇按照“规定动作作出特色，自选动作作出示范”的工作思路推进“百千万工程”各项工作。在这一过程中，均安镇坚持以群众路线实施推进“百千万工程”，注重政府搭台、群众参与。一是通过开展一系列“爱我田园”清洁行动，农用地上乱堆乱放、私搭乱建现象逐渐消失，美丽宜耕的农田得以重现。二是在城镇空间上，均安镇重要出入口交通面貌实现提升，全镇4个老旧小区开展翻新改造，一批水环境治理工程大大改善河涌水质，告别老旧脏臭的公厕让市民如厕更舒心。2023年，均安镇围绕“百千万工程”，在美丽圩镇建设方面重点开展市政道路设施建设、美岸建设、黑臭水体整治、老旧小区改造等民生领域工作，全年扎实推进项目19个[①]。

（3）陈村镇。作为佛山实施“强中心”战略的重要支撑力量，陈村镇围绕“百千万工程”目标任务，大力推进制造业当家，推动实体经济量质齐升。一是在打造百亿级园区上，陈村镇启动4个园区建设，预计产值超250亿元。重点打造富联智谷、顺晋等百亿产业园，中集智城项目招商去化率近九成，超八成为广深企业。二是围绕做优做强花卉产业，陈村镇正着力解决花卉世界用地问题，打造大型示范性农业公园，并规划建设花卉交易体验中心。同时，突出科技、创意、节庆三项赋能，争取省级蝴蝶兰研究中心落地，加速传统种植向园林设计转型，以及精心策划迎春花市、高端农业展等。三是立足“广州南站下一站”，加强文旅招商。一方面，统筹城市空间更新利用，围绕水道轨道打造2～3个文旅示范项目，推动第三产业成为新增长点；另一方面，高质高效开展联围治理，全域消除黑臭水体，推动超20公里碧道全线贯通，打造永不落幕的滨水半马品牌。作为顺德区连接粤港澳大湾区的北大门，随着广州7号线顺德段、佛山2号线双地铁开通，“百千万工程”背景下陈村镇的区位优势和发展机遇将进一步放大[②]。

（二）绘就和美乡村新画卷

顺德区现有行政村（社区）206个，其中居委会98个、村委会108个；股份社259个（其中“假社”[③]48个，涉及462个生产小组），涉及村（社

①《群众参与、群众受益！推动“百千万工程”，均安有套新打法》，https://static.nfapp.southcn.com/content/202312/21/c8427846.html，2023年12月21日。

②《深读｜推进“百千万工程”，陈村如何当好佛山中心镇？》，https://baijiahao.baidu.com/s?id=1784601741294001076&wfr=spider&for=pc，2023年12月7日。

③经济上以村民小组为单位独立核算的股份社，俗称“假社”。

区）190个，股东超过68.4万人；经联社198个，涉及村（社区）177个。顺德区以产业兴旺、环境宜居、治理有效为主线，推动乡村振兴全面铺展。

1.村庄美丽宜居

顺德区以人居环境整治、城乡品质提升为切入点，以乡村振兴示范带建设为着墨处，打造集生态人文、休闲美食于一体的特色乡村，描画推门见绿、起步闻香的城市桃源，培育“百千万工程”典型村居，推动建立“一方案一图一库”（即1个典型村建设方案、1个发展蓝图、1个建设项目库），明确典型村发展方向。此外，顺德区还通过“十大牵引性工程”，以“十村示范”推动全域村居改貌提质、以自建房提升扮靓家园之美，以点带面提升群众福祉。

（1）完成伦教和勒流精华段南岸建设，串联起三洲、霞石、熹涌、常教、羊额、江义、黄连、稔海8个村（社区），以现代农业、鳗鱼之乡、文旅田园、云纱故里、农耕记忆等作为主题内容。实施农棚改造提升工程，完成500个农棚改造提升，改善农村田园风貌。创新实施农村人居环境“红黑榜”评选，显著提升农村环境。

（2）结合省委“百千万工程”和“绿美广东生态建设”两大行动部署，因地制宜打造农村“四小园”小生态板块，在街头巷尾作点缀，让街巷充满生机绿意。2023年，顺德区建设“四小园”1797个，累计建设6797个，盘活农村土地超63万平方米①。

（3）推进农村改厕“提质年”工作，集中力量完成存量问题厕所的改造任务，根据实际需求新建改建一批高质量的农村公厕。2023年，改造提升农村厕所107个，累计改造提升549个。此外，顺德区印发《顺德区建立健全农村厕所长效管护机制工作方案》，持续巩固农村改厕成果，妥善解决后续管护问题。

①《深度实施“百千万工程”，顺德就是这样变美的》，https://new.qq.com/rain/a/20231211A07GVU00，2023年12月11日。

2.坚持农业高质量发展

（1）鼓励村（社区）连片统筹发包农用地，延伸土地合作型经济。积极培育特色农业产业，支持现代农业规模化、集约化、平台化发展。结合省级现代农业产业园、省级水产健康养殖和生态养殖示范区等重点项目，推动农用地连片发包，如顺德区优质草鲩产业园在均安镇南沙社区连片开发了超1200亩鱼塘，带动周边鱼塘租赁价格同比增长约30%。

（2）以园区化、品牌化思维发展现代都市农业，打造加州鲈、草鲩、花卉、预制菜4个省级产业园，巩固以水产养殖、花卉种植和农产品加工流通为主的现代农业产业结构，擦亮“中华美食地标之乡”“中国优质淡水鱼之乡”等金字招牌。2023年“均安草鲩”获批国家地理标志证明商标，加州鲈、草香猪等纳入全国名特优新农产品名录。

（3）挖掘新质生产力。连续两年举办中国国际（佛山）预制菜产业大会，顺德区预制菜正在走向大众。2022年，顺德区全区预制菜生产企业营收达87亿元。2023年以来，顺德区争创全国预制菜产业核心示范区，获评“全国十大预制菜创新发展地区优秀案例”及“2023十大预制菜产业基地”。2023年全年预制菜收入迈上百亿级新起点，夯实了行业领军地位，成功打造预制菜产业强区。从农业龙头企业来看，截至2023年9月，顺德区拥有市级以上农业龙头企业37家，佛山市顺德区东民水产养殖有限公司、佛山市顺德区保利食品有限公司、广东德宁水产科技有限公司更是升级成为省级重点农业龙头企业，广东甘竹罐头有限公司一跃成为农业产业化国家重点龙头企业，为顺德区农业高质量发展添砖加瓦。

3.有效推进乡村治理

顺德区坚持统筹管理集体资源资产，率先完成11万宗集体资产的清核工作，全面部署农村集体资产网上交易，不断优化经营模式，全区集体资产总额在5年间增长85%。乐从镇上华村因地制宜打造“前产后园”产业布局，拓展集体经济发展空间，此经验入选全省20个发展新型农村集体经济典型案例。

（1）鼓励农村集体经济组织独资设立经营公司，或与其他农村集体经济组织、社会企业、国有资本合作建立项目公司，提供公共管理服务，实现专业化运营管理。如乐墩物业管理有限公司（乐从镇大墩村民委员会独资成立）为大墩村辖区范围提供环卫保洁及绿化养护服务；北滘碧江金楼物业管理有限公司（碧江经联社与国资公司合作建立）为碧江金楼古建筑群（国家3A级旅游景区）提供日常管护服务，2023年上半年收入达60万元。

（2）盘活利用闲置房屋建筑。目前闲置房屋建筑约有1300座，闲置原因除受市场影响无人租赁外，部分房屋建筑证照不齐、建筑设施老化或存在安全隐患等未能通过相关部门联审环节等，也使房屋无法正常租赁。2023年，容桂街道率先试点活化集体闲置资产，通过对细滘社区43000平方米闲置留用地进行招商引资，引入社会力量，与佛山市湾区后浪文化传播有限公司共同打造本土特色文旅项目、容桂文旅新地标——后浪PLUS公园，使细滘社区集体经济从2022年的无收入增加至每年的100万元。除集体闲置资产外，容桂街道容山社区还积极探索优化集体物业的运营规划，将日久失修、建筑残旧、集体收益较低的容山路42号集体物业整合发包，原租金单价从原来的13.72元/米^{2}提高至24.65元/米^2，租金增幅达79.7%，现该物业投入改造资金已超过1200万元，物业价值得到充分提高。

（3）“文旅+教育”融合发展，让乡村资源活起来。从农（渔）养殖到历史人文，从国学品读到非遗传承，通过各种各样的乡村研学路线丰富顺德区孩子的假期生活，寓教于乐。2023年7月5日，顺德十佳研学路线发布会在龙江镇左滩3500书屋举办，对首批“顺德十佳乡村研学路线”进行了授牌，并推出顺德乡村研学结对共建计划和顺德乡村研学赋能计划，整合多方资源，将乡村人文和自然资源优势转化为发展优势，通过打造富有地域特色的文旅研学系统和品牌，综合推动村居文旅建设、乡村振兴和基层善治，在粤港澳大湾区建设和顺德区高质量发展的背景下讲好顺德故事，发展顺德文化，开启乡村研学新篇章。

（三）展望

2023年12月，顺德区召开区镇村三级书记推进“百县千镇万村高质量发展工程”促进城乡区域协调发展大会，并印发《佛山市顺德区建设省“百县千镇万村高质量发展工程”典型区十大牵引性工程（2023—2024年）》征求意见稿，提出至2024年，要重点抓好一批具备一定基础、投入总体可控、近期可见成效的牵引性工程，让“百千万工程”建设成果更好惠及基层和群众[①]。2024年1月30日，顺德区十七届人大四次会议提出“锚定省委‘1310’具体部署和市委‘515’高质量发展目标任务，推动省‘百千万工程’典型区建设步稳行健、高质量发展先行示范区建设向纵深推进”。顺德区政府工作报告还明确指出，2024年要把招商引资作为构筑新质生产力的主抓手，打造高端高质制造体系[②]。在可预见的未来，顺德区将进一步推动“百千万工程”出新出彩。

四、高质量发展的顺德启示

同是制造业大区和工业强区，顺德区与鹤山市等县（市）在产业结构、经济发展路径、功能定位等方面却有着明显的差异，这些差异最终表现在顺德区推进“百千万工程”的实践路径中。在“百千万工程”背景下，本节归纳出顺德区县域高质量发展的三个重要启示，以供参考。

---

①《顺德实施十大牵引性工程，推动“百千万工程”典型区建设》，https://mp.weixin.qq.com/s?__biz=MzUyNDA0OTA0MA==&mid=2247556620&idx=2&sn=8a1bfd9e35d570c963815b70be9a52f2&chksm=fa3111f3cd4698e5bfc94dce944e92361f21e7ec6b13bb46f1c712a4faeca706374ff0b9fe17&scene=27，2023年12月3日。

②《顺德区第十七届人民代表大会第四次会议开幕》，https://mp.weixin.qq.com/s?__biz=MzA3MjQ1MDc3Nw==&mid=2651216540&idx=1&sn=04a001b019b9e52ed2e1393d1b674a97&chksm=85bf9909f49e4c5a1ece85d55bca0bb3d15e887a4ffaa5d3ed67f1bf52428dea853daf7abd14&scene=27，2024年1月30日。

（一）勇于改革，不懈改革

在顺德区经济发展历程中，改革创新起着举足轻重的作用。但是，每一轮改革的动能是递减的。随着经济发展阶段的转型，顺德区进入了产业优化升级、提高经济发展质量的阶段。从历史的经验看，顺德区要以更大的力度来推动改革，并且要有新的、突破性的改革措施才能收获新一轮改革红利。同时，作为高质量发展先行示范区，顺德区本身就承担着先行先试、改革创新的历史使命，需要持续深入地改革。通过“村改”持续走实走深、营商环境改革多方位拓展，顺德区在县域经济发展关键环节加大改革力度，这正是2023年以来其推进“百千万工程”的最重要发展经验。在发展过程中，顺德区也注重科技创新和产业升级，通过引进和培育高新技术企业，推动传统产业向高端化、智能化、绿色化转型。同时，顺德区还注重创新生态的营造，鼓励企业加大研发投入，提高自主创新能力。可以说，改革和创新是顺德区高质量发展的工作理念和制胜法宝。

（二）着力优化营商环境，培育壮大产业集群

顺德区政府致力于打造良好的营商环境，通过简化审批流程、降低企业成本、加强政策宣传等措施，提高政府服务效率和企业获得感。同时，顺德区还积极构建亲清政商关系，为企业发展提供有力保障。在产业集群的培育和发展方面，通过引导企业向园区集聚、加强产业链上下游合作、打造特色产业园区等方式，形成了一批具有竞争力的产业集群。这些产业集群不仅提高了产业的整体竞争力，也为顺德区经济的高质量发展提供了有力支撑。

（三）乡村规划一体化，培育乡村人文经济

鉴于资源禀赋结构，顺德区的第一产业对整个经济体量的贡献并不大，为了补乡村短板，顺德区重点发展乡村文旅，通过打造美丽田园示范区、生态宜居美丽乡村示范片、乡村振兴示范村，将多个村连片建设。乡村文旅产业的兴起既缩小了城乡差距，又带动了城乡资金、人口的双向流

动，助力县域要素配置一体化。顺德区正是通过加强城乡规划、完善基础设施、优化公共服务等措施，推动城乡要素自由流动和平等交换，缩小城乡差距，实现了城乡的一体规划、一体建设和共同繁荣。

第二节　鹤山市争创中国工业化强县

鹤山市是广东省辖县级市，隶属江门市，东北与佛山市南海区隔西江相望，东南毗邻江门市蓬江区、新会区，西南与开平市交界，西北接云浮市新兴县，北临佛山市高明区。毗邻广佛都市圈的区位优势，使得鹤山市成为江门市对接广佛的北门户。鹤山市也是粤港澳大湾区核心城市通往粤西的桥头堡，截至2023年底，鹤山市已经与广佛莞珠等城市形成1小时生活圈，到深圳、香港车程约1.5小时。鹤山市总面积1082.73平方公里，下辖沙坪街道和雅瑶镇、龙口镇、古劳镇、桃源镇、共和镇、址山镇、鹤城镇、宅梧镇、双合镇9个镇，共有27个社区居民委员会，112个村民委员会，10个三峡库区移民村。2022年常住人口54.07万，户籍人口39.62万，旅外侨胞49万①。

2023年，鹤山市实现地区生产总值502.87亿元，同比增长6.2%，增速比2022年提高了3.4个百分点。从三次产业结构来看，2023年鹤山市第一产业增加值40.96亿元，同比增长5.1%；第二产业增加值274.00亿元，同比增长9.3%；第三产业增加值187.91亿元，同比增长2.3%。显然，第二产业是鹤山市实现经济增长的主要引擎。

一、以工业立市，形成推进“百千万工程”的鹤山思路

鹤山市是珠三角区域内以工业立市、具有高增长潜力，并且已经展示良好增长态势的典型县（市）。为保持发展势头，市委、市政府立足已

① 《鹤山市概况》，https://www.jiangmen.gov.cn/newzjqx/jmgk/content/post_2991146.html，2024年4月29日。

有基础和优势，进一步强化工业基础，促进产业集聚和升级，激发开放动能，坚持制造业当家，实现经济的高质量发展，形成推进“百千万工程”的新思路。

（一）工业优势显著

鹤山市坚持以工业为主导，强化产业支撑。2021—2023年，鹤山市经济规模实现了“两级跳”，2021年地区生产总值首次突破400亿元门槛，2023年地区生产总值首次突破500亿元大关，经济表现亮眼（见表4-2）。鹤山市历来以工业立市，2023年第二产业贡献了鹤山市经济总量的“半壁江山”。其中，规模以上工业增加值为213.41亿元，同比增长8.8%，增速比2022年提高了4.7个百分点。而金属制品业、有色金属冶炼和压延加工业、电器机械和器材制造业、橡胶和塑料制品业以及计算机、通信和其他电子设备制造业形成了鹤山市的五大支柱产业，产值合计贡献了规模以上工业总产值的50%以上。2022年、2023年连续两年新增规模以上工业企业超过100家，工业投资增长22.4%，工业税收增长42.3%，工业投资占固定资产投资总额、工业税收占税收总额的比重均达到63.8%。

表4-2　鹤山市经济规模和产业结构（2018—2023年）

年份	地区生产总值/亿元	第一产业占比/%	第二产业占比/%	第三产业占比/%
2018	355.52	6.3	51.7	42
2019	361.94	7.6	46.8	45.6
2020	374.76	8.3	46.8	44.9
2021	440.69	7.2	50.6	42.2
2022	458.51	7.9	52.5	39.6
2023	502.87	8.1	54.5	37.4

数据来源：鹤山市统计局。

图4-4给出了2018—2023年鹤山市三次产业结构的演变。2019年、2020年鹤山市第二产业对地区生产总值的贡献有所下滑，这与新冠疫情下

鹤山市对外贸易的低迷相关。但整体来看，6年间鹤山市第二产业对经济总量的贡献呈现攀升态势，实体经济在不断做大做强。与此相反，第三产业对地区生产总值的贡献明显下滑。2018年以来随着乡村振兴战略的实施，鹤山市农业生产持续向好，第一产业对地区生产总值的贡献基本持稳。

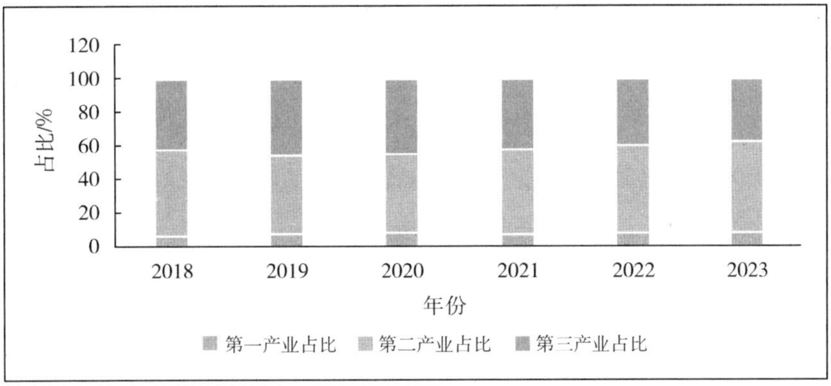

图4-4　鹤山市三次产业结构（2018—2023年）

资料来源：鹤山市统计局。

（二）以开放驱动经济发展

借助区位优势，发展开放型经济，是鹤山市经济发展的突出特征。多年来，鹤山市坚持招商、亲商、安商一起抓，积极引进外商投资。1979年，鹤山市（当时还是高鹤县）龙口镇率先以补偿贸易的方式与香港乡亲李敬达成协议，从香港引进设备50台，招收工人70人，兴办龙口服装一厂，这成为鹤山市最早的外资企业，也标志着鹤山市开始投身改革开放的大潮中。20世纪80年代明可达、美雅、雅图仕等外资企业纷纷落户鹤山，纺织、照明、印刷等产业迅速壮大，拉舍尔毛毯等一度成为鹤山制造的名片。开放型经济充分激活了鹤山市的制造业发展动力，至2000年，鹤山市不仅拥有纺织、服装、建材、化工、五金、造纸、机械、塑料、印刷、食品等传统制造业，还新增了电子电器、通信设备、化学制品等新兴产业。2000年后，随着国家对工业企业的系列改革，鹤山市工业领域出现了新的特征，逐步形成了四个“国字号”生产基地：中国男鞋生产基地、中国印刷产业基地、中国水暖卫浴五金出口基地、中国伞蓬出口基地，并形成了新一代信息技术、先进新材料、高端装备制造、印刷包装、厨卫等重点产业集群。目前鹤山市正在大力发展硅能源及储能产业、汽车零配件、智能电子三大细分领域①。

改革开放40多年来，鹤山市经济开放的深度和广度持续拓展。首先，外贸进出口持续增长。2023年鹤山市进出口总额214.2亿元，其中，出口额198.1亿元，进口额16.1亿元。净出口总额达到182亿元，对地区生产总值的贡献率为36.2%，外贸出口已经成为鹤山市经济增长的重要支柱（见图4-5）。其次，外商投资企业不断增加。面对国家“一带一路”倡议、粤港澳大湾区建设等发展机遇，鹤山市坚持把优化营商环境作为“一号改革工程”来抓。2022年，以省内县（市）第一的成绩位列“中国最具吸引力县城”排行榜第36位，连续5年跻身“全国投资潜力百强县市”，成功列入广东省委、省政府新一轮推动产业有序转移，促进区域协调发展政策的支持范围。最后，打造国家级对外开放新窗口。就规模以上工业总产值而言，2023年外商及港澳台商投资企业实现产值242.87亿元，其中欧资企业产值31.52亿元。作为江门市推进中欧合作的主战场，鹤山市认真落实江门市委部署，坚持以中欧合作引领发展的路径，以“欧洲+”引进高端产业融入鹤山市发展规划，以“欧洲+”助力企业转型升级，共建国际化中小企业合作示范区。中欧（江门）中小企业国际合作区是全国第五个中外中小企业合作平台，经过近5年的发展，已成为鹤山市乃至江门市对外交流的重要新窗口②。截至2023年底，鹤山市已开发建设包括中欧新材料创新基地、中欧雅瑶新兴产业园等在内的五大产业平台，为中欧企业合作提供平台载体。而江门北站现已开通中欧、中老国际货运班列，为鹤山市深化对

①《壮阔大潮起南粤，改革开放看吾乡！穿越四十年看鹤山华丽蝶变！》，https://www.sohu.com/a/282776725_120057597，2018年12月18日。

②《鹤山赴广州开展投资环境推介会，吸引优质企业落户扎根 中欧携手 筑梦湾区》，https://www.jiangmen.gov.cn/home/sqdt/hszx/content/post_2490777.html，2021年12月17日。

外开放提供交通保障。

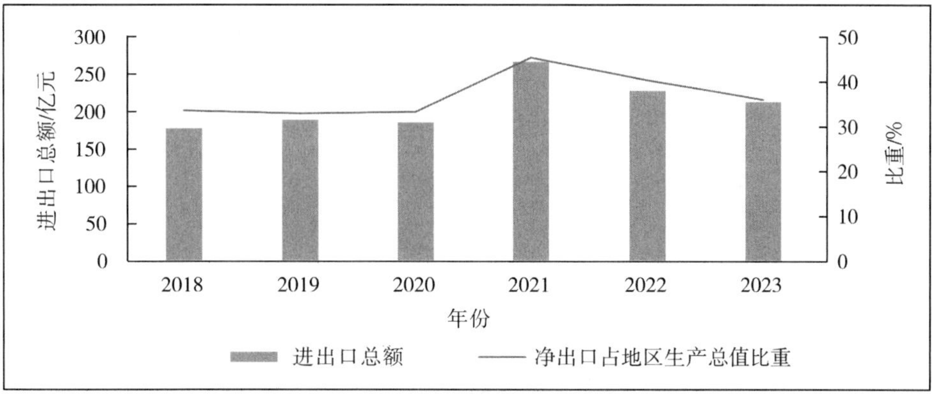

图4-5　鹤山市对外贸易的发展态势（2018—2023年）

资料来源：鹤山市统计局。

（三）形成推进“百千万工程”的鹤山思路

鹤山市一直以争创全国工业化强县为目标，具有牢固的制造业当家意识。“百千万工程”实施后，2023年2月，鹤山市在江门地区率先成立由鹤山市委书记任总指挥的县级“百千万工程”指挥部（鹤山市指挥部），内设县域经济、城镇建设、乡村振兴、要素保障、决策咨询、“双百行动”6个工作专班，实行实体化办公，建立常态化运作机制，落实重点任务清单化、项目化。鹤山市指挥部下设办公室，设在鹤山市委办公室（市委深改办公室），鹤山市指挥办下设综合文秘组、发展推进组、政策研究组、信息宣传组、督查考评组、信息化建设组6个小组（专班），分别按职责分工推进“百千万工程”。2023年3月，鹤山市召开全面推进“百千万工程”促进城乡区域协调发展座谈会，通过镇（街）出题、部门答题的方式集思广益，共同研究鹤山市落实省委关于“百千万工程”有关文件的举措，形成以下推进逻辑（见图4-6）。

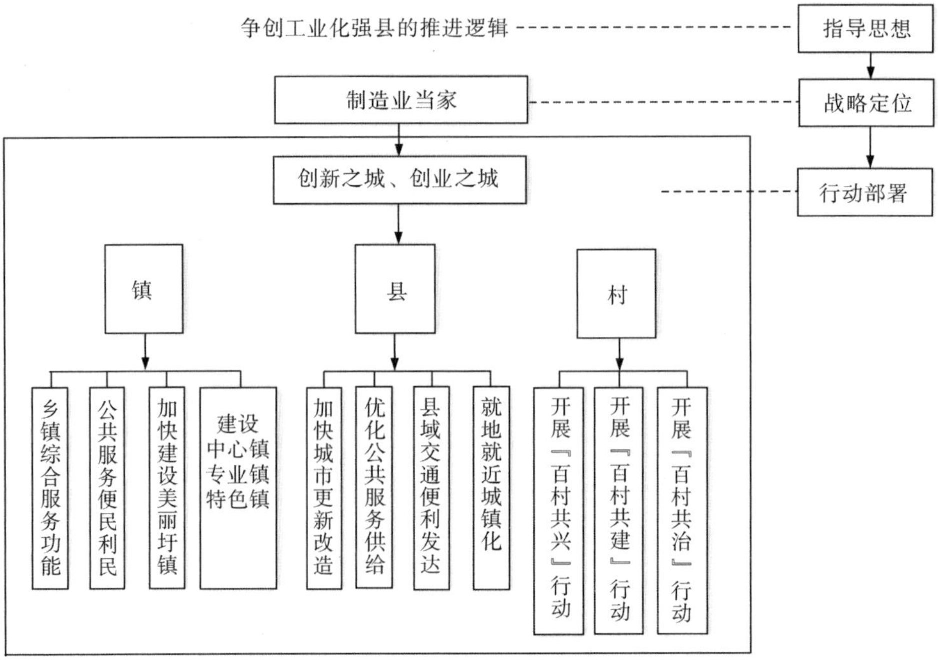

图4-6　鹤山市“百千万工程”推进逻辑

二、鹤山市全面推进“百千万工程”的统筹部署

2023年以来，鹤山市深入贯彻落实习近平总书记在《中共中央办公厅关于总结推广浙江“千万工程”经验推动学习贯彻习近平新时代中国特色社会主义思想走深走实的调研报告》中作出的重要批示精神，全面贯彻广东省委“1310”具体部署和“百千万工程”工作部署，以及黄坤明书记、王伟中省长到江门市调研的指示要求，以王伟中省长定点联系鹤山市工作为牵引，推动鹤山市以“拔头筹、争上游”的精气神高质量推进“百千万工程”。2023年4月，鹤山市正式印发《中共鹤山市委关于全面推进“百千万工程”促进城乡区域协调发展的行动方案》，提出实施“1+6”工作举措，其中，“1”即深入实施制造业当家“一把手”工程，“6”即扎实开展“县域提升”“强镇赋能”“绿美鹤山”“百村共兴”“百村共建”“百村共治”六大行动，不断提升县域承载力、吸引力，强化乡

镇联城带村的节点功能，全面推进乡村振兴，争当广东县域高质量发展排头兵。

（一）以重点项目建设夯实制造业家底

鹤山市把制造业当家贯穿“百千万工程”始终，坚持“项目为王”“要素跟着项目走”。

第一，构建大招商格局。鹤山市四套班子领导及相关职能部门牵头成立24支招商小组，发挥“头雁效应”，在持续深耕装备制造、电子信息、新材料三大主导产业的同时，大力抢占硅能源、新型储能、汽车零部件、智能电子等特色产业新赛道。2023年全年引进超亿元以上项目74个、计划总投资292亿元，均创近5年新高。其中，承接产业转移项目24个，推动135个项目新动工，45个项目新投产，重点项目投资完成率达136.3%，排名江门市第一。制造业项目占比近九成，健泰汽车零部件、晶豪达等4个项目投资额达20亿元①。

第二，打造项目落地的“硬载体”——产业园区。鹤山市既是江门市对接广州都市圈的北门户，也是广东省重点支持建设的五个主平台之一——江门主平台的重要组成部分。根据规划，鹤山主平台规划总面积约31.2平方公里，辖区内拥有广东（江门）硅能源产业基地、鹤山工业城、中欧雅瑶新兴产业园、中欧新材料创新基地、珠西物流国际中心五大重点产业平台。2023年以来，全市筹集30亿元投入园区建设，隆基绿能和信义玻璃两个广东省重点项目千亩工地竣工在即，广东（江门）硅能源产业基地初现雏形，志高空调等优质项目落户江门大型产业集聚区雅瑶先行启动区，广东省产业转移重点主平台建设成势见效，承接产业转移项目24个，全面夯实了产业高质量发展的基础。

第三，提升项目落地的“软支撑”——营商环境。2023年，鹤山市坚

①《鹤山全力建设省“百千万工程”典型县》，https://www.sohu.com/a/753930792_161794，2024年1月23日。

持把优化营商环境作为“一号改革工程”来抓，承办首届中欧绿色创新发展大会，为各类企业解决重大问题32个。累计新增退税减税降费超6亿元、兑现各类企业奖补资金超6400万元。支持广东博盈特焊技术股份有限公司（简称“博盈特焊”）成功上市（江门2023年唯一上市企业），推动“个转企”123户，新增规模以上工业企业107家，净增市场主体4283户，市外新迁入户籍人口6858人[①]。连续5年上榜“全国投资潜力百强县”，2023年以省内县（市）排名第一的成绩入选国家发改委“中国最具吸引力县城”排行榜，同时入选“中国创新百强县”排行榜。

第四，持续推进稳外贸工作。重点抓好对50强外贸企业的服务，落实广东省“粤贸全球”和江门市重点展览计划，优化外贸企业奖励方向，奖励企业多“走出去”、多参展，为有需求的企业多争取展位。以位于鹤山工业城的博盈特焊为例，该公司2021年新增海外订单占比为10%，2023年前三季度新增海外订单占比提高到了50%。博盈特焊坚持以科技研发为导向，重视科技创新，自主研发并掌握了涵盖材料、工艺、设备等方面的关键核心技术，其中堆焊层的均匀性、稀释率和厚度等技术指标远超国内、国外客户技术规范的要求。在鹤山市全力推上规、精心扶上市的努力下，2023年7月，博盈特焊成功在深交所创业板挂牌上市，有望继续扩大生产、提升产能，服务全球的市场。

（二）实施城镇建设五大行动

为助力“百千万工程”的实施，促进城乡区域协调发展，2023年以来鹤山市住房和城乡建设局局长、鹤山市“百千万工程”城镇建设专班（简称“城镇建设专班”）主持多次专题会议，推动城镇建设专班各项重点工作落地、落实、落细，为全市高质量发展贡献力量。鹤山市住房和城乡建设局起草了《鹤山市“百县千镇万村高质量发展工程”指挥部城镇建设专

①《鹤山全力建设省“百千万工程”典型县》，https://www.sohu.com/a/753930792_161794，2024年1月23日。

班工作方案》，重点落实"强化乡镇联城带村功能"板块的工作举措，紧盯"县、镇、村"三个着力点，系统谋划实施城镇建设五大行动，促进城乡全方位高质量发展。

其一，实施县城补短板行动。有序推动城乡基础设施一体化建设，加快推进华山苑、常朗苑、小范苑、文明苑4个县城老旧小区改造项目，改造完善小区基础服务设施。实施建强中心镇行动，加快专业镇转型升级，重点发展壮大共和镇、雅瑶镇、址山镇3个中心镇。开展促市容环境再提升行动、"清网"行动，持续推进光缆线杆整治；开展深度保洁行动，持续推进环境卫生精细化管理；开展铲除小广告行动，持续推进人居环境提升①。

其二，实施建强中心镇行动。作为联县带村的重要节点，镇（街）是落实"百千万工程"、促进城乡区域协调发展的关键所在。以共和镇为例，自2015年与鹤山工业城合署办公以来，已经初步形成装备制造、电子信息、新材料三大主导产业群，成为鹤山市工业经济的主阵地之一；农业特色鲜明，以"三瓜两豆一葛"闻名粤港澳。2023年，共和镇在全国综合实力千强镇中排第430名，排名较2022年上升了25位，是一座宜业宜居宜游的产业新城。

2023年以来，共和镇锚定建设广东省中心镇和美丽圩镇的目标任务，深入学习借鉴浙江"千万工程"经验，迅速建立"百千万工程"指挥体系，第一时间成立了镇党委书记任总指挥，党委副书记、镇长任第一副总指挥的"百千万工程"指挥部，下设5个工作专班，以做强实体经济、产城融合、乡村振兴为抓手，全力补短板、强弱项、促提升，力争在"百千万工程"工作中当好示范。

其三，实施美丽圩镇品质提升行动。"一镇一策"建设美丽圩镇。其中，共和镇在全国综合实力千强镇中排名第430位，在全国镇域经济500强

① 《鹤山全面铺开"百千万工程"，城乡融合发展"多点开花"》，http://www.heshan.gov.cn/ghb/zfyw/content/post_2877579.html，2023年6月16日。

中排名第344位；址山镇依托广东（江门）硅能源产业基地，争创鹤山市第二个全国千强镇；古劳镇依托岭南水乡风貌与旅游资源优势，打造岭南第一水乡IP、高品质农旅发展示范小镇、侨乡山水田园美丽宜居地，2023年成功获评省级休闲农业与乡村旅游示范镇；鹤城镇争当全省全域土地综合整治先行者，致力打造良田成片、村庄集中、产业集聚、生态优美的乡村振兴典范；宅梧镇依托源林生态项目建设，打造珠三角生态文旅示范镇。

此外，鹤山市对照圩镇人居环境品质提升建设要求，推动美丽圩镇示范建设，将共和镇、址山镇打造成为省级样板。推动10个镇街与26家建筑业企业开展结对帮扶，推进美丽圩镇“七个一”建设，“百千万工程”美丽圩镇建设项目入库96个，总投资19.8亿元。加快沙坪街道、共和镇“南北双城”建设，沙坪街道利用商业运营模式盘活了荒废10多年的旧厂房，打造了旧工业区活化典范及新的城市文化名片；共和镇全力建好建强广东省首批典型镇，凸显中欧合作元素，规划建设中欧风情示范街。2023年11月，共和镇、古劳镇入选广东省“百千万工程”首批典型镇。

其四，实施乡村建设行动。全面完成农村房屋安全隐患排查整治和农村危房改造任务，启动创建国家“四好农村路”示范县，完成农村道路“白改黑”40公里，安装路灯6400盏，惠及周边群众约10万人，农村生活污水处理设施三期工程完工，全市农村生活污水处理率达93%，行政村自来水覆盖率达100%。空气质量优良天数占比达90%，为2017年以来首次达标。

其五，实施引导企业深度参与行动。建立鹤山市建筑业企业投身“百千万工程”推荐企业名录，优选25家本地建筑施工总承包企业和5家优秀外地建筑施工企业积极投身“百千万工程”，加快项目建成，全力推动建筑业企业与乡镇结对帮扶工作，促进城镇建设高质量发展。

（三）以三大行动为“百千万工程”凝心聚力

2023年来，鹤山市深入开展针对党员干部的“拔头筹、争上游”“向上向下两个走访”“三项重点工作”三大行动。

首先，鼓起“拔头筹、争上游”的精气神。引导全市各级、各部门对照先进找差距，推动各项工作在全省县域中争先进位，争当广东县域经济高质量发展排头兵。开办“百千万工程”夜校课堂和“百千万工程”部门“一把手”讲堂活动。以部门、镇（街）实际需求为出发点，以宣传解读广东省“1 + N + X”、江门市“1 + 7 + N”政策体系为重点，让部门“一把手”成为政策第一解读人，为干部队伍打造“百千万工程”学习实践加油站，2023年以来累计培训干部超3000人次。

其次，开展“向上向下两个走访”。2023年以来，鹤山市通过积极开展“向上走访”争取资金支持、用地指标、项目支持：成功争取省主平台专项用地指标850亩，成为在全省第一个使用专项用地指标的县市；与国开行广东分行等金融机构合作，获意向授信200亿元，整县式推进“百千万工程”，其中首笔中长期贷款8.1亿元已签约落地；国道325线桃源至址山段改线工程成功取得省发改委批复立项；两个项目获省重大项目前期工作经费支持共2040万元。把“向上走访”争取到的政策和资源转化成实实在在的项目和资金，助力鹤山市推动“百千万工程”的开展。“向下走访”体现的是践行群众路线，尊重群众首创精神。鹤山市出台《鹤山市实施“百县千镇万村高质量发展工程”开展“百企兴百村”行动实施方案》，明确启动为期3年的“百企兴百村”专项行动，重点支持30个行政村（社区）。

2023年以来，“百企兴百村”取得了实际成效，农村风貌得到改善，农村集体经济和农村收入得到提升，企业也可以降成本、提效率，扎实推进城乡融合发展。如源林投资（广东）有限公司助力鹤山市5个镇实施道路提升改造项目，新建或升级道路超40公里；华侨城集团承租古劳镇双桥村土地，合作建设商业步行街和渔耕文化项目，促进村集体年增收330万元①。

最后，找准“三项重点工作”。“三项重点工作”行动是一种抓主要

①《鹤山推进“百企兴百村”专项行动 凝聚力量促乡村建设提档升级》，https://rmh.pdnews.cn/Pc/ArtInfoApi/article?id=37345119，2023年8月18日。

矛盾和矛盾的主要方面的工作方法，指的是每年都要研究确定重点抓的三项工作。鹤山市利用1个月时间，开展市直机关干部“百千万工程”专题调研和镇（街）干部为市直机关“找问题、提建议”活动，形成调研报告2453篇；集中党政班子、干部群众智慧，凝聚形成“落实百千万、建好主平台、争创百强县，用5年时间推动鹤山市镇村面貌发生显著变化”的总体思路，细化部署鹤山市“1＋6”工作举措和2023年县、镇、村三级366项任务清单。

除此之外，鹤山市坚持做好对党员和群众的教育培训“大文章”。依托县、镇两级党校，对基层党员干部、村民小组组长开展全员轮训，扎实推进村民小组组长进党校等多种形式的培训活动，进一步提升村民小组组长“抓党建、促发展、强治理、惠民生”的本领，为全面实施乡村振兴战略和扎实推进“百千万工程”提供强有力的组织保障①。

三、成效与展望

2023年，鹤山市“百千万工程”获省政府主要领导肯定性批示，地区生产总值突破500亿元，在全省122个县域排名中，鹤山市从2022年的第57位上升到2023年的第55位。地区生产总值增速（6.2%）、社会消费品零售总额增速（6.4%）均排江门第1位。规模以上工业增加值增速（8.8%）排江门第3位，连续两年新增规模以上工业企业超100家，纳税超千万元企业达100家，工业投资占固定投资总额比重、工业税收占税收总额比重均达到63.8%，初步走出了一条以工业经济为主的县域经济高质量发展的路子。

2023年11月，鹤山市作为县域代表在全省推进“百千万工程”促进城乡区域协调发展现场会上作交流发言，并成为全省9个创先类典型县之一。同时，鹤山市共和镇、古劳镇入选广东省“百千万工程”典型镇名单，沙坪街道坡山村、雅瑶镇陈山村、鹤城镇五星村等10个村入选广东省

---

①《做好教育培训“大文章”，鹤山这样为“百千万工程”提供坚强组织保障》，https://www.sohu.com/a/724096558_121123792，2023年9月27日。

“百千万工程”典型村名单。2024年2月，鹤山市在深圳举办的全省高质量发展大会分会场作交流发言，面对实现区域协调发展、争先进位的重大政策机遇，鹤山市以“百千万工程”为契机，推进城乡区域协调发展迈上了一个新台阶。

（一）县域民生福祉显著增强

以“百千万工程”为抓手，鹤山市聚焦民生关切，优化乡镇医疗、教育、文化等公共资源配置，民生福祉显著增进。

教育工作亮点纷呈。2023年，鹤山市新建成城区八小、工业城一小，成为全省第一批5个全国义务教育优质均衡发展县（市、区）创建单位之一。发动社会力量全资捐建的公办小学源林小学破土动工。优化调整《鹤山市中欧（江门）合作区基础教育配套项目建设计划》建设项目，增加公办学前教育学位360个、义务教育公办学位3300个。打造18个教育集团，实现全市公办中小学、幼儿园的“本区域 + 跨区域”全覆盖。加强教师队伍建设，30个“三名”工作室完成组建，2名教师被评为正高级教师，13名教师入选2023年度江门市“百名优秀教师”。在2022年广东省人民政府对市县级政府履行教育职责评价中荣获“优秀”等次，在全省排名前列，位列江门各市、区第一，是江门市唯一连续2年获得“优秀”等次的县（市、区）。借助“双百行动”的资源优势，主动对接，探索科创人才培养的“鹤山模式”①。2024年鹤山市人民政府办公室印发《鹤山市“百县千镇万村高质量发展工程”教育行动方案（2023—2027年）》，推动城区优质教育资源下沉辐射乡村学校，激发学校办学活力，提高乡村教育质量，为鹤山市实施 “百千万工程”贡献教育力量。

医疗和养老服务水平持续提升。成功入选国家级紧密型县域医共体试点县，鹤山市第三人民医院揭牌启用，鹤山市人民医院新院区竣工。全

①《推动教育高质量发展 办好人民满意的教育》，https://www.jiangmen.gov.cn/home/bmdt/content/post_3047367.html，2024年3月7日。

省首创的医保零星报销和新生儿预参保全流程掌上办理，提升了群众参保报销便利性。鹤山市深化运用“四下基层”制度，结合“百千万工程”实施，聚焦医保经办服务难点、痛点和堵点，持续擦亮“医保伴你行服务零距离”党建品牌，着力打造15分钟医保服务圈，不断延伸医保经办服务触角，让参保群众在家门口就能轻松办好“医保事”[①]。养老事业加快发展，沙坪街道、共和镇2个公办康养中心进展顺利，新增长者饭堂5家，餐标由9元提升至12元。下辖镇街积极落实市委、市政府“百千万工程”工作部署，如址山镇以“百千万工程”为抓手，扎实开展“强镇赋能”行动，通过新改扩建镇卫生院、引进医疗新技术、采购先进医疗设备，不断加快医疗卫生基础设施建设，全面改善基层医疗环境和条件，推进医疗服务便民利民，提升群众看病就医的获得感[②]。沙坪街道聚焦“百千万工程”，以基础医疗服务设施建设为抓手，围绕推动养老服务高质量发展的主题，推进“居家社区 + 机构 + 医养”养老服务体系建设，建设“医养结合”康养项目[③]。

丰富群众文化生活。举办2023全域旅游嘉年华、梁赞咏春文化活动，支持华侨城古劳水乡成功创建国家4A级旅游景区，陈山火龙、三夹腾龙等非遗项目焕发新魅力，进一步擦亮鹤山“咏春”“龙舟”“龙狮”三大文化名片。下辖镇、街道、村基于各自资源优势，在丰富群众文化生活的同时积极发展文创经济，如沙坪街道积极发挥农文旅深度融合效益，全力将古劳水乡乡村振兴示范带沙坪段重要节点之一的渔人码头打造成融合渔

---

①《鹤山市局“四下基层”打通服务群众“最后一公里”》，https://www.jiangmen.gov.cn/jmybj/gkmlpt/content/2/2983/mpost_2983962.html#414，2023年11月28日。

②《【奋战百千万工程·强镇赋能篇】址山镇：筑牢基层医疗网，做群众最坚实的“医”靠》，http://www.heshan.gov.cn/zwgk/xxgk/hsszsz/gzdt/gzdt/content/post_2974452.html，2023年11月9日。

③《奋战“百千万工程”｜最新进展！鹤山沙坪这个养老项目顺利完成节点目标》，https://m.thepaper.cn/baijiahao_24242971，2023年8月14日。

船管理、龙舟文化和民宿餐饮发展于一体的特色景点，持续推进“百千万工程”。

强化党建引领基层治理。“三联双到通网格”获省人大常委会推广，社区警务融入网格、“网格员＋电管家”在城中村和企业管理上取得实效。2023年，县级政府履责评价位居全省122个县（市、区）前三。鹤城镇昆源社区以“百千万工程”为抓手，形成社区管理的“昆源模式”，即按照“党建引领、群众自治、社会参与、多元共治”思路，牢固树立“大党建”理念，通过“功能型党组织＋网格员＋党员中心户＋人大代表”组成共建共治体系，充分发挥“网格＋”机制和基层党组织作用，深入摸排各类矛盾纠纷，通过开展专项治理活动，及时化解矛盾纠纷，一步步把“百千万工程”的“施工图”变为“实景图”，有力有序推动基层治理走深走实，营造和谐稳定的社会氛围。

（二）“多点开花”推进城乡融合发展

自“百千万工程”实施以来，鹤山市坚持以推动高质量发展为主线，以城乡融合发展为主要途径，各部门迅速行动，从城市中心到城镇乡村，鹤山市“百千万工程”全面铺开，“多点开花”有序推进城乡融合发展。

1.畅通城乡交通连接

为进一步发挥公路建设养护促进城乡区域协调发展的作用，江门市鹤山公路事务中心锚定高质量发展首要任务，深入落实“百千万工程”，坚持以党建引领鹤山公路事业高质量发展，发扬公路人“逢山开路、遇水架桥”的奋斗精神，高质量、高标准推进国道325线鹤山段和省道272线相关路段的升级改造及修复养护工程，化“动员令”为“执行力”，变“规划图”为“施工图”，为鹤山市深入实施“百千万工程”、促进经济社会高质量发展贡献公路人力量[①]。而多个镇（街）也积极实施乡村道路升级改造等工程，原本老旧的水泥路变成通畅平坦的柏油路。如宅梧镇完成了明靖线、更宅线、中心街道路改造提升工程，拓宽路面及加装路灯[②]。在推进道路改造的过程中，宅梧镇积极发动爱心企业家助力“百千万工程”实施，明靖线、更宅线实施道路升级改造工程得到了源林投资（广东）有限公司的支持。而明靖线、更宅线是连接圩镇与靖村村、上沙村、下沙村、漱云村以及泗云村等5个行政村的主要道路，也是宅梧镇通往佛山市高明区的交通要道之一，明靖线更是被评为“江门市最美乡村公路”。以上举措进一步畅通了城、镇、村连接，改善了群众通行环境。

“百千万工程”视角下鹤山市还积极畅通与县域外的交通网络，以凸显其地理门户优势，便利外向型经济的发展[③]。省道270线鹤城小官田村至共和宝丰新城段主线已于2023年1月全线贯通，截至2023年11月，正在加紧开展鹤兴路连接线路基、桥梁工程施工。鹤兴路连接线贯通后，将进一步缩短中欧工业园区出行时间，实现工业园区与高速快速路网的对接转化，提升交通运输服务能力，加快园区经济循环发展。银洲湖高速鹤山段长约2.7公里，截至2023年11月已完成征收工作。银洲湖高速项目作为江门市融入粤港澳大湾区建设的先行工程，对接江鹤高速等多条高速公路，项目建成后将进一步加快鹤山市产城融合速度，推动鹤山市全方位融入粤港澳大湾区城市经济圈。江鹤高速鹤山段长约10公里，截至2023年11月已基本完成征收工作。江鹤高速连接江门主城区和佛开高速、中江高速，是联通粤港澳大湾区和粤西的重要快速通道。项目改扩建后将切实提升交通通

①《跑出“加速度” 刷出“新高度” 江门市鹤山公路事务中心助力“百千万工程”落地见效》，https://www.jiangmen.gov.cn/jmglj/gkmlpt/content/2/2999/post_2999780.html#554，2023年12月20日。

②《有特色、有内涵！鹤山这个镇“提颜增质”后更迷人了……》，https://m.thepaper.cn/baijiahao_25474934，2023年11月28日。

③鹤山位于珠江三角洲腹地，紧靠西江，与南海、顺德隔江相望，拥有承东启西的独特地理优势，是珠西综合交通枢纽的桥头堡，是广佛通往珠西乃至粤西的地理门户。

行能力，推动鹤山市更加紧密联系珠江西岸都市圈[①]。

2.加快推进宜居宜业和美乡村建设

实现城乡融合发展的短板仍在农业农村，2023年以来鹤山市加快建设宜居宜业和美乡村，兴村富民成效显著。2023年鹤山市农村居民人均可支配收入同比增长7.52%，高于城镇居民0.64个百分点，城乡居民收入比进一步缩小（见表4-3）。

表4-3 鹤山市城乡居民收入情况（2018—2023年）

年份	城镇居民人均可支配收入/万元	农村居民人均可支配收入/万元	城乡收入比
2018	32794	17611	1.86
2019	35382	19318	1.83
2020	36196	20419	1.77
2021	37179	23424	1.59
2022	37959	24593	1.54
2023	40570	26442	1.53

数据来源：鹤山市统计局。

（1）分类施策推动乡村特色产业发展。抓好粤港澳大湾区“菜篮子”基地建设，绿湖农庄获批供港澳活猪自营出口经营权。突出培育品牌、提升品质，做好土特产文章，提升农业附加值，打造特色农业产业链，加快推进强镇兴村富民。双合镇千亩茶园、宅梧镇白水带茶叶专业村新增种茶面积1820亩；古劳镇开展省渔业绿色循环发展试点，高经济价值鱼类养殖规模达9300亩；桃源镇创建“鹤山金峡蓝龙虾”品牌，谋划发展蓝龙虾预制菜。新增红茶、蓝龙虾、坚果等产业种养面积超5000亩，创造就业岗位超2000个。

（2）壮大新型农村集体经济。加快推进发展新型农村集体经济专项改

①《省道S270线、银洲湖高速路、江鹤高速……鹤山多个在建交通项目进度“刷新”→》，https://m.thepaper.cn/baijiahao_25268019，2023年11月11日。

革省级试点，探索资源型、产业型、土地型、文旅型、“飞地”型5种类型和12种模式。古劳镇大埠村在江门市率先探索推行“股票田”改革，走出了一条岭南水乡特色的新型农村集体经济发展新路子。共和镇来苏村用好点状供地政策发展乡村旅游产业，增强村集体经济发展后劲，来苏山水人家项目成为全省唯一以国有用地性质出让的点状供地案例。鹤山市112个行政村实现薄弱村100%“摘帽”，共有104个行政村年收入超100万元。

（3）抓实农房风貌管控提升。全市100%村（居）达到干净整洁标准，83%村（居）达到美丽宜居标准。纳入省级农房质量安全风貌提升和农房建设试点县，与广州美术学院、华南理工大学合作，科学规划设计农房风貌，扎实开展农房风貌管控提升工作，已美化改造农房543栋。创新开展“百企兴百村”行动，组织69家企业与村（居）开展第一批结对共建，动员各方力量整治提升农村人居环境。

（4）各镇（街）积极强化乡镇联城带村的节点功能，全面推进乡村振兴“点”上开花、“带”上出彩。其中，古劳镇高标准建设古劳水乡乡村振兴示范带，古劳段双桥圩农房改造工程已完成90%，沙坪段谷埠渔人码头建设进度超95%，打造乡村夜市经济新消费点。共和镇举办“百千万工程”农村“头雁”擂台比武活动，首期比武设置340万元奖补资金，全方位、多角度比拼各村（社区）经济发展、班子队伍建设、工作计划、驻村工作亮点等情况；举办驻村工作队擂台比武活动，设置80万元奖补资金激发驻村工作队干事创业活力①。

（5）大力聚焦生态建设，发现和重塑乡村价值。2023年以来，鹤山市着力打造高品质幸福河湖，深入落实河湖长制，成为全省唯一获国务院督查激励的县（市、区），获得1000万元奖补资金，河湖管理组获广东省“人民满意的公务员集体”荣誉称号；争创县域绿色发展典范，彰显岭南水乡生态品质，借鉴“环浙步道”经验，谋划打造总长652公里的鹤山千

①《鹤山在高质量发展中争先进位》，https://rmh.pdnews.cn/Pc/ArtInfoApi/article?id=38602840，2023年11月10日。

里步道，将岭南古驿道、绿道、碧道等串联成线，打造绿美广东“鹤山样板”，目前已完成专家评审，其中彩虹岭古驿道示范段已启动建设，并被纳入省南粤古驿道范畴；开展全民爱绿、植绿、护绿行动，完成重点区域林分优化提升约1466.66公顷（2.2万亩），植树136万株，红茶、油茶、坚果等特色经济林种植约333.33公顷（5000亩）[①]。

四、评价与启示

鹤山市在推进“百千万工程”时，坚持早部署、快行动、重落实，构建强有力的工作推进机制，成立专门的指挥部以保持指挥体系的高效运转，保障了“百千万工程”各项工作落实，县域高质量发展成绩有目共睹。鹤山市坚持制造业当家“项目为王”，锚定城乡融合基本路径，聚焦群众需求贯彻群众路线，“百千万工程”视角下由制造业当家的鹤山市县域高质量发展，可得出以下启示。

第一，坚持制造业当家“项目为王”。作为制造业大市和外贸大市，在推进“百千万工程”过程中，鹤山市坚持以项目招商和营商环境优化做强主导产业，发展新兴特色产业，这一发展模式在改革开放初期成功激发了鹤山市开放型经济的发展活力，在新发展阶段也将是鹤山市县域高质量发展的强力引擎。

第二，锚定城乡融合基本路径。在推进“百千万工程”过程中，鹤山市锚定城乡融合基本路径，以县域内外城乡基建联通为城乡融合提供“硬保障”；联结乡村振兴战略，通过发展乡村特色产业、壮大集体经济、重塑乡村生态价值等多元手段，补齐乡村发展短板，推进和美乡村建设，以缩小城乡发展差距；实施城镇建设行动，提高城镇对农村人口和就业的吸纳力，强化城镇对乡村的辐射能力。

第三，聚焦群众需求贯彻群众路线。相比于顺德区，鹤山市常住人

①《鹤山在高质量发展中争先进位》，https://rmh.pdnews.cn/Pc/ArtInfoApi/article?id=38602840，2023年11月10日。

口规模相对较小，人均地区生产总值在全省县域中排名前列，这意味着鹤山市人均资源拥有量较高。在推进“百千万工程”过程中，鹤山市把工作着力点放在保障民生上，在教育、医疗、环境等方面让城乡全体居民共享发展成果，群众生活质量多维度提升，而这正是县域高质量发展的重要内容，也是共同富裕的直观体现。同时，鹤山市在工作过程中秉持相信群众、发动群众、依靠群众的基本原则，以村民小组组长进党校、年轻干部上讲台等方式强化对干部和群众的教育培训，持续提升广大干部和群众推动高质量发展、落实“百千万工程”的水平和积极性，掀起了全民参与“百千万工程”的浪潮。

第五章

能级跨越推动城乡融合发展

县域经济是城乡融合发展中的关键一环。在当前城乡发展格局下，广东县域经济发展壮大的关键短板和“潜力板”均在农村，而城乡融合发展是实现乡村振兴的基本途径。本章拟选取广州市增城区、惠州市博罗县作为城乡融合发展的典型县（市、区）。2022年增城区的城镇居民人均可支配收入为61164元，农村居民人均可支配收入为33835元，城乡居民收入比为1.81，低于同期广州全市的城乡居民收入比2.12；而2022年博罗县的城乡居民收入比为1.50，低于其他对标百强县（如高邮市、桐乡市）。这意味着，在以“百千万工程”牵引城乡区域协调发展方面，增城区和博罗县具有一定的先发优势。2023年以来，增城区利用其地理优势，锚定打造城乡融合发展示范区的目标，正在推进区域能级改造以融入粤港澳大湾区发展格局；博罗县作为商贸交流的关键节点，利用其工业优势以及城乡相对协调的发展基础，以“四新战略”提能级、“七大推进”抓重点，致力于打造千亿级经济强县。

第一节　提升区域能级打造城乡融合的“增城样板”

广州市增城区（以下简称增城）位于广州东部，面积1616.47平方公里，下辖7个镇、6个街道，285个行政村和85个居民委员会，常住人口

158.67万人，是全国著名的荔枝之乡、丝苗米之乡、牛仔服装名城、新兴的汽车产业基地和生态旅游示范区①，也是“百千万工程”首批进位类典型县（市、区）之一。增城按照广州市委“现代活力核”“新广州”战略定位，充分利用自身作为超大城市市辖区、地处粤港澳大湾区核心区域的独特优势，以制造业当家和打造广州东部中心为途径提升硬实力，以打造世界级营商环境、实施乡村全面振兴、区域协调和新型城镇化战略为牵引，聚焦做强区域经济、加速推进城乡一体化，全面推进城乡融合发展改革试验任务，积极担当广州东部的发展动力源和增长极，矢志建设城乡融合发展示范区，奋力探索强区促镇带村的“增城实践”。

一、城乡融合，形成具有增城特色的“百千万工程”推进思路

增城凭借优越的地理位置、雄厚的产业基础、丰富的创新资源及城乡融合发展模式，展现出强劲的发展态势和巨大的跃升潜力。同时，增城积极把握粤港澳大湾区的时代新机遇，构建现代化产业体系，推动城乡协调发展，但也面临产业生态圈不完善、创新能力待提升、城乡治理与公共服务存在短板等挑战。为此，增城聚焦制造业、交通枢纽建设和营商环境优化，通过农文旅融合、公共服务升级、国家城乡融合发展试验区建设，着力推进城乡融合，打造宜居宜业宜游新样板，迈向全方位高质量发展新境界，稳步推进“百千万工程”。

（一）准确把握发展态势

增城充分发挥自身多种优势，快速融入粤港澳大湾区的发展大格局。

首先，地理位置优越，交通条件便利。增城位于环珠江口100公里“黄金内湾”的北部顶点，这一优越的地理位置和便捷的交通网络使其便于与

① 《增城概况》，https://www.zc.gov.cn/gl/index.html，2023年7月19日。

周边城市进行经济合作与交流，并能够充分享受到广州和深圳两大都市圈的辐射效应，打造经济新高地。

其次，产业基础雄厚，发展潜力巨大。增城作为曾经的中国百强县，撤县设区后的发展势头更加强劲，拥有一个国家级经济技术开发区和全国第五个国家级侨商产业聚集区——“侨梦苑”，这些高端产业平台的建立，为增城的发展提供了强大动力。同时，增城不仅拥有连片成片的产业用地，还拥有完整的工业链条和丰富多样的工业体系，使其在经济领域具有较大的竞争优势和充足的未来产业发展空间。2023年，中国中小城市发展指数研究课题组和国信中小城市指数研究院公布2023年度全国综合实力百强区榜单，增城排名第17位。

最后，资源丰富多样，城乡融合发展。增城山水林田园资源丰富，生态环境优良，是广州市重要的涉农区之一，为城乡融合发展提供了良好的自然条件和生态基础。不仅如此，增城既拥有城区的现代化设施与服务，又毗邻广阔的乡村地带，是国家城乡融合发展试验区广东广清接合片区重要组成部分，这为探索新型城镇化路径，实现城乡资源共享、产业互补、人口有序流动和公共服务均等化提供了有利条件。

综上所述，增城作为广州市的东部门户，正经历从城市边缘到城市中心的华丽蜕变。借助独特的区位优势，增城全力吸引大湾区创新资源和高端产业要素，推动产业集聚和城市功能提升，实现自身跨越式发展，目前已成功构建起“中南部一体化、北部生态化”的城市功能布局。在现代化建设新征程上，叠加国家、省、市多个重大战略，面对新技术爆发和新产业催生，增城正迎来重要的战略机遇期和发展提速期。

（二）客观正视短板与挑战

近年来，增城经济社会发展呈现速度加快、后劲增强、质量提高的良好态势。在不断延伸其发展长板的同时，也面临着一些短板，需要进一步强化和完善。2023年增城地区生产总值为1452.46亿元，同比增长8.5%，这凸显增城经济保持了较高的增长速度，经济发展势头良好。其中，第一产业增加值为67.85亿元，同比增长4.3%；第二产业增加值为552.60亿元，同比增长6.5%；第三产业增加值为832.01亿元，同比增长10.2%。一二三产业增加值的比重为4.7∶38.0∶57.3。第三产业增加值占比最高，这表明增城经济结构正在向服务业倾斜，第三产业已成为推动地区经济增长的主要力量。虽然第三产业的快速增长往往意味着经济结构的优化和升级，但第二产业和第一产业的稳定增长也提示增城需要在保持经济增长的同时，关注产业结构调整和农业现代化建设，以实现经济的全面均衡发展。

增城在发展过程中面临三大短板与挑战。首先，经济增长的基础尚不稳固，产业链配套不足，科技创新能力有待加强，研发机构和孵化器数量偏少，这制约了增城经济发展质量和效益的提升。其次，农民收入偏低，公共服务供给尚存短板，影响了城乡协调发展。最后，城乡治理水平还需进一步提升，环境、交通、安全等问题亟待解决，城市更新和生态保护任务艰巨，要求增城更加注重可持续发展和生态文明建设。

面对这些短板与挑战，增城需要坚持以高质量发展为重点，提升公共服务水平，推进城乡融合发展，努力构建现代化经济体系和社会治理体系，并且更有针对性地制定应对策略，克服挑战，确保持续稳健发展。

（三）因地制宜，形成推进“百千万工程”的总体思路

为全面推动“百千万工程”，增城立足广州东部中心的高起点规划和建设，在推动区域协同发展、构建现代化产业体系、实现乡村振兴、营造一流发展环境、打造宜居宜业宜游城区以及优化公共服务供给等方面积极进取，力求将区位优势转化为发展动力。增城的目标是将自身打造成为广州高质量发展的重要贡献者，为大湾区的繁荣发展贡献增城力量。

1.建立组织指挥体系

“百千万工程”既是一项系统的政策体系，又是一项具体的政府工作，需要明确具体的实施主体，需要高效有力的组织机制。广东省委提出

实施“百千万工程”后，增城闻令而动，把“百千万工程”作为“一把手”工程、头号工程，第一时间动员部署，成立“一线指挥部”。区委书记任“一线总指挥”、区长任“一线第一副总指挥”，成立9个工作专班、5个工作组、13个镇（街）领导小组，构建起上下贯通、协同高效的“1＋5＋9＋13”指挥体系。建立区委常委会定期听取镇（街）“百千万工程”汇报机制。建立“镇街出单、部门接单”机制，累计出单35个、派单7个。同时，以全区13个镇（街）、285个行政村、85个社区为主体，强化目标导向，加强考核评估，及时总结经验做法，展示重大成果，深入实施“千企帮千镇、万企兴万村”行动。此外，增城开展“千人大培训”，区领导带头领学、聘专家现场讲学、分类别讨论精学、请主官交流互学、全覆盖考试督学，进一步统一了思想认识、明确了目标任务、启发了工作思路，广泛调动了社会力量，形成人人关心支持、全社会共同参与的良好氛围。

2.形成政策协同合力

增城立足自身实际情况，围绕“建设城乡融合发展示范区、打造广州高质量发展动力源”总目标，锚定“一年开局起步、三年初见成效、五年显著变化、十年根本改变”的工作路径，聚焦“区主战、镇突破、村做活”三个关键，以推动高质量发展为主题，以实施乡村振兴、区域协调和新型城镇化战略为牵引，以深度参与粤港澳大湾区建设为主线，推动区域经济高质量发展，强化镇（街）联城带村功能，建设宜居宜业和美乡村，促进城乡区域协调发展，打造县镇村现代化建设样板。具体而言，增城明确21个领域207项重点项目清单，实行任务项目化、项目清单化、清单具体化；完善“1＋13＋X”政策体系，面向海内外招募青年英才，出台教育人才引进办法，最高奖励230万元；创新出台“服务工业企业20条”“优化企业服务15条”等政策，以真金白银鼓励企业提质增效、技术升级，一次性奖励最高500万元。

3.加强要素供应保障

增城推进“百千万工程”方案提出，在要素流动、土地管理、民生保障等方面开展一体化制度创新和加强要素供应保障，充分发挥财政投入的引领作用，撬动更多社会资金投向强镇兴村。具体而言，增城与北大荒集团签订战略合作框架协议，积极向财政部争取国家财政扶持资金支持开展"五好两宜"和美乡村、全流域综合治理、农村能人培育等项目；设立中国银行城乡融合发展试验区广州增城分行；建立城乡融合基础项目库，获国家开发银行70亿元融资支持；设立总规模50亿元的全省首只乡村振兴基金，打造莲花出水农科小镇省级科技小镇；完善农村产权抵押担保权能，在全省率先实现农村土地经营权不动产权颁证和抵押融资，打通土地经营权抵押融资路径；开展"金融服务进镇（街）"活动，服务企业270多家，融资13.57亿元；搭建"惠融通"产融对接平台，推动全区农村基础设施建设贷款增长165.1%。

4.擘画高质量发展蓝图

在推进"百千万工程"高质量发展的过程中，增城区以制造业为核心支柱，以交通枢纽建设为战略支点，双轮驱动构建增城硬实力基础，同时秉持持续优化营商环境理念，精耕细作提升增城软实力内涵。制造业当家、交通枢纽、营商环境三者间的深度交织与协同效应，有力催生了增城区经济发展的崭新动力源，擘画出一幅宜居宜业宜游的发展新蓝图，即致力于成为湾区内集生产、生活、生态功能于一体的宜居宜业宜游典范。

在这一目标导向下，增城区积极培育农文旅深度融合产业链，挖掘地域特色文化资源，打造绿色农业与现代旅游业交相辉映的新型业态，丰富了区域经济内涵，拓宽了增长路径。同时，增城区还着力提升城市公共服务品质，推进基础设施建设，均衡配置教育、医疗、文化等公共资源，确保城乡居民共享高质量发展成果。此外，通过推进国家城乡融合发展试验区建设，积极探索打破城乡二元结构、促进城乡要素自由流动的新模式，增城力求实现城乡一体化的高水平发展。

综上所述，增城区凭借制造业的强势崛起、交通枢纽的高效构建、营商环境的持续优化，成功构建起硬实力与软实力兼具的发展框架。在此基础上，锚定宜居宜业宜游的发展目标，推动农文旅产业链创新、城市公共服务升级、城乡融合发展试验区建设，逐步解锁发展新境界，展现出一幅全方位、多层次、宽领域的高质量发展画卷（见图5-1）。

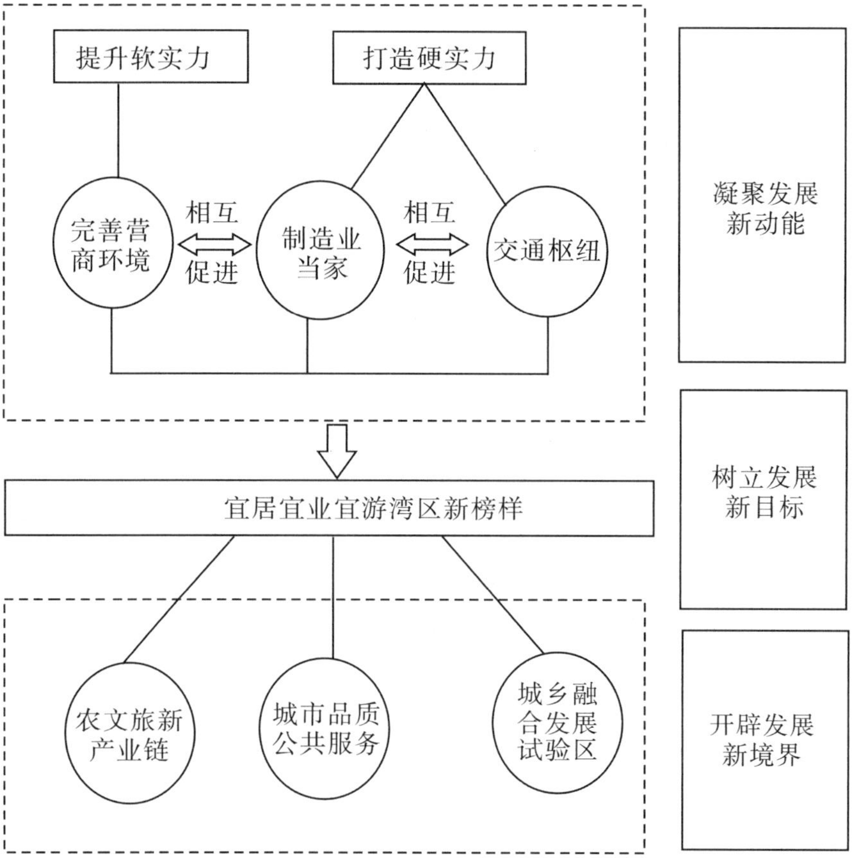

图5-1 增城区“百千万工程”高质量发展推进思路

二、增城路径：借助超大城市市辖区地位提升县域综合能级

增城区作为广州市的重要组成部分，充分利用其地理位置优越、资

源丰富以及政策支持等优势，通过紧密对接和融入广州这座超大城市的发展战略，积极探索和实践了一条以提升自身县域综合能级为核心的发展路径。增城发展路径是一种系统性、前瞻性的战略选择，它不仅关注短期的经济增长，更着眼于长期的可持续发展和社会福祉，通过多维度、多层次的策略，实现了从传统县域经济向现代化、高质量发展的华丽转身。

（一）营造宣传氛围，动员全社会投身“百千万工程”建设

区委、区政府高度重视动员全社会关注“百千万工程”，做好宣传顶层设计，推动“百千万工程”宣传进千家入万户，做到宣传全覆盖。政府印发强化宣传二十条措施，从媒体宣传、整合阵地、信息支撑、舆论引导、结对共建等方面提出20条具体措施，统筹全区各部门、各镇街打造多元传播的宣传矩阵，激发起全社会参与“百千万工程”的澎湃动力。增城区通过制作推进“百千万工程”宣传短视频、“热谈‘百千万’”宣传手册、“‘百千万工程’是什么”动画短片等宣传资料，在城市地标、公交候车亭等重点区域投放，营造浓厚的社会面宣传氛围。在区级政务网站、主要平台开设“聚焦百千万工程”特色栏目，持续推出《以落实“百千万工程”为抓手 推进乡村振兴高质量发展》等典型报道，大力宣传增城“百千万工程”动态成效。《人民日报》、中央电视台《新闻联播》等主流媒体重点栏目多次“点赞”增城，《南方日报》“百千万 新突破”专刊推出《建设东部中心 打造新百强镇》专版，深度展示增城“百千万工程”推进成效。

（二）依托超大城市创新活力动能，推动优势产业集聚升级

增城区正紧抓广州东部中心建设的战略机遇，以制造业为核心引擎，锻长板、补短板，把着力点放在实体经济上，加快新产业集聚、新技术转化、新质生产力培育，统筹推进主导产业壮大，新兴产业培育，传统产业焕新，建设先进制造业强区，构建现代化产业体系。

1.做强主导产业集群

经过多年积累，增城已经形成了集成电路、新型显示、汽车等产业集群，拥有了新质生产力布局的重要基础。以此为契机，增城加快构建“芯显车”产业集群并提升其能力。具体而言，增城区实施“强芯”行动，依托增芯项目推动，集聚半导体上下游产业链和配套项目；实施“亮屏”行动，强化国显、超视界等龙头企业带动作用，集聚一批新型显示关联企业；实施“智车”行动，开展补链强链，引进电池、电机和自动驾驶等行业龙头企业，建设国家级汽车零部件制造基地。在此基础上，增城区以龙头企业为牵引，吸引众多配套企业在地理位置上集聚，在生产上协同配合。这种“众星拱月”的产业布局，促进了创新要素在产业链上下游企业之间的共享与流动，进而推动产业链向创新链、技术链的转型与升级，实现创新的集聚效应和规模经济。此外，增城瞄准战略性新兴产业，积极布局新型储能、人工智能与数字经济、新能源新材料、生物医药、医疗器械等新产业赛道。

2.推动传统产业转型升级

在培育集聚新产业的同时，增城推动智能家居、食品饮料、纺织服装等传统优势产业向数字化升级，实施质量强区战略，培育打造知名品牌。增城区新塘镇牛仔纺织服装产业于20世纪80年代初开始发育成长，经过40多年的不断积累，形成了完善的产业链，新塘镇也成了全国牛仔服装集群基地，拥有“世界牛仔看中国、中国牛仔看新塘”的美誉。新塘镇抓住广州东部中心“现代活力核”的历史机遇，擦亮名片，让牛仔纺织“老产业”焕发新形象、新活力。增城以打造“新塘牛仔”区域品牌为抓手，加快推进牛仔产业园区的落地建设，联合构建“新塘牛仔优选”平台，通过直播电商推动新塘牛仔实现“以销带产、以产促销、产销联动”；发动辖区牛仔企业组建成立新塘牛仔产业联盟，努力推动形成新塘牛仔产业集群；鼓励企业全面转向智能化、绿色化生产，让新塘牛仔以崭新的形象走向全国、走向世界。2023年，第十四届中国广州（新塘）国际牛仔服装文化节的成功举办，标志着新塘牛仔产业的又一次飞跃，展现了新塘牛仔在新时代下的全新风貌和国际影响力。

3.打造高能级产业平台

增城集中资源推动广州东部中心、增城经济技术开发区、广州东部公铁联运枢纽等重点发展平台提质增效，打造更多“万亩千亿”园区平台。一是高标准规划建设广州东部中心。广州东部中心涵盖增城588平方公里的区域，以“人城产”为营城逻辑，承接中心城区人口和功能疏解，坚持制造业当家，加快形成新质生产力，建设面向华东、联动广深、协同莞惠、担当高质量发展动力源的“新广州”，加速形成现代化产业体系核心集聚地，挺起城市发展的产业硬支撑。二是发挥增城经济技术开发区引领示范带动作用。增城经济技术开发区创建于1988年，2010年3月升级为国家级经济技术开发区，是广州三大国家级经济技术开发区之一。近年来，增城经济技术开发区委托管理范围由99平方公里拓展至302平方公里，在2016—2022年考评中，增城经济技术开发区从全国第189位提升至第66位，7年来排名累计提升123位，提升幅度在广东省6家国家级经济技术开发区中居首位。在高度重视“亩均产出”的当下，增城通过产业园区化、园区产业化带动资金、人才、技术、信息等要素集聚，促进产业集聚集群发展，从而壮大县域经济。三是抓好广州东部公铁联运枢纽建设。打造粤港澳大湾区规模最大、规格最高的生产服务型国家物流枢纽。四是建设枢纽型国际商圈，完善现代服务业平台。广州匹配国际消费中心城市建设目标，构建世界级、都会级和区域级三级商圈体系。增城所处的东部中心打造粤港澳大湾区产业观光体验消费国际性平台，成为广州东部新的经济增长极和消费新极点、广州东部面向未来的城市门户、以人为本的区域服务中枢、智慧与生态形象的展示窗口以及枢纽型国际商圈。

（三）立足城镇化与乡村振兴耦合功能，走城乡融合共生之路

全面实施“百千万工程”，就是要将区域发展与乡村振兴统筹规划、协同开展，将农业农村现代化与城镇化、工业化、信息化一并推进。增城是国家城乡融合发展试验区广东广清接合片区的重要组成部分，作为超大城市组成区，以城带乡、以乡促城的特征比较明显，2023年成功入选国家乡村振兴示范县创建名单。

1.大力推进现代农业，持续做好土特产文章

增城借助丝苗米、荔枝、迟菜心等特色农产品建设国家现代农业示范区，以差异化、多元化特色产业园增强自我“造血”能力，探索构建现代乡村产业体系。具体而言，增城大力推动“创新＋现代种业”，培育“增科1号”丝苗米，规划建设大湾区首个规模化无人农场，打造丝苗米交易定价中心；打通种植、保鲜、加工、销售、文旅全链条，增城荔枝成功入选首批国家农业品牌精品培育计划；认定14家广东省“菜篮子”基地、38家粤港澳大湾区“菜篮子”生产基地，数量居全省各区县第一。绿水青山就是金山银山，增城正努力绘就一幅人与自然和谐共生、生态效益与经济效益共赢的绿美画卷。

2.创新土地流转形式，壮大现代农业经营规模

增城朱村在“时光穗稻”新乡村示范带实施的土地预流转模式，试点探索农村农民资源入股参与新农企经营机制，规模流转近2.7万亩耕地，实现“小田并大田”“农民变股民”。据统计，2023年增城丝苗米现代农业产业园联农带农8630户，人均可支配收入超过4.2万元，主导产业总产值达18.66亿元。

3.发展高水平文旅产业，增强生态修复动力

增城白水寨已经打造成广东著名的温泉旅游区。但在20世纪80至90年代，这里却是一片采石矿区，村民靠山吃山，以采石、运输等为生，造

就了第一批万元户。然而，长期挖矿采石给派潭镇带来了生态伤痕，留下了许多矿坑（见图5-2）。自2015年开始，增城引入森海集团等社会资本力量对废弃矿坑进行生态修复，依托温泉、废弃矿湖等自然资源，打造综合型旅游度假区（见图5-3）。这样的变化，也让当地人真正感受到绿水青山是如何变成金山银山的。2023年，森林海旅游度假区接待游客达120万人次，营业额约4亿元，直接带动就业1500余人，其中本地劳动力800多人。

图5-2　森林海矿坑生态修复前

图5-3 森林海矿坑生态修复后

三、成效与展望

增城区在推进“百千万工程”中取得显著成效，特别是在促进城乡融合、建设交通枢纽、提升城市品质和优化营商环境方面。城乡融合方面，推进人口、土地、公共服务等一体化，打造城乡融合发展示范区；交通方面，构建三大枢纽，强化广州东部门户地位，提升城市交往功能；城市品质打造方面，注重精细化管理，提升宜居品质，打造高品质人居环境；营商环境方面，持续优化，“五证联发”等创新服务措施助力项目快速落地，政策支持与服务保障助力企业发展。展望未来，增城区将以高水平建设广州东部中心为引领，推动区域特色差异化协调发展，提升综合服务能力，促进城乡区域协调发展，构建城乡一体、产业联动、服务优质的现代化新格局。

（一）增城区推进“百千万工程”的成效

增城区通过实施一系列推动城乡融合、交通枢纽建设、城市品质提升和营商环境优化等措施，致力于构建高质量发展的城乡融合发展试验区，推动经济持续健康发展。

1.在城乡融合方面，创新“比翼齐飞”机制

增城积极利用超大城市资源要素的强大支撑能力，推动城乡融合事业的深入发展。增城聚焦于城乡融合协同发展平台、人口管理制度、资源要素、公共服务一体化等四大融合切入点，立足区内优势和发展实际，先行先试，积极探索建立城乡有序流动的人口迁徙制度、建立农村集体经营性建设用地入市制度、完善农村产权抵押担保权能、搭建城中村改造合作平台、搭建城乡产业协同发展平台以及科技成果入乡转化等6项试验任务。通过广泛凝聚改革共识，增城区持续探新路、促改革。增城正走在一条建设城乡融合发展试验区、打造高质量发展动力源的康庄大道上。

具体而言，在城乡一体规划设计方面，增城区全面完成区镇（街）两级国土空间规划合并编制，形成全区国土空间开发保护“一张图”。同时，推动基础设施互联互通，统筹基础设施一体化布局，把公共基础补短板重点放在农村，推动城乡基础设施提档升级。增城区推进村庄规划优化提升试点工作，持续建设宜居宜业和美乡村。完成207个行政村村庄规划编制工作；提升农村人居环境，坚持不搞大拆大建，全面完成“三清三拆三整治”，引导农户利用“四旁”（村旁、渠旁、路旁、屋旁），因地制宜建设“三园”（花园、果园、菜园）4383个；建成省级美丽宜居村259条、特色精品村61条；发展精品民宿200多家，全区年接待游客超2000万人次；引入86家企业，撬动社会资本103.37亿元投入农业农村。

在要素资源均衡配置方面，增城区抓住国家城乡融合发展试验区建设机遇，集中力量攻坚6项试验任务。加强乡村人才队伍建设，健全科技成果入乡转化机制，实施农村金融惠民服务提升专项行动，激活土地要素为农村发展提速，探索推广“点状供地”。增城区抓住城中村、城郊村土地价值较大、土地需求较高、流转意愿较强的有利契机，深化农村“三块地”改革。增城区首发农村土地经营权不动产权证，开展土地经营权抵押融资，引入“金融活水”；创新“空心村”宅基地盘活模式，推动闲置农房资源变富民项目，打造精品民宿超200家；扎实推进石滩镇全域土地综合整治省级试点；探索建立“4 + 2”联农带农利益联结机制，培育家庭农场与合作社数量广州市第一；实施“统一整合、统一流转、统一招租”模式，引导农民将土地集中流转，累计流转家庭承包耕地25万亩，申请并享受补助的农业经营主体331个。

在生态环保共建共治方面，增城区实施重要生态系统保护和修复重大工程，统筹推进山水林田湖草一体化保护和系统治理。同时，推动基本公共服务同质同标。深化户籍制度改革，深入实施农村薄弱学校升级建设工程，加快补齐医疗健康服务短板，推动公共设施适老化适幼化改造，推动优质公共资源向镇（街）、村（社区）延伸。

2.在交通枢纽建设方面，担当城市交往门户

增城凭借在广州的战略地理位置及其关键交通枢纽角色，已然实现城市物流交往功能的提升。增城拥有三大交通枢纽，涵盖多条国铁、地铁、城际铁路和高速公路，可在30分钟内到达广州中心城区，40分钟内尽享广州、深圳两大空港和黄埔、新沙两大海港资源，1小时抵达粤港澳大湾区主要城市。新塘站作为广州东部客运综合枢纽门户，其枢纽能级得到了显著提升，成为广州铁路客运的主枢纽（见图5-4）。广汕高铁的开通，将广州至汕尾的通行时间大幅缩短，有力优化了粤港澳大湾区1小时通勤圈，也有效缓解了相关通道的交通压力。增城站作为广州东部重要客运节点，引入广汕高铁，是广汕铁路进入广州市境的第一站，是广州向东对外联系的枢纽门户。增城西站作为广州东部公铁联运枢纽，充分发挥公铁联运优势，打造出大湾区国际班列集结中心，形成了大湾区东岸国际供应链枢纽。目前，固定每周开行中欧班列5～7列、中老班列1～3列，基本实现“天班”

开行，已初步形成“交通 + 物流 + 产业”运产贸一体化发展格局，助力广州加快建设全球效率最高、成本最低、最具竞争力的国际物流中心和国际消费中心城市。

图5-4　广州市新塘站

着眼于未来，增城积极响应广州2049城市发展战略，把握“三铁合一”的独特交通优势，通过“一站双港”布局深化与周边区域的双城互动，旨在打造面向湾区东岸、粤东地区乃至华东地区的广州东部门户。在“一带一轴、三核四极”空间发展规划指引下，增城区携手广州市黄埔区，充分利用两地互补优势及强大的铁路枢纽集群和国家级经济技术开发区基础，共同擘画广州东部中心蓝图，架构起“一带四轴，双城三片”的整体发展空间，致力于实现“开放高效绿色的门户之城、挺起产业脊梁的创智之城、青春活动共享的山水之城”的发展目标，并锁定“国际综合交通枢纽的重要门户、全国先进制造业基地的核心承载区、国际科技创新中心的重要引擎、粤港澳大湾区生产性服务中心”的四大战略定位，建设成广州“现代活力核”，担当高质量动力源的“新广州”，为深入推进粤港澳大湾区建设、提升广州整体实力提供坚实支撑和强大动力。

展望未来，至2035年，增城预计常住人口将超过300万人，届时将基本建成高质量发展的中国式现代化示范区；至21世纪中叶，增城将全面建成中国式现代化成功实践的典范，而这一切成就的基石，正是其不断强化的交通枢纽地位及在促进城市交往门户功能上的卓越贡献。

3.在城市品质方面，提升宜居宜业水平

增城紧抓东部中心“现代活力核”建设机遇，以“绣花”功夫推进城市精细化管理，以群众满意度为重要标尺，全面打造宜居宜业宜游的高品质人居环境，不断深化干净、整洁、平安、有序城市环境创建，在城市环境、城市形象和宜居宜业品质方面均取得了显著成效，切切实实让人民群众感受到变化、分享到成果。由政府主导的湖中村竹山社、社排社更新改造项目实施方案获得正式批复并完成地块出让，是广州市首个成功出让的政企联合“做地”储改结合项目。增城高质量推进绿美增城生态建设，以“荔韵·荔湖公园”为核心，高标准打造绿美广东生态建设示范点，建成以增江画廊为重点的609公里绿道、以荔湖碧道为核心的114.5公里碧道、395公里生态景观林带。增城依托良好的生态环境，稳步推进公园建设，提升宜居城市品质，目前建成区绿化覆盖率达46.58%，人均公园绿地面积23.05平方米。建成通过验收并纳入规范管理的小公园、小游园共339个，已建成公园全部免费对外开放，惠及群众达70.20万人。科学有序实施城市更新行动，按照南部旧村更新项目衔接城市重大战略平台、聚焦做强区域经济，中部旧村更新项目强化城市功能、加速城乡一体化进程，北部旧村更新项目突出综合治理、美丽乡村建设的目标，各打造1～2个旧村改造试点村。

4.在营商环境方面，对标最高最好最优

营商环境是广州“四个出新出彩”之一，增城坚持硬环境和软环境两手抓，打造暖心的服务环境、舒心的市场环境、安心的法治环境，让企业聚焦增城、扎根增城、深耕增城。2022年，广东越海集成项目实现一天内办结建设用地规划许可证和建设工程规划许可证双证，为广州首宗高效率、短时间双证审批办结案例，为企业开发建设注入一针加速剂。营商环境优化永不止步，增城持续完善“全生命周期服务”筹建机制，创新推出“带方案出让”等服务措施，从“两证联发”升级到“五证联发”。2023年，位于中新科创园的润城生命科技园项目在缴纳土地出让金后，3个工作日内办齐不动产权证、建设用地规划许可证、建设工程规划许可证、人防工程建设许可证、建筑工程施工许可证等5个证，是当时广州市首个取得“五证联发”的社会投资工业项目，真正做到了“拿地即拿证”“拿证即开工”，不仅提振了企业的投资信心，也加快了项目竣工投产的进度。目前，“五证联发”已成为产业项目落地标配，各部门的服务工作机制已形成常态化，全力助力产业项目在增城顺利落地实施。

一直以来，增城非常关心关注当地企业的发展，坚持从企业最关注、最急迫的问题入手，多措并举解决企业的后顾之忧，努力让企业安心发展投资，让员工舒心工作生活。近年来，增城制定出台了《广州市增城区人才奖励支持办法》《增城区服务工业企业高质量发展二十条措施》《广州市增城经济技术开发区条例》等促进产业发展的政策措施，通过政策扶持和贴心服务，为促进增城产业持续健康发展提供政策保障。增城成立由区委主要领导任班长的工业投资专班，着力解决项目推进中遇到的困难和问题，推动新开工项目尽早入库纳统以及在建项目加快建设、加快释放投资。增城广泛开展走访企业活动，及时了解企业所需所困，共收集重点工业企业涉及水电气、子女入学、用工、融资、政策等诉求281项，已解决或阶段性解决234项，正在推进47项，积极为企业发展保驾护航。在促进外贸外资稳中提质方面，增城建立以区领导带领相关部门挂点联系服务重点外贸外资企业的工作机制，深入重点外贸外资企业，做好企业的跟踪服务。

（二）增城区推进“百千万工程”的展望

城乡融合发展是现代化的重要标志。工业化、城市化程度较高的地区，特别是作为超大城市的广州，要顺利实现城乡融合发展、提升区域能级、推进乡村振兴，具有一定的特殊性。这种特殊性主要体现在超大城市既具有成熟的工业化、城市化发展经验，也有着做强做优做大农业农村的条件办法。《广州面向2049的城市发展战略规划》锚定一个总体愿景（建设出新出彩的中心型世界城市）、四个发展定位（中心型世界城市、引领型国家中心城市、开放型大湾区核心引擎、高能级省会城市）。增城抓住广州城市发展战略这一特殊优势，不“就城论城”，不“就农言农”，而是推动现代都市与大美乡村双向奔赴、相互成就、共同繁荣，加快推进城乡融合高质量发展，实现城乡一体规划完善、功能一体布局，产业发展充分、要素流动顺畅，借助超大城市市辖区地位提升区域能级。

1.高水平建设广州东部枢纽中心

以引领大湾区、联动长三角和京津冀、面向海内外为发展目标，广州东部中心致力于打造成为开放高效绿色的门户之城，挺起产业脊梁的创智之城，青春活力共享的山水之城。增城置身其中，产业链培育上以国家级开发区扩容提质为契机，聚焦先进制造，培育制造业总部经济发展核心动能，打造湾区“芯显车”先进制造中心，协同黄埔区共建万亿级产业集群。另外，建设生产服务型和陆港型国家物流枢纽，打造国内国际双循环重要节点。以增城西站为依托，增强公铁联运枢纽运输效能，扩大中欧、东盟国际班列开行规模，形成大湾区国际班列集结中心。依托公铁联运推动“通道＋枢纽＋产业”联动发展，打造“一带一路”现代供应链国际陆运港枢纽。

2.高质量推动区域特色差异化协调发展

即使作为超大城市市辖区，面积广阔的增城也不可能千篇一律。增城确定差异化发展策略，北部打造生态文化旅游示范区，南部以产城融合为重心，南联莞惠，西承黄埔，建设联动深莞惠、支撑大湾区、辐射粤东华东的广州东部重要门户。以此思路，增城区加快镇街分类提能，宁西街依托国家级开发区，全力做好要素保障，基本完成开发区核心区1100亩、宁西工业园1048亩征地任务，加快构建现代化产业体系；新塘镇依托东部中心，推动牛仔服装产业转型升级，打造“百亿级牛仔产业集群”；石滩镇加快推进全域土地综合整治省级试点，已完成750亩水田垦造，加快推进2071亩耕地提质改造任务；派潭镇集聚民宿超130家，推动森林海成为省级旅游度假区。派潭“村晚”入选全国2024年春节“村晚”示范展示点，“朱村大舞台”、荔城“CITYWALK”、正果“村BA”等活动如火如荼；仙村镇十字滘村村歌荣获中国村歌大赛二等奖，群众的自豪感和幸福感进一步提升；正果镇推进美丽圩镇建设，采用微改造“绣花”功夫打造正果老街、1978电影小镇等网红地、打卡点。新塘镇、石滩镇、中新镇入选2023年全国千强镇，分别位列榜单第18位、第197位、第695位，显示出强劲的发展势头和潜力。

3.高标准提升公共服务综合能力

增城从全局和战略高度把握新型城乡关系，统筹新型城镇化和乡村全面振兴，扎实推进城乡融合高质量发展，努力为加快建设社会主义现代化国际大都市提供坚实支撑。具体而言，增城区致力于强化镇（街）服务规范便利化和综合服务设施建设，打造完善的服务圈；全面实施基本公共服务标准化管理，打造便捷的生活圈；完善城乡商贸流通体系，打通“工业品下乡”和“农产品进城”双向流通渠道，打造兴旺的商业圈。此外，增城区还专注于建强中心镇专业镇特色镇，以城区为龙头、中心镇为节点，进一步提高城镇化水平，以优质的公共服务满足居民对美好生活的需求和向往。

四、增城高质量发展模式的启示

增城高质量发展模式的核心要义在于把握好“精准定位与差异化发展”“创新驱动与产业升级”“城乡融合与乡村振兴”“生态优先与绿色发展”“优化服务与营商环境”等多方面的有机结合与协同推进，形成系统集成、整体联动的发展格局，为其他地区尤其是超大城市周边区域实现高质量发展提供有益借鉴。

（一）精准定位，制定差异化发展思路

增城以超大城市市辖区的特殊地位，准确把握区域特色，实施差异化发展策略。通过北部生态文旅、南部产城融合、东西部产业互动，充分利用区位优势，构建起与周边城市、大湾区乃至更大范围经济圈的有机联系。增城根据不同镇街资源禀赋和产业基础，分类施策、提能升级，如新塘镇、石滩镇、中新镇等镇街分别在制造业、全域土地整治、特色产业发展等方面取得显著成效，形成“千强镇”集群，展现了区域内部梯度分工与协同发展的良好格局。增城高质量发展的关键在于遵循特色化、差异化的路径，精准定位功能区划，构建错位竞争、互补共生的产业体系。

（二）创新驱动，引导产业转型升级

增城积极推动产业转型升级，以科技创新为引领，打造“芯显车”先进制造中心，培育高新技术产业，尤其是高技术制造业快速发展，使其成为拉动经济增长的重要引擎。通过建设国家级经济技术开发区、侨商产业聚集区等高端平台，吸引优质企业和项目落地，构建现代化产业体系。同时，传统产业如牛仔服装业也在创新驱动下实现转型升级，形成“百亿级产业集群”。因此，高质量发展离不开创新驱动，应加大对新兴产业的培育力度，同时推动传统产业向高端化、智能化、绿色化转型，形成新旧动能接续转换的良好局面。

（三）城乡融合，破解乡村振兴中的“二元”难题

增城作为国家城乡融合发展试验区广东广清接合片区的重要组成部分，致力于破解城乡二元结构，实现人口、土地、公共服务等一体化，通过土地预流转、资源入股、生态修复等创新实践，推动农村资源资产价值化，促进农民增收和农村发展。增城以“绣花”功夫进行微改造，提升农村人居环境，打造了一批特色网红打卡点和美丽宜居乡村，实现了城乡风

貌和谐共生。因此，高质量发展必须兼顾城乡平衡，通过深化农村“三块地”改革、推动公共服务均等化、实施生态共建共治等方式，推动城乡要素流通、公共资源均衡配置，实现城乡融合发展。

（四）发展经济，注重生态、经济、社会效益均衡

增城坚守生态底线，以绿色发展理念引领北部经济社会发展，如派潭镇被打造为“绿美派潭”，成为生态屏障和森林小镇，森林海旅游度假区则通过生态修复实现废弃矿坑华丽转身，成为经济效益与生态效益双赢的典范。增城在推进城乡建设的过程中，注重生态保护与修复，践行山水林田湖草一体化保护和系统治理理念，构建生态安全屏障。因此，高质量发展必须坚持生态优先，将绿色发展理念贯穿于经济社会发展的全过程，实现生态效益、经济效益、社会效益的有机统一。

第二节　博罗县致力打造千亿级经济强县

博罗县隶属惠州市，地处广东中南部，珠江三角洲东北端，北与河源市区、惠州龙门相接，东与惠州市区相接，南与东莞隔江相望，西连广州增城，地理区位优势明显，因此自古以来就是商贸交流的重要节点。全县总面积约2858平方公里，辖15个镇（石湾镇、杨村镇、园洲镇、福田镇、长宁镇、龙华镇、湖镇镇、柏塘镇、泰美镇、公庄镇、杨侨镇、麻陂镇、石坝镇、观音阁镇、横河镇）、2个街道（罗阳街道、龙溪街道）、1个管委会（罗浮山管委会）和389个行政村（社区），县政府驻地在罗阳街道[①]。作为广东省目前唯一的全国百强县，博罗县将推进“百千万工程”作为推动县域经济社会发展的总抓手，以“百千万工程”带动全局、带活全盘，促进城乡融合发展。

---

①《县情概况》，https://www.boluo.gov.cn/blgk/xqgk/content/post_5214112.html，2024年3月7日。

一、“四新战略”提能级，形成推进“百千万工程”的博罗思路

推进“百千万工程”要扎实立足当地资源禀赋，发挥比较优势，强短板、补弱项。从博罗县的产业结构来看，博罗县的发展优势在于制造业。因而重点选取对标的全国百强县（江苏省高邮市、浙江省桐乡市）与博罗县进行比较分析，通过县际比较，更理性地认识博罗县发展优势和差距。聚焦推进“百千万工程”的六大工作目标，以“四新战略”提能级、“七大推进”抓重点，博罗县已经形成了推进“百千万工程”的清晰思路。

（一）认识自身优势

作为广东省第一大县，博罗县近几年始终坚持以实体经济为本、制造业当家，二次产业对经济总量的贡献在持续攀升。相较于广东其他县域，博罗县制造业的产业基础和发展态势一直十分突出。2022年博罗县地区生产总值（801.39亿元）首次跨越800亿元门槛，成为广东唯一一个经济规模跨越800亿元门槛的县；2023年博罗县实现地区生产总值838.9亿元，同比增长4.8%，增速比2022年提高了1.1个百分点。从产业结构来看，2023年博罗县第一产业增加值942365万元，同比增长6.5%；第二产业增加值4664590万元，同比增长7.9%；第三产业增加值2781962万元，同比下降0.4%。三次产业结构呈现出典型的“二三一”格局。图5-5给出了2018年以来博罗县三次产业结构的演化，2020年起博罗县的第二产业开始撑起经济总量的“半壁江山”，而且占地区生产总值的比重持续提高，到2023年这一比重达到55.6%。从其他经济指标来看，2023年博罗县全年规模以上工业企业达1133家，高新技术企业达649家；工业投资240.31亿元，同比增长19.3%；完成规模以上工业总产值1632亿元，同比增长6.2%；入选中国工业百强县（市）、中国创新百强县（市）。

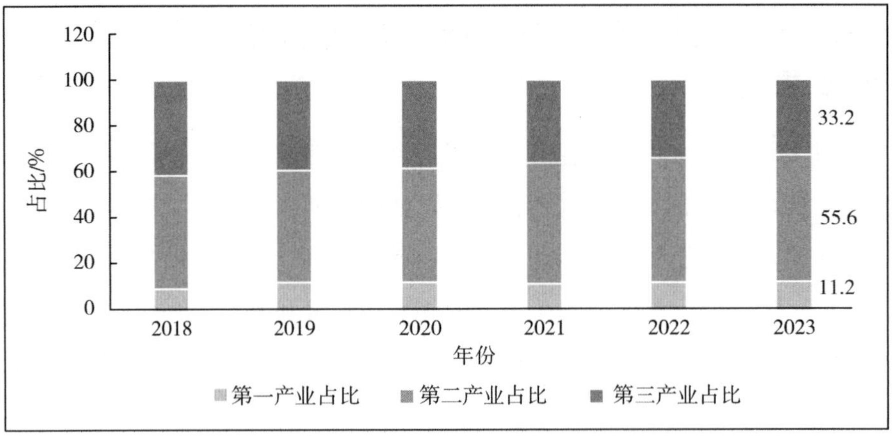

图5-5　2018—2023年博罗县三次产业结构

数据来源：博罗县统计局。

（二）理性认识与全国百强县的差距

作为县域经济“火车头”，百强县（市）对带动省（区）县域经济高质量发展具有重要作用。在赛迪顾问发布的历年中国县域经济百强研究中[①]，博罗县已连续多年入选全国百强县，且排名不断上升，由2020年第93名升至2023年的第69名，综合实力大幅提升。解码广东唯一的百强县——博罗县——样本，对推进广东县域振兴以及推出更多百强县有重要参考价值。考虑到博罗县兼具工农、城乡板块要素以及县域功能完备等特点，按照典型性、代表性和可比性要求，综合地区生产总值、人口规模、区位和产业发展等可比指标，选取江苏省高邮市、浙江省桐乡市作为对标的全国百强县。首先比较博罗县与全国百强县的主要经济指标（见表5-1）。

从全国百强县排名来看，博罗县略次于高邮市，但与桐乡市仍有较大差距。从人均地区生产总值来看，博罗县的经济发展水平远远滞后于其他两个全国百强县；从产业结构来看，博罗县的第二产业和第三产业对经济

---

①2023赛迪百强县设置评价双门槛，即地区生产总值≥600亿元，一般公共预算收入≥20亿元，从经济实力、增长潜力、富裕程度、绿色水平4个一级指标，以及8个二级指标、27个三级指标进行综合评价。

总量的贡献较大，但第三产业的发展滞后于高邮市和桐乡市；从博罗县自身的资源禀赋来看，博罗县既是珠三角最大的可连片开发的县区，具有承接周边发达城市制造业外溢的优势，又是珠三角生态后花园，农业农村体量较大，乡村文旅资源丰富。从理论层面来看，博罗县与先进百强县的产业结构差异也是符合经典经济发展理论的，基于配第-克拉克定理，随着经济发展和人均国民收入水平的提高，第一产业的劳动力和国民收入占比逐渐下降，第二产业的劳动力和国民收入占比逐渐上升。随着经济的进一步发展，第三产业的劳动力和国民收入占比也开始逐渐提升。

第一，2022年，博罗县的全社会固定资产投资增长率为11.5%，与高邮市接近。但相比于高邮市，博罗县在三次产业领域的投资分布较为失衡，其固定资产投资主要由第二产业投资拉动，且工业投资增长率高达41.8%，凸显博罗县工业大县的发展定位。

第二，博罗县的城镇、农村居民的人均可支配收入与高邮市较为接近，与桐乡市仍有较大差距。但是博罗县在城乡协调发展方面的表现优于其他两个百强县，2022年博罗县的城乡居民收入比为1.50，低于高邮市（1.72）和桐乡市（1.51），这意味着相比于其他两个全国百强县，在以“百千万工程”牵引城乡区域协调发展方面，博罗县仍有自身优势。

表5-1 博罗县与全国百强县的主要经济指标比较（2022年）

指标	广东省博罗县	江苏省高邮市	浙江省桐乡市
百强县排名（赛迪2023）	69	66	21
人均地区生产总值/元	66291	142630	169591
产业结构	11：54.5：34.5	9.5：50.2：40.3	2.2：50.4：47.4
全社会固定资产投资增长率/%	11.5	11.9	6.8
工业投资增长率/%	41.8	17.1	3.9
城镇居民人均可支配收入/元	41938	47517	70286
农村居民人均可支配收入/元	27987	27559	46509

数据来源：各县统计局。

表5-2从发展区位、产业特色等多重维度对博罗县与其他两个全国百强县的发展进行比较。博罗县是珠三角辐射带动粤东北的关键节点，具有沿莞临穗的区位优势，既能积极承接深圳市等先发地区产业、功能转移，自身又具有“造血”能力。高邮市、桐乡市等长三角的强县（市）都有一个共同特点：立足整个长三角经济一体化大格局，与超大城市保持强关联，自身产业基础雄厚，具有鲜明的产业特色，发展定位明确，人民生活富足。由表5-2可得到一个基本的经验：博罗县与高邮市、桐乡市等长三角县（市）相似，要融于整个粤港澳大湾区的区域发展大格局，强化自身能级，带动县域乡村振兴发展。

表5-2　博罗县与全国百强县的发展比较

发展维度	广东省博罗县	江苏省高邮市	浙江省桐乡市
发展区位	位于广东省珠江三角洲东北部，是深莞惠经济圈的重要组成部分，珠三角辐射带动粤东北的关键节点	位于江苏省的中部地区，由扬州市代管，是一座拥有7000多年文明历史的古城，在全国百强县榜单上排名第66位（不沿江、不临海、区位不占优）	地处浙北杭嘉湖平原腹地，居上海、杭州、苏州“金三角”中心，区位优势明显。沪杭高铁、沪杭高速、申嘉湖高速、320国道、京杭大运河等贯穿全境，水陆交通体系发达。在全国百强县榜单上排名第21位
产业特色	初步构建起以电子信息、铜材料、电动车、生命健康为主导的现代化产业体系，形成以铜材料为核心的较为完备的产业链	明确优化三大传统产业（机械装备、纺织服装、电线电缆），精准培育三大主导产业（光储充、智慧照明、电子信息）的“3＋3”产业体系	传统的聚酯、化学纤维、服装、鞋在各细化领域具有优势，近些年大力推进新能源汽车产业的发展，2022年在桐乡市生产的新能源汽车高达15.54万辆
发展环境	入选2022城市营商环境创新县（市），是广东省唯一上榜的县。持续优化营商环境，打造“成本更低、办事更快、服务更优”的县域营商福地	形成了市项目审批代办中心、13个乡镇（园区）代办专窗（服务站）和220个村（社区）代办服务窗口为架构的三级帮代办服务体系	不断优化营商环境，努力当好“店小二”，真心实意为客商做好服务，从项目洽谈到项目落户，从项目建设到项目投产，为投资商提供全方位、全天候、全过程的保姆式服务。在浙江省发改委组织的2021年度浙江省县（市）营商环境综合评价中，位居全省前列

（续表）

发展维度	广东省博罗县	江苏省高邮市	浙江省桐乡市
发展定位	建成国内一流城市，进入全国县域经济社会高质量发展“第一方阵”	先进制造业集聚区、乡村振兴实践区、文化文明融合区、宜居宜游魅力区	数字文明先行市、共同富裕排头兵、红船党建新高地
发展潜力	“项目为王　产业强县”，把园区作为推动工业经济高质量发展的主战场，大力推动土地、资金等要素资源向园区集中，积极引导企业入园发展、产业向园区集聚，持续提升县城经济综合竞争力	位于上海市和南京市两大都市圈之中，无论是产业链承揽，还是项目投资发展潜力，都有很宽阔的平台。建设中的连淮扬镇高铁动车在高邮2个地区停靠，对高邮的群众交通出行、经济发展增加值、网络资源辐射源沟通交流都有巨大的推动作用	杭州、上海、苏州“1小时交通圈”优势越来越明显。数字经济规模从小到大、区域影响力持续增强，数字经济企业数和核心产业产值5年间分别增长了2.5倍和3.2倍，“两化”融合指数稳居省一类地区。成为世界互联网大会·乌镇峰会永久举办地

资料来源：根据政府有关报道整理。

（三）博罗县全面推进“百千万工程”的工作思路

2023年1月，博罗县委十四届五次全会审议通过了《博罗县贯彻落实〈中共广东省委关于实施“百县千镇万村高质量发展工程”促进城乡区域协调发展的决定〉的工作方案》，从区域协调发展、县域经济实力、新型城镇化、城乡发展差距、宜居宜业和美乡村建设、乡村产业融合发展6个方面提出了2025年工作目标[①]。围绕工作目标，2023年以来全县以头号工程力度推动“百千万工程”的实施，“四新战略”提能级、“七大推进”抓重点，形成了推进“百千万工程”的博罗思路（见图5-6）。其中，“四新战略”阐明了博罗县全面推进“百千万工程”的战略导向，“七大推进”则勾勒了博罗县推进“百千万工程”的工作重点。“七大推进”即：以新型工业化之“进”，加快构建现代化产业体系；以扩大有效需求之“进”，加快迈进千亿级经济强县；以新型城镇化之“进”，加快推动城市扩容提质；以农业农村现代化之“进”，加快推动乡村全面振兴；以体制机制创新之“进”，加快释放活力、注入动力；以绿美生态建设之

①《实施“百县千镇万村高质量发展工程”的博罗路径》，https://static.nfapp.southcn.com/content/202301/12/c7259991.html，2023年1月12日。

"进"，加快美丽宜居博罗建设；以民生事业保障之"进"，加快平安幸福博罗建设[①]。

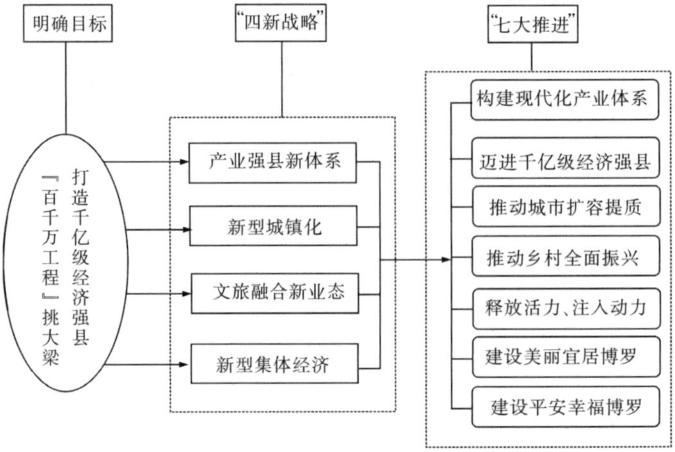

图5-6　博罗县"百千万工程"实践逻辑

二、以"五大行动"为引擎推进"百千万工程"实施

2023年3月22日，中共博罗县委、博罗县人民政府印发《博罗县关于全面推进"百县千镇万村高质量发展工程"促进城乡区域协调发展的实施方案》（博委发〔2023〕4号），提出了推动县域经济高质量发展的"五大行动"，包括制造业高质量发展行动、乡村振兴走在前列行动、绿美广东·博罗行动、县城承载力提升行动、党建引领基层治理效能提升行动。"五大行动"既为博罗县实施"百千万工程"提供了具体的"施工图"，更是形成了博罗县推进"百千万工程"的五大引擎。紧抓"五大行动"，博罗县下辖镇与街道先后召开动员大会或工作推进会，成立指挥部，推动具体工作的安排部署。

---

①《锚定千亿县 勇当排头兵》，https://baijiahao.baidu.com/s?id=1791201165528116330&wfr=spider&for=pc，2024年2月17日。

（一）制造业高质量发展行动

博罗县始终坚持以实体经济为本、制造业当家、高质量发展为主线。“百千万工程”实施以来，博罗县在制造业高质量发展的道路上持续奔跑。以招商兴产业，以项目保增长，以园区促转型。第一，招商引资按下“快进键”。聚焦电子信息、新能源新材料、电动车、生命健康以及新型储能等产业，开展产业链招商。2023年，全县共引进项目234宗，增长17.6%；计划总投资591亿元，增长16.4%。全部建成达产后预计年产值976亿元，年创税32亿元。第二，项目建设跑出“加速度”。南亚电子、大金空调等外资项目落地动工，全国排名前十的小刀、台铃、新日、绿佳等电动车项目全面投产，年产值15亿元的德国益利素勒电磁线、年产值20亿元的江丰半导体相继投产。2023年，全县供地新动工项目48宗，增长41.2%；供地新投产项目36宗，增长100%。第三，园区建设掀起“新热潮”。全力推进智能装备产业园和产业转移工业园等平台建设，2023年园区累计完成基础设施投资12.96亿元，收储土地3277.54亩，供应土地1612.28亩。园区现有规模以上企业215家，其中新增规模以上企业31家，预计全年规模以上工业总产值338.02亿元，增长9%。

（二）乡村振兴走在前列行动

博罗县正通过一系列创新举措和战略规划，积极推进乡村振兴和农业农村现代化。“2+2+5+7”平台建设和特色新兴产业的崛起，为博罗县的乡村经济发展注入了新活力。同时，博罗县在规范农村集体“三资”管理、盘活农业农村资源方面取得了显著成效，并通过“绿美广东·博罗行动”等项目，大力提升乡村的生态环境和居民的生活质量。

1.依托平台建设，产业引领乡村振兴

博罗县瞄准“2+2+5+7”平台建设全面发力，支持航天育种示范基地、粤港澳大湾区绿色农产品生产供应基地2个基地做大做强，打造柏塘、泰美2个三产融合发展示范镇，推进环罗浮山等5条乡村振兴示范带建设，建好南药、预制菜等7个省市现代农业产业园，三产融合、联农带农的“湾区样板”逐渐形成。2023年1～9月，博罗县实现农业总产值106.19亿元①。特色新兴产业的崛起也在深刻改变着当地农业农村的现状，以长宁镇为例，在环罗浮山乡村振兴示范带的带动效应下，长宁镇将朱顶红产业示范基地项目引进水边村，在石下屯村引入博罗智源设施蓝莓园，激发多元化的“民宿+”服务模式，形成了牵引乡村产业发展的多维新引擎。

2.规范农村集体“三资”管理，盘活农业农村资源

博罗县拥有389个行政村，但前10%的行政村的经济收入占全县的80%，发展极为不平衡。长期以来，发展较好的村主要得益于靠近东莞市，以出租经济为主，其他资源较为贫乏的村发展非常缓慢。实施“百千万工程”以来，博罗县加快推进村组共建改革，通过新型农村集体经济改革激发新活力。博罗县深入推进省级发展新型农村集体经济专项改革试点工作，6个改革试点村集体经济收入连续3年增长，2023年均超过30万元。2023年，通过开展村组共建和“拼图式”清产核资，全县村组增收5975万元、合同金额增加值超1.57亿元。2023年，全县农村集体经营性总收入达3.95亿元，389个行政村有9个村集体经济收入超1000万元，48个村超100万元，389个村超20万元，培育了福田镇徐田村、柏塘镇小洞村、泰美镇楼下村等一批美丽宜居、共建共享、农文旅结合的典型村②。

在新型农村集体经济的经营模式探索中，柏塘镇小洞村开启整村运营模式，泰美镇楼下村实施供销农场生产合作社模式……各地重在因地制宜探索各自发展壮大集体经济的有效路径。整体来看，博罗县侧重在共建共享［过去只有分红（共享），如今还以共建经济联合社方式参与到集

①《惠州博罗上榜！广东“百千万工程”首批典型县名单公布》，https://baijiahao.baidu.com/s?id=1781970241720428019&wfr=spider&for=pc，2023年11月8日。

②卢慧、蓝单、乌天宇、廖钰娴、林文通、马发洲、于蕾：《“组合拳”发力强县促镇带村》，《南方日报》2023年11月7日第HC01版。

体经济的建设当中］。以博罗县柏塘镇小洞村为例，借力乡村振兴战略和“百千万工程”的东风，小洞村以“三变”（资源变资产、资金变股金、农民变股东）改革激活农业农村资源，统一流转水田、园地、林地等约1200亩至村集体，成立农村集体股份经济合作社、置业股份合作社、土地股份合作社、旅游股份合作社、劳务股份合作社等五大合作社，破解了土地分散难题，从而吸引一批符合产业规划定位、联农带农作用强的优秀企业入驻小洞村。小洞村的村集体经济收入从原来的3万多元增至2023年的105万元，集体经济的壮大使得村民可以享受到“租金＋股金＋薪金”的“三金惠民”分红①。

3.绿美广东·博罗行动

（1）扎实推进美丽圩镇“七个一”建设。2023年以来，博罗县下辖2个街道和15个镇紧抓“百千万工程”契机，全部制定美丽圩镇“七个一”建设方案，逐步分类实施推进，全面推进圩镇品质提升建设和人居环境整治。具体来看，罗阳街道突出高位统筹，规划引领，在“七个一”建设各方面均取得了良好成效。在美丽乡镇入口通道建设方面，对济广高速罗阳入口进行美化绿化，在保证道路宽敞通畅的同时对周边景观环境进行改造、建设。在农贸市场建设方面，罗阳街道的智慧农贸市场位于怡景路，周边建有生活超市和购物广场，使群众的生活得到便利。在美丽河道建设方面，突出东山公园附近的江东排渠河道建设，河道两边绿化建设优美，两岸人行道宽敞干净，照明和各项设施建设充足。在绿美生态小公园建设方面，万亩“罗浮追绿”项目修筑了全长约7公里的登山绿道，新建了2个观景平台、4个停车场、3条郊野步道，倾力打造“都市后花园”②。

横河镇则基于自身优势，重点在美丽示范主街、绿美生态小公园等方

①《锚定千亿县 勇当排头兵》，https://baijiahao.baidu.com/s?id=1791201165528116330&wfr=spider&for=pc，2024年2月17日。

②《博罗罗阳：以“七个一”建设更美圩镇》，https://static.nfapp.southcn.com/content/202401/12/c8497550.html，2024年1月12日。

面推进美丽圩镇建设。作为横河镇交通主干道，长河公路已经成为对外展现圩镇整体形象的重要窗口。推进农房风貌管控提升，横河镇已在市场周边及长河公路、长河大道、沿河西路等区域完成外立面美化约190栋，圩镇主街道沿街商铺广告招牌统一、“三线”下地改造等工作也正在有序推进。横河镇以创建美丽圩镇省级示范样板镇为契机，围绕“七个一”建设要求，点状打造了滨水公园、横河堤园等具有乡村风貌的口袋公园，以及百万潭栈道、百里碧道等健身步道[①]。

其他街道或镇也紧抓“百千万工程”契机，正在高质高效地推进美丽圩镇建设，为高质量发展注入新的动力。

（2）强力推进三大攻坚行动，重塑乡风乡貌。坚持党建引领、政府主导、社会支持、群众参与，博罗县大力开展“植树增绿、农房风貌管控提升、人居环境整治”三大攻坚行动。2023年以来，在村头路边植树30多万株，建成口袋公园106个，优化林分林相4.28万亩、森林抚育3.28万亩，改造提升绿美通道66公里，绿美博罗生态建设初见成效。在“一圩四线”（圩镇区域和高速、高铁、国道、省道沿线可视范围）等关键节点优先开展集中攻坚，完成农房风貌提升10257栋。聚焦农村“污水、厕所、垃圾”三大革命，建成农村生活污水处理设施690座，全县农村生活污水治理率达89%，农村无害化卫生厕所普及率覆盖率达100%，农村生活垃圾无害化处理率达100%。此外，博罗县还以开展学习贯彻习近平新时代中国特色社会主义思想主题教育为动力，全力打造了福田镇徐田村、柏塘镇小洞村、泰美镇楼下村等一批美丽宜居、共建共享、农文旅结合型示范村。示范带建设更是取得显著成效，环罗浮山乡村振兴示范带被评为“广东省十大乡村振兴示范带”，获得1亿元省级奖励资金。缚娄山水、五谷丰登等示范带加快推进，示范带动作用进一步凸显。

---

①《【百千万工程】美环境，惠民生，横河镇高质高效推进美丽圩镇建设》，https://www.boluo.gov.cn/zwgk/zwdt/xzdt/content/post_5182264.html，2024年1月23日。

（三）县城承载力提升行动

博罗县正通过一系列交通基础设施的建设和升级，显著提升其县域的交通支撑能力，进一步促进与周边城市的互联互通。同时，博罗县在医疗、教育、养老服务等多个民生领域制定了一系列提升措施，增强了县城的综合承载力和民生福祉。此外，博罗县还通过党建引领和基层治理效能提升行动，推动城乡区域协调发展的新格局，为实现乡村振兴和高质量发展奠定了坚实基础。

1.以县城为节点，夯实县域交通支撑

2023年9月，广汕高铁博罗站、罗浮山站全面开通，加上2021年通车的赣深高铁，博罗县实现了“一县双高铁三站”，交通外联能力不断提升。广汕高铁博罗站位于博罗县城主城区西南侧，广汕高铁正式通车拉近了博罗县与广州市、汕尾市等地的距离，直接改变了博罗县群众的出行方式，而与周边湾区城市互联互通水平的提高也给博罗县域承接湾区产业转移、深化与湾区合作带来了新机遇。与此同时，博罗县也在持续提高县城内部道路连通循环能力，重点推进沿江高速、博中东江大桥、阅江大道、滨江西路、振兴大道、县城迎宾大道等内通外联的交通项目建设，北门路、沿江路、沿广汕路一带交通道路美化亮化工程正同步进行中。在县域农村，博罗县持续推进“四好农村路”建设。2023年，博罗县通建制村公路单车道改双车道的任务里程数约43公里，现已完成全部施工图设计审批。其中，涉及市民生实事任务约32公里已全部开工，有20公里已顺利完工，完工率为63%。省十大民生实事任务约25公里，目前已完工15公里，完成率为62%①。

2.多领域发力提升县城综合承载力

（1）优质服务增强县城民生福祉。在医疗领域，博罗县人民医院

①《博罗：推进“四好农村路”建设 畅通乡村振兴“共富路”》，http://gdbl.wenming.cn/wmbb/202311/t20231106_3449936.html，2023年11月6日。

新院、博罗县中医医院新院等全面启用，其中博罗县人民医院新院占地107884平方米，总建筑面积155142.11平方米，设置床位1000张、停车位1700个、停机坪1个。博罗县人民医院新院不仅在硬件设施上进行了升级，更是在医疗服务方面进行了全面提升，更好地将人文关怀融入医疗当中。同时，博罗县还计划引进一批医疗卫生专科人才，2023年计划新增200名医护人员，全面健全完善科室建设，补强补优重点科室人才队伍；大力推进省级健康促进县创建，力争2023年底居民健康素养水平达到29%以上。在教育领域，博罗县教育配套更为完善。2023年，博罗县通过新建、改（扩）建义务教育学校共计6所，包括城西学校、县第三中学、县第七小学等建成投用，博罗县第二小学、龙溪第二中心小学等升级改造完成。共计新增公办义务教育学位6160个，进一步满足青少年受教育的基本需求，如博罗县第三小学投用后填补了县城西片区公办义务教育学校的空白，更好地满足了该片区适龄儿童就近入学的需求。此外，博罗县进一步抓实养老服务质量提升。2023年以来，博罗县着力推进社区居家养老服务中心和长者饭堂项目建设，目前已建成县城西区、观园、华泓、曙光、榕溪、观华6个社区长者服务站；观园区、西区、观华区等3个社区已开设运营长者饭堂共4家，有效解决了部分居家养老长者吃饭难的问题。博罗县长者安养中心（一期）配套楼建设工程已完工，将增加84个护理型床位，努力实现从“老有所养”到“老有颐养”的公共服务品质跃升①。

（2）县城产业辐射和带动能力增强。县城是县域的经济中心，县域城乡协调发展离不开县城产业的辐射带动。2023年以来，博罗县城辖区内新引进项目31宗，其中新落地（已摘地）项目12宗。同时，加快大金空调、正和东泰、七彩虹AI科技园等制造业项目建设，推动县城产业升级赋能，到2023年底，一城两街工业总产值达450亿元，同比增长20%以上。

①《“百千万工程”博罗：千年古邑迸发新活力》，https://baijiahao.baidu.com/s?id=1785995807266324397&wfr=spider&for=pc，2023年12月22日。

（四）党建引领基层治理效能提升行动

党建引领，党群同创城乡区域协调发展新格局。党建引领基层治理效能提升是博罗县积极贯彻落实“百千万工程”的一项重要举措。早在2018年，博罗县就被确定为全国城市基层党建示范县，致力于以强组织、精治理、优服务等举措构建具有博罗特色的基层党建格局。2022年6月，博罗县发布《博罗县镇（街）党群服务中心和便民服务中心“两中心”一体化建设实施方案》，以体制机制创新构建便捷高效的政务服务体系，增进民生福祉。截至2023年7月，博罗县已经建成“县、街道、社区、小区”四级党群服务中心（站）体系，推进17个镇街党群服务和便民服务“两中心”全面完成一体化建设，推动300余项党群、政务服务事项深入街道社区。街道领导班子成员下沉一线，组织各工作专班及村（社区）基层党组织充分发挥战斗堡垒作用，加快推动城乡区域协调发展。2023年12月，博罗县举办抓党建促乡村振兴擂台赛决赛，集中展示过去一年间抓党建促乡村振兴的系列成果，深化抓党建促乡村振兴示范县创建工作，形成了推动博罗县城乡区域协调发展走在前列的重要举措①。

三、成效与展望

在省委决策部署以及市委、县委工作安排指导下，博罗县各地锚定高质量发展首要任务，在不同重点领域形成了推进“百千万工程”的工作亮点，全县全面推进“百千万工程”取得了阶段性成效，入选省“百千万工程”首批创先类典型县、国家级县域商业建设行动县以及县域投资竞争力百强，入选2023年度赛迪中国工业百强县、中国创新百强县，获评2023

①《【百千万工程】落实头号工程大比武！博罗县抓党建促乡村振兴擂台赛圆满收官》，https://www.boluo.gov.cn/zwgk/zwdt/zwyw/content/post_5151092.html，2023年12月12日。

年度广东省实施“百千万工程”创先类县（市）优秀等级①。2024年1月3日，博罗县推进“百县千镇万村高质量发展工程”促进城乡区域协调发展现场会召开，总结2023年全县“百千万工程”工作推进情况，部署2024年“百千万工程”工作，高质量打造典型县，努力推动博罗城乡区域协调发展走在全省前列。

（一）产业园载体建设见实效

乘“百千万工程”东风，创先类典型县博罗实施招商引资“一把手”工程，积极开展驻点招商、以商引商、以链引商。项目的引进离不开平台的支撑，产业园区已经成了博罗县招商引资的重要载体。成立于2020年的博罗智能装备产业园，最初定位就是千亿级产业园区。截至2023年12月，园区分为“一园两区”，其中石湾片区17.7平方公里，园洲片区12.2平方公里。实施“百千万工程”以来，园区紧紧围绕主导产业发展方向，以专精特新招商引资为高质量发展蓄势赋能。博罗智能装备产业园以服务企业成长、推动经济发展为己任，为专精特新企业集聚产业资源、优化营商环境，助推更多的中小企业转型升级为国家高新技术企业、专精特新企业。2023年12月7日，博罗智能装备产业园管委会、博罗县科工信局、石湾镇政府、光正产业投资集团联合举办了以“聚力博罗·融湾共赢”为主题的惠州博罗专精特新企业招商推介会，诚邀各专精特新企业落户园区、投资兴业②。2023年，智能装备产业园、产业转移工业园共完成基础设施投资11.62亿元，起步区17条、园洲片区8条市政道路基本通车，集中配套项目封顶；新引进项目46宗，总投资176.5亿元，其中高新技术企业投资项目39

①《博罗县在全省“百千万工程”年度考核中获评优秀》，https://baijiahao.baidu.com/s?id=1798749338620058783&wfr=spider&for=pc，2024年5月11日。

②《博罗智能装备产业园招商引资“加速跑”，赋能经济高质量发展》，https://static.nfapp.southcn.com/content/202312/12/c8395096.html，2023年12月12日。

宗，占比达84.8%[①]。

借助区位优势，博罗县还以园区为平台主动承接深圳高端制造产业转移，开展产业共建协作。博罗智能装备产业园积极参与深圳（福田）组织召开的相关合作交流、项目推介活动，并深入探索博深两地共建产业园区合作模式。2023年6月，深圳（福田）派驻交流干部到园区挂职，加强园区招商引资干部队伍力量，推动深圳（福田）企业同博罗产业园区建设更加紧密的合作伙伴关系。2023年11月28日，博罗县人民政府与福田区人民政府在福田区高质量发展招商大会上签订《福田—博罗共建现代产业园合作框架协议》，旨在与福田区携手构建“福田总部＋博罗生产基地”“本地＋异地”模式的制造产业空间链，实现优势互补和双方共赢发展[②]。2024年2月18日，在惠州市高质量发展大会上，博罗县委书记周耿斌进一步表示，在园区承载方面，博罗县将集中力量打造博罗智能装备产业园区，同时高标准建设福田—博罗现代产业园[③]。

（二）现代化产业体系加快形成

自“百千万工程”实施以来，博罗县充分发挥大项目带动效应，一批优质制造业、重大项目、外资项目等加快建设投产，全国排名前十的小刀、台铃、新日、绿佳等电动车项目全面投产，年产值15亿元的德国益利素勒电磁线、年产值20亿元的江丰半导体建成投产，总投资6.3亿美元的南亚增资扩产项目和总投资17.5亿元的日资项目大金空调顺利动工。作为经

①《博罗县在全省“百千万工程”年度考核中获评优秀》，https://baijiahao.baidu.com/s?id=1798749338620058783&wfr=spider&for=pc，2024年5月11日。

②《发力“百千万工程”，博罗与深圳福田签订共建产业园合作协议》，https://www.boluo.gov.cn/gkmlpt/content/5/5144/mpost_5144635.html#4838，2023年12月4日。

③《惠州博罗县委书记周耿斌：加快奋进“千亿县”，力争GDP增长超7.5%》，http://www.gd.xinhuanet.com/20240218/6a1ce4297ca64d99b8ac74738c7eb53d/c.html，2024年2月18日。

济发展的主要市场主体，博罗县规模以上工业企业已达1133家，全县高新技术企业数量已达649家，其中2023年新认定268家高新技术企业，与2020年相比翻了一番多[①]。以“百千万工程”为契机，博罗县聚力打造电子信息、新材料、电动车、生命健康和新能源、新型储能等“4＋1”产业集群，县域现代化产业体系正在加快形成。

在电子信息产业方面，欣旺达布局了欣旺达惠州新能源产业基地和正豪储能产业园两个基地，它们是博罗挺起工业脊梁的生动注脚，也是锂电行业龙头企业欣旺达以“动力＋储能”打造第二增长线的重点布局。2020—2022年，欣旺达惠州新能源产业基地总产值连续3年超百亿元。同样，位于博罗县湖镇镇的华通电脑（惠州）有限公司立足电子信息不断做强做优，2022年顺利成为博罗县第二家年产值破百亿元的企业。在新材料产业方面，位于博罗县石湾镇22年的老牌企业——南亚电子材料（惠州）有限公司，扩建覆铜板项目及玻纤布项目，2023年迎来第5次增资扩产，老企业再展新气象，迸发新活力。此次增资扩产项目总投资6.3亿美元，主要涉足铜箔生产。2023年项目投产后，年产铜箔达23400吨，年产值达34亿元，年纳税额达1.3亿元。电动车产业获得新突破，全国电动车排名前6的台铃、小刀、新日、绿佳等项目陆续建成投产，电动车产业产值增长96.7%[②]。位于博罗县龙溪街道的广东绿佳车业有限公司于2022年10月试产，2023年正式投产。在龙华镇，广东小刀新能源科技有限公司100万台电动车项目扩建二期于2023年7月11日动工，2024年6月建成投用。届时，广东小刀基地年产能将增加100万台，达到150万台，年产值25亿元，为龙华镇打造华南地区最具影响力和竞争力的电动车产业专业镇这一目标注入新动力。生命健康产业稳步发展。2022年，在第八届中医科学大会上，博罗

①《博罗：锚定千亿县，勇当排头兵｜高质量 挑大梁》，https://static.nfapp.southcn.com/content/202402/18/c8607649.html，2024年2月18日。

②《博罗县在全省“百千万工程”年度考核中获评优秀》，https://baijiahao.baidu.com/s?id=1798749338620058783&wfr=spider&for=pc，2024年5月11日。

县现场签约项目5宗，总投资额约47.2亿元。新型储能作为一个新的产业也在不断发展壮大。同时，博罗县正在抢抓新型储能产业发展机遇，加快打造储能电池产业集聚区，2023年新型储能产业实现产值约94亿元[①]。

（三）全社会凝心聚力“百千万工程”

博罗县狠抓社会力量参与，强化与横向帮扶、“双百行动”“千企帮千镇、万企兴万村”等帮扶力量的交流合作，凝聚助力“百千万工程”强大力量。在这一过程中，博罗县强化文明实践工作，形成了助力“百千万工程”和县域经济高质量发展的强大“软支撑”。

创新理论宣讲方式。博罗县把党的创新理论宣传普及作为统一群众思想、凝聚发展合力的重要抓手。通过“文艺+宣讲+服务”的形式，以“小切口”呈现“大主题”，“小故事”折射“大时代”，“家常话”解读“大道理”，“让新思想走进群众 奔向美好生活”微宣讲进基层助力“百千万工程”文明实践系列活动正在博罗大地如火如荼地开展。宣讲员队伍由党员、群众、青少年、身边同事等组成，离大家的生活很近，宣讲起来更亲切。为让群众更易接受，博罗县采取“读、讲、演、唱、画、播、评、比、塑、问”“十个出来”等形式，多维度创新，扎实开展宣讲工作。2023年，博罗县新时代文明实践中心获评广东省首批“大思政课”实践教学基地。理论宣讲让群众转变思想，更加积极、主动地参与到各项工作中[②]。

延伸打造312个文明实践基地、点、驿站、户等特色阵地。截至2023年底，博罗全县已建成1个实践中心、17个实践所、389个实践站，并拓展形成基地、点、驿站、户七级网络阵地，实现文明实践阵地县域全覆盖。博

①《博罗：省“百千万工程”首批创先类典型县》，https://nyncj.huizhou.gov.cn/zwzc/xwzx/bsyw/content/post_5126345.html，2023年11月9日。

②《博罗以文明实践活力为“百千万工程”聚力》，http://hz.wenming.cn/wmsj/202401/t20240125_8409796.htm，2024年1月25日。

罗县深挖各地文化内容，打造了一批“一村一特色、一地一品牌”的新时代文明实践特色点。目前，博罗县将青云书室、畲族文化馆、车村御史文化园等具有岭南文化内涵的点位，客家婆乡土文化馆、航天农业示范场、徐田古村等乡村振兴点位纳入文明实践阵地建设，延伸打造文明实践基地、点、驿站、户等特色阵地312个。同时，打造文明实践示范中心（所、站）53个，推动阵地建设提质扩面、提档升级。2023年，博罗县新时代文明实践中心获评全省最美文明实践中心。

建设系列乡村文化品牌。近年来，以新时代文明实践阵地为依托，博罗县扎实推进村歌、“村晚”“村BA”、村史、非遗传承等一系列乡村文化品牌建设，同时，以加强未成年人思想道德教育为重点，开展“童声唱经典”“重走东纵路”等德育活动，以文化涵育文明乡风、良好家风、淳朴民风。目前，“一村一歌”项目入选全国典型案例。

四、评价与启示

博罗县在实施“百千万工程”的进程中，以创新的发展理念和务实的工作举措，有效推动了城乡协调发展，持续缩小城乡居民收入差距，并在乡村振兴、公共服务提档升级等方面取得了显著成效。博罗县通过集约高效的产业集聚、协调推进的三产融合以及差异化的节点优势发挥，为县域经济高质量发展提供了有力支撑，展现了博罗县在新时代背景下的发展新篇章。

（一）“百千万工程”视阈下博罗县高质量发展评价

“百千万工程”旨在解决城乡区域发展不平衡、不充分的问题，推动县镇村高质量发展。2023年以来，博罗县以头号工程力度推动“百千万工程”落地实施，新型城镇化建设取得新成效，县城承载力不断提升，乡村振兴成果斐然，城乡区域协调发展取得了新突破。

城乡收入差距进一步缩小。直观地从城乡收入差距来看，2022年博罗县城乡居民收入比为1.50，远低于同期的惠州城乡收入比（1.75）以及广东全省的城乡收入比（2.41），呈现出自2018年以来持续下降的态势（见图5-7）。

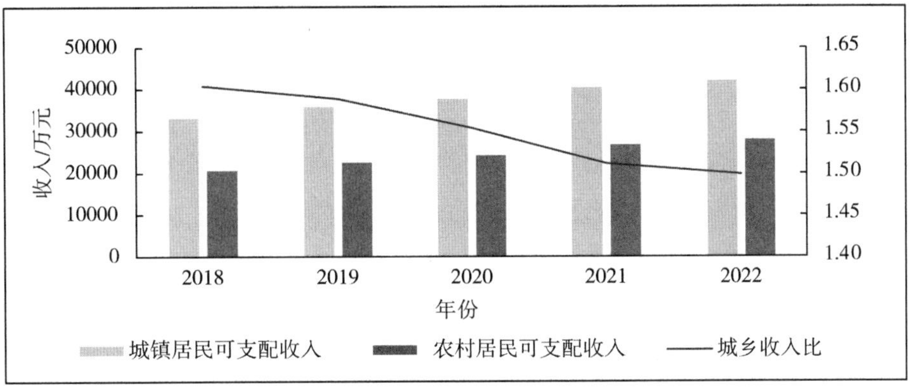

图5-7 2018—2022年博罗县城乡居民收入水平和差距

注：城乡居民可支配收入对应左轴，城乡收入比对应右轴。

城乡要素流动顺畅，打造城乡融合发展“博罗样板”。就人、地、钱三大关键要素而言，乡村金融资本最为匮乏，乡村振兴战略和“百千万工程”为博罗县引导社会资本激活乡村文旅产业创造了契机。被列为“广东省古村落”的徐田村，现保存有“五经魁”“四德堂”及徐兆麟故居“都尉第”四合院等代表性的传统古建筑。2021年10月，博罗县人民政府与泰康保险集团签订乡村振兴战略合作框架协议，泰康旗下罗浮山经营公司参与到环罗浮山乡村振兴示范带的福田镇徐田村、坳岭村的合作建设中，致力于打造“生态体验＋乡村民宿”的建设与运营典范，塑造乡村振兴样板。通过这项合作，徐田村得以引入社会资本，并开始了对这一古村的保护性开发。自“百千万工程”实施以来，徐田村更是锚定产业兴旺的目标，推动罗浮山下民宿等乡村振兴产业项目建设，加大优质项目招商力度，探索农旅、文旅融合发展之路。在新产业的带动下，徐田村集体经济经营性收入已突破50万元，正朝着“100万+”的目标奋进[①]。

乡镇公共服务提档升级，缩小城乡发展差距。包括基础设施在内的城乡基本公共服务均等化，既是城乡融合发展的重要内容，也是城乡协调发展的客观表现。在当前二元结构下，城乡公共服务均等化的关键在于乡镇公共服务的提档升级，以缩小与县城的既有差距。2020年11月，博罗县杨村镇被定为广东省城乡融合发展省级试点中心镇。2021—2023年，该镇谋划了25个补短板强弱项项目，总投资额约46.52亿元，涵盖公共服务设施、环境卫生设施、市政公用设施、产业培育设施四大方面。截至2023年底，已完工项目14宗，完成投资额约24.04亿元，占总投资的51.68%；启动或开工建设项目6宗，累计完成投资额约1.36亿元；规划项目5宗，计划投资额约3.15亿元。试点工作取得了阶段性成效，城乡融合发展先行区得到加速发展[②]。在交通基础设施方面，该镇已经构建起内联外通现代立体交通体系，风门桥、显村桥等11座桥梁，以及产业转移工业园交通工程、金杨路、220国道等15条道路相继建成和升级改造，为杨村镇建设“城乡融合发展先行区”创造了更大的承载空间。在民生工程方面，以推进公共服务设施提标扩面为抓手，杨村镇正在打造该镇唯一一个镇级文化广场，以丰富群众文化生活，扎实增加民生幸福感。

（二）“百千万工程”视阈下博罗县高质量发展的启示

2023年以来，博罗县以“百千万工程”为总抓手，明确高质量发展的目标，致力打造千亿级经济强县。在推动地方经济发展时，始终坚持高质量发展理念，明确目标定位，以创新驱动、产业升级为核心，推动经济持续健康发展，为“百千万工程”视阈下推进县域高质量发展带来诸多

①廖钰娴、乌天宇、卢慧、蓝单：《绘就城乡区域协调发展新图景》，《南方日报》2023年11月7日第HC02版。

②《推进省级城乡融合发展试点建设，博罗杨村这样干！》，https://www.sohu.com/a/755531216_121124604，2024年1月31日。

启示。

博罗县在推进县域经济发展的过程中始终坚持“集约高效”原则，突出产业集聚。即以产业园为主战场，充分发挥园区的集聚作用，推动人口、产业、资源要素向园区集中，推广节地型、紧凑式开发模式。一方面，打造千亿级智能装备产业园等制造业园区，夯实博罗县制造业根基，这一过程中博罗县注重区域横向协作，与深圳福田以产业园为依托展开优势互补、合作共赢；另一方面，借助“2 + 2 + 5 + 7”平台建设、现代农业产业园等载体，推进乡村三产融合和城乡产业融合，以产业为纽带推进城乡融合发展。

博罗县在推进县域经济发展的过程中始终坚持“协调推进”原则，突出三产融合。在以“百千万工程”推进县域高质量发展的过程中，博罗县坚持制造业当家，主导产业比较优势进一步得到强化，夯实“工业大县”地位。鉴于县域经济发展最艰巨、最繁重的任务仍在农村，博罗县以“百千万工程”为抓手全面推进乡村振兴。如吸引城镇资本下乡，发展乡村文旅；引入特色新兴产业，提高农村经济效益；重塑乡风乡貌，改善农村生活品质，强化对人才的吸引力；等等。2023年博罗县第一产业对经济总量的贡献进一步提升，三次产业协调发展的步伐不断向前迈进。

博罗县在推进县域经济发展的过程中始终坚持“差异化”原则，突出发挥节点优势。博罗县位于粤东北地区，地处粤港澳大湾区与粤东、粤北地区的交会点，是连接珠三角与粤东北地区的重要节点。这一地理位置优势使得博罗县在承接珠三角产业转移、推动区域协调发展方面具有得天独厚的条件。同时，其拥有完善的交通网络，包括高速公路、铁路、水路等多种交通方式，为地区间的经济合作和人员往来提供了便利。博罗县正是积极利用其作为粤东北关键节点这一突出优势，积极承接深莞重大项目和重大产业。博罗县积极构建县域“一带一圈一区”，初步形成高端电子信息、新材料、新能源、电动车、现代家居和食品预制菜等特色产业群，聚集形成了大中小微企业5500多家，其中，规模以上工业企业达984家。差异化发展战略有助于提升县域经济核心竞争力、推动产业升级、拓展发展空间、促进区域协调发展和提升城市品牌形象，实现更加繁荣、可持续的发展。

第六章

陆海联动开辟海洋牧场建设新空间

广东坐拥41.9万平方公里广袤海域、4084.48公里大陆海岸线、1963座海岛，拥有着丰富的海洋资源，依海而生向来是广东经济发展的典型特点。截至2023年，广东海洋产业生产总值连续29年居全国首位。2023年1月广东省政府工作报告指出，今后五年要“做大做强海洋经济，加快建设海洋强省”。2023年4月，习近平总书记在广东视察时强调，要加强陆海统筹、山海互济，强化港产城整体布局，加强海洋生态保护，全面建设海洋强省。2023年以来，围绕省委“1310”具体部署，以饶平县和阳西县为代表的广东沿海县（市）着力优化海洋发展格局，以陆海联动谱写出海洋牧场建设的新篇章，为沿海地区的县域经济崛起提供了“海上样板”。

第一节　饶平县奋力谱写强县富民高质量发展的“山海经”

2023年以来，饶平县认真贯彻落实省委“1310”具体部署，坚持以头号工程力度推进“百千万工程”，牢固树立强县富民理念，突出念好“山海经”、做强“土特产”，奋力打造“县域强、产业兴、环境美、秩序好、人气旺”的现代化新饶平。饶平县成功入选广东省“百千万工程”首批22个省级典型县（市、区）名单；饶平县柘林镇入选首批110个省级典型镇名单；21个镇各有1个村（社区）入选首批1062个省级典型村（社区）名单，“百千万工程”实现良好开局。

一、山海互济，形成具有饶平特色的“百千万工程”推进思路

饶平县紧扣高质量发展主题，聚焦“强县”“旺镇”“兴村”“富民”“绿美”五大篇章，着力构建“一城一廊一海湾”[①]饶平发展新格局，致力于将饶平县打造成为沿海经济带上特色精品湾区、粤东绿色能源综合利用高地、粤东粮油糖食品集散基地、全省对外农业产业示范基地、闽粤旅游康养胜地、省际现代物流港以及国家原中央苏区对外开放重要门户，成为潮州市乃至粤东地区经济重要增长极。

（一）联通港厦，大力发展临港经济和文旅产业

随着饶平县经济由高速发展迈入高质量发展全新阶段，城乡发展的结构性问题日益凸显，传统的粗放型发展模式已无法适应新时代的要求。对此，饶平县立足自身发展基础、要素禀赋与特色优势，推动高质量发展迈上新台阶。

饶平县发展临港经济的优势得天独厚。饶平县地处广东省沿海经济带的最东端，位于汕头、厦门两个经济特区之间，不仅是连接海峡西岸经济区和粤港澳大湾区的重要节点，也处在高雄、香港和厦门三大港口构成的“海上金三角”中心，更凭借拥有天然深水良港成为“海上丝绸之路”关键节点。

饶平县充分利用沿海经济带建设广阔前景，合理开发利用湾区资源，着力发展海洋经济，不断完善清洁能源、港口物流、海洋装备制造、食品

① “一城一廊一海湾”：“一城”是指现代化凤江新城，“一廊”是指黄冈河生态廊道，“一海湾”是指活力潮州海湾。

工业、新型储能、海上风电等上下游企业配套，打造千亿元级的临海产业经济，使饶平县成为潮州市高质量发展的强劲引擎。

饶平县发展传统工业的基础坚实稳固。饶平县拥有食品加工及水族机电、智能茶具等产业。在食品工业方面，现有食品生产企业200多家，其中规模以上企业40多家，占全县规模以上企业总量约1/3，年产值约79亿元，荣获“中国盐焗鸡之乡”称号，“无穷”盐焗鸡成为国内鸡类休闲食品第一品牌，无穷食品制造（广东）有限公司、无穷食品有限公司（简称“无穷公司”）、饶平县宇祥水产养殖有限公司、广东铭康香精香料有限公司4家企业获潮州市“四梁八柱”民营企业认定。在水族机电及智能茶具制造方面，拥有“中国水族器材产业重要基地”“广东省水族机电产业集群升级示范区”等多张国家级和省级名片，年产值超25亿元，“海利”“新功”智能茶具、“博宇水族”等品牌享誉全国，成为行业先锋。

饶平县文旅融合发展深入推进。在大力发展产业、壮大经济的同时，饶平县独特的山海文化和旅游资源也同步发展。饶平县山海相依，有山、有海、有湖，北部山区、中部丘陵、南部海洋资源独特，母亲河黄冈河贯穿县域南北。北部拥有茂芝会议旧址等红色文化资源和全国重点文物保护单位、中国最大的八角围楼道韵楼等客家围楼资源；中部拥有粤东库容量最大的汤溪水库、青岚国家地质公园等风景名胜；南部拥有533平方公里的海域面积、136公里的优良岸线及“三百门”知名渔港。这里的红色文化、潮州文化、客家文化、畲族文化、浮滨文化和海洋文化相互兼容，是“广东省全域旅游示范区”。

（二）抢抓机遇，充分利用政策优势率先发展

饶平县抓住原中央苏区发展上升为国家发展战略的重大机遇，紧扣省委、省政府推动老区苏区振兴发展的战略部署和地方政府专项债券政策的窗口期，充分利用好“原中央苏区县”政策优势，积极争取国家、省、市层面的利好政策扶持，切实以振兴发展实绩实效造福苏区饶平人民。

自2020年以来，饶平县充分利用入选“国家县城新型城镇化建设示范县”这一金字招牌，深入贯彻落实国家发改委关于县城新型城镇化建设的各项政策，以强化城镇综合功能、提升人居环境质量为目标，加快推进总投资32.66亿元的县城新型城镇化补短板强弱项项目等工程建设，打造饶平现代化凤江新城。目前已建成4家县级新医院、县中山实验学校等61个教育项目，引韩济饶供水工程、饶平大桥、县运动场、唐商广场商业综合体等一批基础设施新建项目建成投用。

此外，饶平县全面依托“中国岭头单丛茶之乡”“国家海域管理示范区”“中国最大海水网箱养殖基地之一”“全国首批农业对外开放合作试验区”“广东省水产品生产先进县”等多元政策优势，发展单丛茶种植、海水养殖、畜禽养殖等特色农业，建成茶叶、狮头鹅、水产等7个省（市）级现代农业产业园，成功培育花鲈鱼苗3000多万尾，有力助推特色农业高质量发展。

同时，饶平县深化与省级纵向帮扶单位及深圳市盐田区的对口帮扶协作，推动潮州港小红山产业园、澄饶联围、青山埭片区及汫洲镇区等园区纳入深潮共建产业合作园区，潮州港经济开发区成为省承接产业转移的主要平台，出台《〈潮州市饶平县纵向组团帮扶工作方案〉重点任务实施清单》，积极探索具有地方特色的纵向帮扶新模式。扎实开展“双百”行动，紧密对接韩山师范学院和广东工程职业技术学院等高校资源，主动梳理并推进结对共建项目，切实发挥出帮扶资源“1 + 1>2”的叠加效应。目前，两校驻县服务队已顺利进驻饶平县，帮扶共建工作正如火如荼展开。

（三）科学谋划，形成流程性工作落地机制

饶平县坚持系统谋划统筹，搭建组织架构，建立领导体制机制，创新工作方法，摸索并形成“挂图式作战—项目式推进—清单式落实”流程性工作落地机制。

饶平县始终坚持高站位谋划，结合“一城一廊一海湾”饶平发展新格

局，聚焦“临港新城”发展定位和“强县富民”理念，形成推进“百千万工程”的“434”工作思路。“434”是指把握“县为主体和镇村为主战场、重点任务和面上统筹、攻坚突破和久久为功、经济发展和生态保护”四个关系，注重“县、镇、村”三个层面，强化“政策、用地、资金、人才”四个保障。在此基础上，饶平县制定了《饶平县建设现代化海洋牧场实施方案》《饶平县蛋鸡规模化养殖高质量发展实施方案》《饶平县推进林业经济高质量发展三年攻坚行动实施方案（2023—2025年）》等一系列工作方案，以具体工作方案绘制高质量发展的“作战图”，让“百千万工程”更具抓手、更有保障。

此外，饶平县成立由县委主要领导任总指挥，县政府主要领导任第一副总指挥，县委副书记任常务副总指挥的县“百千万工程”指挥部及其办公室，高规格搭建“1＋1＋10＋4”指挥架构。“1＋1＋10＋4”指挥架构主要是指1个指挥部、1个指挥办、10个工作专班、4个工作组。抽调3名科级干部全脱产担任指挥办专职副主任，并抽调14名全脱产工作人员，新增县委改革办行政编制数2个，配备约300平方米的集中办公场所，落实各级各部门迅速搭建相应的组织架构，全方位保障指挥办实体化运作。同时，成立由县委主要领导任组长的海洋牧场海水种业、网箱养殖、陆基中高密度海水温棚养殖，以及蛋鸡养殖、林业经济等“五项富民特色产业”发展领导小组，推动富民产业高质量发展。

好的政策实现落地，需要建设通畅、高效率的落实机制。饶平县创新性地建立“五办一体”工作机制，即县委办、县委改革办、县委农办、县乡村振兴办、县“百千万工程”指挥办实行高度融合、整体谋划、一体推动工作机制。同时，建立县委常委会会议常态化听取镇村“百千万工程”工作汇报机制，每次会议听取2个镇、2个村汇报。建立“1＋3”信息互通共享机制，每天梳理形成县“百千万工程”工作情况汇总表、县各工作专班任务办理情况汇总表、落实上级指挥办任务办理情况汇总表、县指挥部领导交办任务办理情况汇总表4张表，并及时编发信息简报进行宣传沟通，推动各项工作高效有序运转。

饶平县自2023年11月实行县委常委会会议常态化听取镇村“百千万工程”工作汇报机制以来，已在县委常委会会议全覆盖听取了21个镇21个典型村“百千万工程”推进思路，并为其把脉问诊、优化思路。深入实施县领导“1＋1＋N”挂点镇村督导责任制，落实县四套领导班子成员包镇到村，以上率下抓建设促发展。强化督导考核，建立“12345”督导机制，即“1通报、2提醒、3约谈、4列入季度‘黑榜’、5纳入年度绩效考核”，并开展专项督导指导工作。

二、念好“山海经”，谱写饶平现代化建设“交响曲”

饶平县充分发挥原中央苏区县、省际县、海洋县优势，念好具有饶平特色的“山海经”，集中力量推进县域高质量发展。

（一）坚持向山而兴，立足特色做强“土特产”

饶平县是农业大县，也是粤东3市陆域面积最大的县（区），全县山地面积占72%，森林覆盖率达63.81%，高于全市4.33个百分点，比省要求的2025年省森林覆盖率目标高4.91个百分点。饶平县充分发挥丰富的山地、林业、生态等资源优势，努力走出一条绿色经济发展新路子。

一是巩固发展特色农业。单丛茶产业是饶平县具有区域经济特色的优势产业之一，广东省饶平县单丛茶文化系统被农业农村部认定为中国重要农业文化遗产，产业发展势头强劲。作为“中国岭头单丛茶之乡”、全国重点产茶县，饶平县拥有茶叶面积15.56万亩，年产量2.08万吨，有茶叶加工企业超1000家，茶叶专业合作社超350家，产值超52亿元。

在茶叶生产方面，饶平县高标准建设省级现代农业（茶叶）产业园，大力推广“山顶戴帽”“坡穿袈裟”生态茶园种植模式，建立健全制茶全过程质量安全管控机制，提升茶叶规范化标准化种植水平。在品牌化方面，在推广维护好“凤凰单丛茶”公共品牌的基础上，着力建设“岭头单丛茶”区域公共品牌，加大“走出去”步伐，擦亮“中国岭头单丛茶之乡”品牌美誉。同时，积极推进茶旅融合发展，探索茶产业多元化发展模式，加快推进计划总投资5.43亿元的凤凰山茶旅走廊浮滨坪溪文旅项目建设进度，整合串联绿岛山庄、双髻娘山、坪溪茶区和西岩山等旅游资源，组合形成“茶友会”“茶园观光游”“茶艺体验”等茶旅产品，打造独具饶平特色的茶旅品牌。在对外开放方面，饶平县依托资源优势，通过开展产学研合作、鼓励引导茶企进行技术研发创新、参加国内外农业博览会等举措，持续推动茶产业走上标准化、数字化、国际化、品牌化“四化”发展道路。

二是培育壮大现代农业。饶平县预制菜产业园于2022年获批建设，为广东首批11个预制菜省级现代农业产业园之一，全县预制菜产业产值约70亿元，形成了以汫洲镇、柘林镇等沿海镇为主的水产预制菜集聚区和以钱东镇为主的盐焗鸡系列休闲产品集聚区。就盐焗鸡产业而言，全县已有规模以上企业7家，年产值29.4亿元，盐焗鸡休闲零食销量占全国市场份额约80%。钱东镇是盐焗鸡产业大镇，拥有盐焗鸡食品企业13家。其中，龙头企业无穷食品有限公司在国内市场覆盖率超过60%，2023年产值达19.57亿元，被认定为农业产业化国家重点龙头企业。此外，无穷示范农场、乡香数字化养殖基地、立兴养殖基地等项目正在加快建设。规划建设的饶平县盐焗鸡休闲食品产业园着重提升改造盐焗鸡加工能力，推动传统生产模式走向自动化、现代化。同时，饶平县政府也积极支持企业参与行业标准、国家标准制定，全力支持以无穷公司为代表的企业增资扩产，建设规模化蛋鸡、鹌鹑蛋生产基地，弥补盐焗鸡蛋、鹌鹑蛋原材料不足短板，抢占盐焗鸡行业制高点。

在新圩镇无穷一期示范农场（见图6-1）里，近90万羽蛋鸡整齐有序地养殖在干净整洁的叠式鸡笼中，一枚枚鸡蛋通过自动传送设备滑落到蛋槽里，养殖场采用全自动化养殖系统设备进行饲养生产，由自动传送设备将鸡蛋进行分拣，再由工人进行装箱。为弥补盐焗鸡生产原材料不足，在政府的大力支持和推动下，无穷公司建成了规模化蛋鸡养殖场，2023年盐焗鸡“二产”产值增长了20%。饶平县盐焗鸡产业实现了“二产”带动“一产”快速发展，“一产”加快促进“二产”提升，共同有效带动当地经济发展。

图6-1　饶平县新圩镇无穷一期示范农场

三是做大做强农村电商。为做好“土特产”文章，饶平县大力推动农村电商发展，近年来出台了《饶平县加快农村电子商务高质量发展三年行动计划》等一系列政策，走出以电商为引、三产融合发展的新路子，有力推动农业与电商产业融合发展、持续壮大，并由此获评“中国电商示范百佳县”“全国农产品数字化百强县”“电子商务进农村综合示范县”“广东省‘互联网+’农产品出村进城工程省级试点县”等一批荣誉称号。以荔枝、龙眼等优势农产品为例，饶平县以产业振兴为着力点，建设有12个荔枝、龙眼示范园，邀请奥运冠军推介联饶桂味荔枝，推出共享美“荔”认养荔枝树活动，努力打造“联饶桂味”农特产品区域品牌，2023年联饶桂味荔枝田头收购价较去年同期上涨30%以上。

（二）坚持向海图强，全力打造海上新饶平

饶平县海洋资源丰富，拥有国家对外开放一类口岸潮州港，坚持把发展临港产业、打造海洋牧场作为构筑现代化产业体系的重中之重，全力打造海上新饶平。

一是围绕海水种业，构建“育繁推”一体化种业体系。饶平县是广东省最适合发展海水育苗的地区之一，拥有水产育苗场300余家，海水育苗年产值为5亿元。然而，从整个行业看，饶平县从事海水育苗的大部分是小型养殖户，繁育技术相对落后，育苗良种基本从福建等地引进，本地大多还是从事苗种土池培育和标粗工作，企业也缺乏资金进行大规模升级改造。对此，饶平县以建设粤东种业创新与繁育中心为引领，深化与中国水产科学研究院南海水产研究所、厦门大学水产研究所、汕头大学、广东海大集团股份有限公司等科研机构、高等院校、企业合作，加快建设总投资8000万元的广东省花鲈良种场（见图6-2），采用“陆海接力”标准化养殖模式，让花鲈亲鱼先在新型塑胶网箱进行海水适应性培育，再转移到岸上培育车间进行催熟产卵。目前，已建成32口亲鱼培育车间，成功出苗3000多万尾。项目建成达产后年培育鱼苗约3亿尾、产值约3亿元。“潮州饶平花鲈鱼种苗培育填补省内空白”被写入2024年省政府工作报告。

图6-2 广东省花鲈良种场

同时，饶平县还注重整合盘活传统虾苗、鲍鱼苗、蚝苗等培育基础设施，规划建设总面积1600亩的现代化海洋牧场种业产业园海山分园，园区建成后年产值达3.2亿元。此外，饶平县坚持升级一批和招引一批并举，在动员园区原有育苗企业（户）转型发展高值种苗培育的基础上，大力引进优质育苗企业进驻落户，为海水养殖业的高质量发展奠定了坚实的基础。截至2023年，园区入园企业达54家，尝试培育石斑鱼苗取得成功，效益较传统培育虾苗高出5～6倍。

二是加快网箱养殖转型升级，提质增效耕出海上“高产田”。网箱养殖产业是饶平县水产养殖业的重要支柱产业之一，全县拥有5.9万格传统木质网箱，但随着海洋养殖事业的加速发展，传统网箱养殖模式的弊端逐步显现。传统养殖网箱基本为依靠泡沫浮力的木质网箱，虽然投入成本低，也有着不错的产量，但容易发生小瓜虫病等病害，且一遇台风就有散架的风险。2023年以来，饶平县全面推进近浅海传统渔排“木改塑”网箱升级改造，全县已发展新型环保材料塑胶网箱120格。为扩大更新改造规模，饶平县采取“政府＋国资平台＋企业”发展模式，计划建设总投资5亿元的“海上粮仓”——饶平县海洋牧场现代设施农业基础设施建设项目，力争2024年底累计投放新型环保塑胶网箱4000格。

此外，饶平县根据“近浅海做减量、中深海做增量”的发展思路，规划释放饶平县海湾中深海养殖潜能，动员福建省诏安县、东山县等地饶籍深海网箱养殖企业返乡投资，并通过金融贷款贴息等方式扶持重力式深水网箱养殖产业。2023年以来，已有4家养殖企业建成并投产加强型重力式深水网箱182口，投放鱼苗126.5万尾，预计年产值可达5.6亿元，饶平县成为2023年全省加强型重力式深水网箱投产数量最多的县，填补了30多年来重力式深水网箱养殖的空白。

三是创新养殖模式，推进陆基养殖增产增效。饶平县历来大力发展陆基养殖业，目前陆域以池塘养殖为主，淡水池塘在全县各镇均有分布，海水池塘则集中分布在柘林湾周边的黄冈镇、钱东镇、汫洲镇、海山镇等镇，主要养殖品种有斑节对虾、日本对虾、南美白对虾、锯缘青蟹、黄鳍鲷、蛤仔等。目前，全县池塘养殖面积近9万亩，其中海水池塘养殖主要分布在东风埭、叠石埭、红山埭、蛤蟆围、赤岭围和澄饶联围部分；淡水（包含咸淡水、淡水）养殖池塘主要分布在东风埭（大埕镇辖区内）、青山埭、联饶镇、高堂镇及澄饶联围部分区域。

近年来，饶平县聚焦现有陆基咸淡水养殖每年一造、效益偏差等弊端（大部分为露天鱼虾混养），试点开展陆基中高密度海水温棚养殖，通过选取示范试点，利用专项资金推广“温棚养虾”新模式，助力养殖户提高养殖效率。相比传统的池塘养殖，高密度养殖新模式是运用园区思维来规划陆基养殖区域，规范尾水排放、循环用水、污水处理等流程。这种模式不仅可以节省空间，而且温度、风险可控，收成从原来的一年一造提升至一年三造。2023年，饶平县养殖示范点对虾养殖实现“开门红”，相比传统池塘养殖模式增产4～6倍，不仅产量明显提高，而且打破了传统水产养殖的季节限制，可以实现反季节和均衡上市，售价也相应有所提升。

四是壮大临港工业，培育发展新动能。近年来，饶平县立足作为潮州市唯一临海县、拥有国家对外开放一类口岸潮州港等区位优势，规划建设潮州港文胜围产业园、新能源产业园、小红山产业园、澄饶联围产业园等临港产业园区，初步形成临港清洁能源、粮油及水产品加工和现代港口物流等主导产业。目前，益海嘉里（金龙鱼）潮州粮油生产销售基地项目、欧华能源石化基地、广东大唐国际潮州发电厂、华能风电场、国电风电厂、华丰中天液化天然气储配站等大项目先后建成投产，华瀛液化天然气接收站项目完成一期项目建设；潮州市新材料产业园已完成初步选址；总投资81.25亿元的大唐潮州电厂“风光火储”一体化项目开工建设，总投资27亿元的大唐（华瀛）潮州热电冷联产和总投资450亿元的粤东海上风电场场址六等项目正加快推进中；大潮高速公路饶平至南澳延长线、大潮铁路、大潮高速公路至金狮湾港区延长线、漳汕高铁饶平南站等基础设施建设扎实推进。此外，潮州港经济开发区获评“广东省粮油及水产品加工特色产业园”“广东省加工贸易产业转移园”“广东沿海经济带建设先锋”。港口大开发、临港经济大发展的格局初步形成，为饶平县的未来发展描绘出更加广阔的蓝图。

（三）坚持深挖潜力，增强乡村产业富民底气

饶平县地域广阔，下辖356个村及40个社区。对此，饶平县深挖乡村潜力，推动县镇村一起念好“山海经”，谱写出新时代县镇村联动高质量发展、城乡区域协调发展的饶平交响曲。

1.因地制宜发展特色产业

以“百千万工程”为引擎，饶平县充分发挥饶平县依山傍海的特色资源优势，深入开展“村财增收行动”，探索推进“组财村监镇管”工作，至2023年底，各村集体经济收入达10万元以上。

此外，饶平县利用涉农资金、驻镇帮镇扶村资金等建设特色农产品种植基地，将农村小产品转变为农业大产业。例如，饶洋镇祠北村拟建设机耕山路通往茶叶种植基地，打造500亩标准化茶园，带动茶叶产业高质量发展；建饶镇黄村村、饶中村依托本村茶叶优势，建设标准化茶厂，购置配套制茶设备，提升规模效应，助力茶农增收；三饶镇溪西村抓住香米特色产业优势，打造出“香米酒”特色品牌农产品，并规划建设米粉厂，研发香米粉、香米粿等一系列新产品，进一步延长“三饶香稻”产业链，助力村级集体经济提升。

2.全面激活现有资源优势

一是利用现有村集体建设用地，建设厂房、市场、商铺等物业，搭建经营平台，吸引企业、商户入驻经营收取租金。例如，新圩镇长彬村建设生活市场，为村民创造就近经商就业的条件，村集体经济创收24万元；上饶镇上善村新建厂房，引进茶叶公司，打造茶叶加工销售中转站，带动村民种植茶叶。

二是采取自营、入股、出租、联合发展等方式，盘活村（社区）现有

林地、撂荒耕地和闲置用地等资源，推动闲置资源变资产，促进农村集体经济发展和增加农民收入。例如，三饶镇楼园村利用闲置耕地建设现代化蔬菜种植基地，引进高质蔬菜品种，年创收近10万元；溪东村整合耕地约100亩建设大棚蔬菜种植基地，带动本村种植户学技术、增收入。

三是积极探索新发展模式，充分发挥村（社区）地理位置、产业、资源潜力，打造特色试点项目实现增收。例如，黄冈镇汛洲村充分利用地理环境优势，与旅游公司合作运营，为汛洲岛游客提供交通服务；浮山镇引进广东伍峰农林科技有限公司和优禾农业科技服务有限公司进行机械化种植及技术服务“托管”，培植“Y两优1378”等高产优质水稻品种，每亩产量超552千克，有效带动农民增收、农业增效。

3.全力打造特色农业品牌

依山傍海的饶平县，不仅海洋资源丰富，还有岭头单丛茶、浮滨狮头鹅、钱东盐焗鸡、联饶桂味等山地特色农产品。近年来，饶平县加大新型农业经营主体培育力度，持续加强品种、品质、品牌建设，逐步发展形成独具优势的特色农业产业，进一步打响“饶字号”品牌。在农产品品质和品牌提升战略的实施中，饶平县形成岭头单丛茶、海水养殖、深水网箱、铁皮石斛等特色产业基地，全县共有11个产品获得“粤字号”农业品牌认定，22个产品获得“三品”认证；饶平狮头鹅、岭头单丛茶、高堂菜脯等3项获得地理标志农产品认证；饶平沃柑、饶平青梅等2项入选全国名特优新农产品名录；岭头单丛茶、饶平狮头鹅等2项获得广东省特色农产品优势区认定。

三、成效与愿景：锚定“百千万”，当好“排头兵”

2023年，饶平县坚持以“头号力度”推进“百千万工程”，经济实现快速发展，地区生产总值361.49亿元，增长4.9%，增速自2019年以来连续5年在全市各县区排名首位；规模以上工业增加值63.82亿元，增长1.3%；社会消费品零售总额111.81亿元，增长5.1%；一般公共预算收入9.87亿元，增长10.71%；三次产业结构调整优化为25.2∶34.2∶40.6，多项指标排名全市前列，“六大重点攻坚”考核排名全市第一。

饶平县将聚焦“富强绿美新县城”“美丽兴旺新圩镇”“宜居宜业新农村”建设，以“挂图式作战—项目式推进—清单式落实”流程性工作落地机制，全力以赴推动“百千万工程”从“施工图”变成“实景图”。

（一）全力打造“富强绿美新县城”

饶平县继续坚持产业发展与生态绿美两手齐抓，全力打造“富强绿美新县城”。

1.差异化发展，打造特色产业园区

饶平县坚持“产业兴则县域兴，产业强则县域强”鲜明导向，差异化、特色化打造“八大产业园区”，积极引导企业投资集中、引导产业集聚发展，坚决杜绝“村村点火、镇镇冒烟”的低效工业发展模式。其中，以潮州港文胜围产业园为载体，发挥益海嘉里（金龙鱼）潮州粮油生产销售基地等龙头项目带动效应，打造粤东粮油糖食品集散基地；以潮州港新能源产业园为载体，依托潮州华瀛液化天然气接收站等大项目龙头带动，加快推进粤东海上风电场场址六项目建设，打造粤东绿色能源综合利用高地；以潮州港小红山产业园为载体，依托潮州港三百门集装箱码头等“码头群”，以及海水养殖业等基础，打造集港口物流、食品工业、水产预制菜、冷链仓储、跨境电商、临港装备制造于一体的特色产业园；以潮州港澄饶联围产业园为载体，发挥连接汕头市省级六合产业园及潮州港三百门集装箱码头的区域优势，规划承接珠三角产业转移园区平台；以饶平县樟溪低碳工业区为载体，大力发展糖果玩具等传统制造业产业；以饶平县联饶工业园为载体，大力发展永磁机电及现代农业产业；以饶平县高铁产业园为载体，大力发展水族机电、宠物用品产业；以饶平县盐焗鸡休闲食品产业园为载体，依托园区内无穷公司、广东好味来食品有限公司等企业，大力发展盐焗鸡休闲食品加工产业。目前，“八大产业园区”已入驻制造业企业超60家，预计全部建成投用后总产值超600亿元。

2.大力推进重大项目落地投产

饶平县注重抓好强县重大项目建设，百亿元级益海嘉里项目三大板块全面投产、华瀛LNG（一期）项目工程完成建设，预计2024年两个项目可贡献工业总产值超60亿元；总投资81.25亿元的大唐潮州电厂“风光火储”一体化项目动工建设，建成投产后可贡献工业产值40亿元以上；总投资450亿元的粤东海上风电场场址六项目开发主体已通过省发改委竞争配置确定。2023年，全县工业投资增长73.1%，工业技改投资增长230%，增速均排名全市各县区首位。

3.招商引资，增添高质量发展动力

饶平县深入实施招商引资“一把手”工程，健全完善“1＋5＋21＋N”全县联动招商引资工作体系，重点围绕粮油及食品加工、临港新能源、海工装备制造、文旅康教、现代农业等五大优先招商产业，全力开展招商引资工作。2023年以来，全县完成签约投资项目60个（纳入市统项目56个），总投资135.55亿元，其中工业项目40个，总投资106.82亿元；5亿～10亿元项目2个，10亿元以上项目2个，招商引资工作考核总分位居全市各县区首位。同时，以打好承接项目落地基础为目标，持续深化“放管服”改革，打好优化审批流程“组合拳”，继续用好由县政府办公室负责的项目报建“代办专班”制度，加快“多证合一”“证照分离”改革，全力激发市场主体活力。自专班成立以来，累计为19家入园企业代办事项近100件；企业开办全流程仅需1个工作日，政务服务事项100%实现“最多跑一次”。

4.扩容提质，强化县域承载能力

一是坚持规划引领、分期实施，全力打造凤江新城。近期优先发展凤江新城北片区，重点发展文教康旅产业；中远期依靠漳汕高铁饶平南站的辐射带动，把南片区建设为港铁联通、产城联动的滨海高铁新城。二是强化以县城为重要载体的新型城镇化建设，加快推进总投资32.66亿元的国家县城新型城镇化补短板强弱项项目建设，突出抓好时速350公里的漳汕高铁饶平南站建设，不断提升县城综合承载能力。三是奋力推进教育强县、卫生强县建设。近两年累计完成“麻雀学校”撤并整合66所，推动县中山实验学校、暨南大学附属潮州实验学校、县瑞峰实验学校、县技工学校新校区、县教师发展中心等教育重点工程建成投用，获评“广东省基础教育高质量发展实验区”称号。县人民医院迁建项目成功建成投用，县第二人民医院落成运营，并积极争取到广东省第二人民医院与县第二人民医院建立紧密型医疗联合体，填补北部山区没有综合性医院的历史空白；县中医医院成为潮州市唯一一家二甲中医医院，不断提升基层中医药服务能力。四是强化饮水保障，推动引韩济饶供水工程、汛洲岛跨海供水工程、饶北水资源调配工程建成投用，推动教育、医疗、饮水等资源更加均衡、更有保障。

5.绿色发展，构建生态建设新格局

一是深入实施绿美饶平生态建设“六大行动”，2023年完成省市下达的8.35万亩森林质量精准提升任务，高质量打造柘林镇风吹岭等各级森林示范点，建饶镇成为粤东三市唯一入选“2023年广东省森林城镇”的乡镇，汤溪镇获评“广东省森林小镇”，东山镇东明村、浮滨镇大榕铺村等11个村获评广东省首批“国家森林乡村”。

二是扎实推进县镇村绿化工作，突出抓好行道树种植，大力发动商会、协会、企业、热心人士参与绿化建设，因地制宜打造一批示范绿美道路、示范绿色廊道、示范校园、示范医院、示范海岛、示范渔港、示范公园、示范加油站，加快建设从汤溪水库鸭仔山至青竹径村约9公里绿化示范廊道项目。自2024年县镇村绿化工作开展以来，全县已种植绿化苗木约10万株。

三是深入实施河（湖）长制，黄冈河流域生态廊道建设取得实质性成效，全市河长制考核连续两年成绩排名全市首位。深入推进黄冈河和近岸海域综合治理，黄冈河凤江桥国考断面水质自2014年以来保持稳定达标。

2023年近岸海域国考断面优良水质面积比例达74.3%，改善幅度居全省首位，中华白海豚频频现身饶平海湾。

6.文旅赋能，绘就“红、绿、蓝”画卷

一是以茂芝会议旧址等红色文化资源、青岚国家地质公园等绿色生态资源、中华海龙等蓝色滨海资源为依托，谋划打造一批精品旅游线路。二是加快苏区文化旅游经典区、汤溪湖生态度假山庄、潮州汛洲岛力诚博物馆景区等重大文旅项目建设步伐，打造北部、中部、南部旅游目的地。三是保护好开发好饶洋蓝屋畲族村、上饶永善村、所城大城所等传统村落、古村落，深化旅游文化内涵。深入挖掘红色文化、客家文化、畲族文化、浮滨文化和海洋文化，结合陶瓷、智能茶具、食品加工等传统产业融合推出一批文艺精品，推动文化资源创造性转化、产业化发展。2023年，饶平县圆满举办文化旅游美食节、元宵音乐烟花晚会、“凤江杯”龙舟赛、“百千万工程”文旅嘉年华，以及首次在潮汕地区举办的中华灯谜文化节和全市首场由中国田径协会认证的马拉松赛事等特色文旅活动，成功入围全国全民运动健身模范县创建名单，实现“引客入饶”“引客旺饶”。2023年，饶平县累计接待海内外游客462.3万人次，实现旅游收入8.3亿元，同比分别增长49%、72.9%。

（二）全力培塑“美丽兴旺新圩镇”

坚持“一镇一策”差异化协同发展1个城区镇（黄冈镇）、3个中心镇（钱东镇、三饶镇、新丰镇）、9个专业镇（汫洲镇、柘林镇、浮滨镇、东山镇、新圩镇、高堂镇、联饶镇、新塘镇、大埕镇）、8个特色镇（所城镇、汤溪镇、樟溪镇、上饶镇、饶洋镇、建饶镇、浮山镇、海山镇），全县21个镇差异化发展。

1.全力打造美丽圩镇

坚持“以拆开路、拆建结合、建管并重”工作思路，积极推动美丽圩镇“七个一”（一个美丽乡镇入口通道、一条美丽示范主街、一处房屋外立面提升样板、一个美丽圩镇客厅、一个干净整洁农贸市场、一条美丽河道、一个绿美生态小公园）向“七个N”建设拓展，推动三饶镇创建省级中心镇示范样板，钱东镇、汤溪镇和浮山镇创建美丽圩镇省级示范样板，力争实现“示范圩镇”标准全覆盖。目前，饶平县下辖21个镇均获评“广东省卫生乡镇”称号。饶平县组织发动10家建筑业企业与全县21个镇建立结对帮扶关系，目前已实施项目26个，其中已完工18个；争取到中铁建集团助力饶平县10个镇，切实提升圩镇建设水平。

2.提升圩镇服务能力

加快镇级卫生院升级改造及公办幼儿园建设，因地制宜推广长者饭堂，增强乡镇联城带村的节点功能。目前，饶平县共有19个综合养老服务中心，覆盖率达90.48%。新丰镇九村长者饭堂、海山镇浮任长者饭堂、黄冈镇楚巷长者饭堂已成为不少老年村民和特殊人群用餐的理想去处。

3.厚植圩镇发展底蕴

深挖圩镇历史文化资源，因地制宜打造“历史＋文化＋资源”等独具特色的美丽圩镇示范点，让美丽圩镇内涵更丰富。上饶镇正加快苏区文化旅游经典区项目建设，预计2024年8月底竣工交付、年底投入使用，项目建成后将进一步打响“茂芝会议”红色品牌，赋能红色文化赓续传承，全面盘活上饶镇、饶洋镇、建饶镇、新丰镇、三饶镇等5个镇的红色旅游资源，进一步推动饶平县文化旅游产业高质量发展。汤溪镇依托粤东最大库容量的汤溪水库，着力打造汤溪湖休闲度假区，使其成为饶平旅游新目的地。

（三）全力建设“宜居宜业新农村”

坚持产业优先发展，推动农业高质高效、乡村宜居宜业、农民富裕富足。

1.稳步实施乡村建设行动

饶平县正加快推进汤溪绿美水旅示范带等示范带建设步伐，突出抓好农村厕所、生活垃圾和生活污水“三大革命”，全县所有行政村（含涉农社区）全部达干净整洁村标准，其中274个村达美丽宜居村标准、59个村达特色精品村标准，数量均占全市总数近一半。县域所有公路（道路）均安装上路灯，全面照亮群众“回家路”。加快推进典型村打造，组织实施省级典型村“比学赶超”打擂竞赛活动，分两批次进行“打擂”，每批次按照“地域邻近、产业类同”原则分别列出5个片区，重点围绕“组织振兴”“产业振兴”“文化振兴”“生态振兴”“人才振兴”等内容进行综合评比，力争新一年更多村（社区）被认定为省级典型村。

2.构建现代乡村产业体系

一是大力发展海洋牧场海水种业、网箱养殖、陆基中高密度海水温棚养殖、规模化蛋鸡养殖及林业经济等“五项富民特色产业”，并在此基础上，谋划把果蔬种植、鹅鸡养殖等中北片区优势产业纳入富民重点产业体系一体推进，持续发展“一镇一业”“一村一品”，做好茶叶、狮头鹅、水产、青梅等“土特产”文章，培育壮大农村电商、乡村旅游等新产业新业态，推动农民增收、农业发展。二是深入推进向生态资源要资金的发展模式，探索引进第三方投资村庄分散式风电、村庄屋顶光伏发电，把资源变资产、资产变资金。三是健全生态产品价值实现机制，谋划打造碳汇产业示范试点，鼓励支持集体林地经营权有序流转，发展单丛茶、油茶等农林特色产业，做好林下畜禽生态养殖和森林文旅康养产业文章，促进农林业融合发展。

3.持续加强乡村综合治理

创新实施党建标兵创建、党建引领“互联网+”村级代办、村（社区）党群服务中心星级评定等“三大党建强基工程”，积极推广“党群共建积分超市”模式，健全基层党组织领导的基层群众自治机制，以高质量党建引领乡村治理效能全面提升。目前，已有20个镇130个村（社区）实行“党群共建积分超市”模式，有力激发群众共治热情。联饶镇下饶村入选全国乡村治理示范村名单，浮滨镇石槽村入选全国春季“村晚”示范展示点名单，浮滨镇古山村等30个村入选2023年广东省乡村治理示范村镇名单。推行社区“大党委”点亮“微心愿”工程，征集群众“微心愿”365个，已完成325个，完成率约89%，有力解决困难群众急难愁盼问题。

四、评价与启示

在广东省大力实施“百千万工程”大背景下，饶平县立足自身资源禀赋和发展优势，积极抢抓历史机遇，以“百千万工程”为总抓手，以发展新质生产力为牵引，坚持强县富民理念，念好“山海经”，做强“土特产”，形成了独具特色的县域高质量发展模式（见图6-3），即以强县项目支撑县域经济发展，以创新驱动引领传统工业转型升级，以富民产业带动群众增收致富，以绿美生态构筑高质量发展底色，对粤东粤西粤北欠发达县域推动“百千万工程”、促进高质量发展有一定的借鉴启示意义。

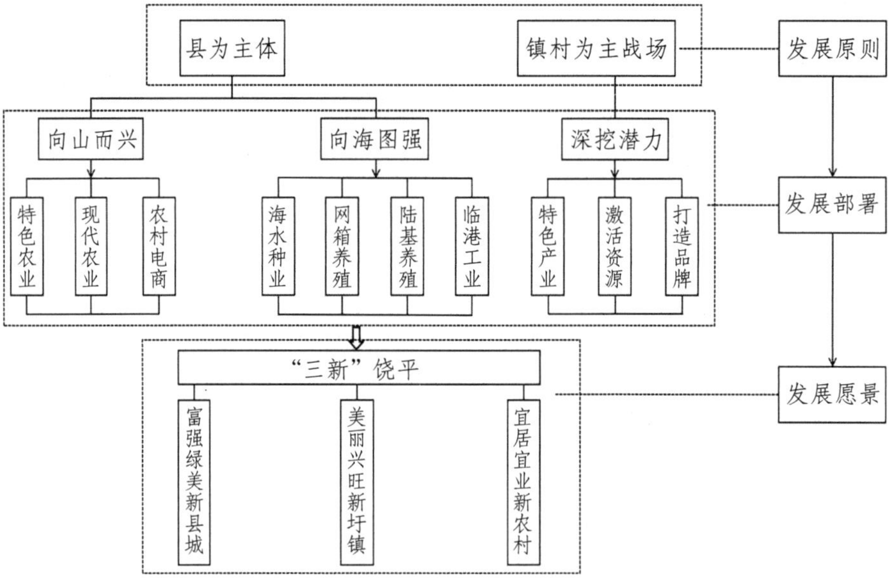

图6-3　饶平县“念好‘山海经’、做强‘土特产’、打造典型县”战略部署

（一）大力发展强县项目是撬动县域经济发展的“金钥匙”

饶平县地处广东省沿海经济带最东端，拥有得天独厚的海洋资源、陆域优势和发展临港产业基础。在“百千万工程”的推动下，作为“临港新城”的饶平，注重发挥2024年全面投产的益海嘉里和华瀛LNG等两个百亿元级的强县项目龙头效应，吸引上下游企业入驻饶平县“八大产业园区”集聚发展，初步形成“六大产业集群”，为县域经济发展注入强劲动力，实现新兴产业竞相发展、未来产业孕育孵化的“向海图强”发展局面。

（二）传统工业转型升级是加快形成新质生产力的“关键招”

饶平县拥有陶瓷、水族机电、智能茶具、食品加工、特色农业等传统支柱产业，在加快发展新质生产力“赛道”上，拥有推动传统工业转型升级的雄厚基础。在“百千万工程”的推动下，饶平县树立“靠创新进、靠创新强、靠创新胜”导向，大力支持水族机电、智能茶具、食品加工等本土优势传统产业创新发展，改造现有生产力、催生新质生产力，实现传统工业老树新花。

（三）壮大发展富民产业是推动人民群众增收致富的“助推器”

推动人民群众增收致富是实施“百千万工程”促进城乡区域协调发展的重要目标，也是饶平县践行“强县富民”理念的重要举措。在“百千万工程”的推动下，饶平县结合全县特有的山海资源优势及特色农业产业，大力发展“五项富民特色产业”，并在此基础上，积极谋划把果蔬种植、鹅鸡养殖等中北片区优势产业纳入富民重点产业体系一体推进，培育壮大农村电商、现代民宿、乡村旅游等新产业新业态，带动农民群众致富增收，促进共同富裕。

（四）加强绿美生态建设是推动实现高质量发展的"保障网"

坚持生态优先、绿色发展是经济社会高质量发展的根本保障。在"百千万工程"和"绿美广东生态建设"的推动下，饶平县积极深入推进绿美饶平生态建设"六大行动"，高质量建设柘林镇风吹岭等省市县各级森林示范点，扎实推进县镇村绿化工作，深化"林路结合""林水结合""林校结合"，谋划推进"绿美+经济""绿美+文化""绿美+运动""绿美+村庄"，着力打造一批示范绿美道路、示范绿色廊道、示范校园、示范医院、示范海岛、示范渔港、示范公园、示范加油站，同步抓好近岸海域和黄冈河流域综合治理，不断提升生态环境质量，让绿美更加贴近百姓家门，促进县域经济实现协调发展、高质量发展。

第二节　阳西县聚力擘画现代化海洋经济新蓝图

阳西县位于广东省西南沿海、阳江市西面，下辖8个镇，其中6个镇临海，设阳西高新区，有157个村（社区），常住人口43.7万人。海域面积5668平方公里，海岸线长174公里，有可建30万吨级泊位的丰头港、2个国家一级渔港、1个国家级海洋公园以及1个国家级海洋牧场示范区，海水鱼苗养殖规模全省第一，是中国调味品之都、中国剪刀中心、中国蚝乡、全国城乡交通运输一体化示范县、国家数字乡村发展试点县等。

阳西县海陆相成的天然优势和相对良好的经济基础，为阳西县建构"百千万工程"发展思路奠定了基础。阳西县以"百千万工程"为总牵引，立足阳西的资源禀赋和发展实际，以高质量发展为核心，以产业振兴和转型升级为引领，以海为媒，陆海联动，重点推动"绿色经济""蓝色经济"，大力发展新质生产力，以城乡融合发展为路径，全面激发县镇村发展潜力，推动阳西县经济社会全面发展进步。

一、牧海耕田，形成推进“百千万工程”的阳西思路

阳西县在推进“百千万工程”的过程中，形成了具有地方特色的阳西思路。这一思路基于阳西县的自身发展水平和资源特色，注重资源的开发和利用，做大做强特色产业，打造世界级产业集群。在做大做强特色产业的同时，该县还注重产业的转型升级，推动风电能源产业，搞活临港经济。此外，在信息化和数字经济迅猛发展的浪潮下，阳西县紧跟国家与省市“数字政府”建设步伐，把握数据要素驱动发展的重大契机，为阳西县的经济发展注入了新的活力。

（一）全面认识自身发展水平和经济特色

过去数年，阳西县经济规模稳步增长，2020年地区生产总值突破200亿元门槛，2023年地区生产总值逼近300亿元大关，经济表现出色（见表6-1）。2023年，阳西县实现地区生产总值275.59亿元，其中第一产业增加值69.85亿元，第二产业增加值100.94亿元，第三产业增加值104.79亿元。2023年，阳西县规模以上工业增加值为89.01亿元，同比增长13.2%，其中电力、热力、燃气及水的生产和供应业同比增长14.5%，是全县规模以上工业快速增长的重要支撑。2023年全年固定资产投资同比增长82.4%，工业投资同比增长112.2%。

从图6-4中可以看出，以2021年为节点，阳西县产业结构呈现出由“三一二”格局向“三二一”格局演化的特征。具体来看，阳西县2018年以来第二产业发展较为突出。第二产业规模由2018年的39.20亿元扩张到2023年的破百亿元，产业规模增长了近1.6倍（见表6-2）；第二产业增加值的增速始终高于地区生产总值的增速，第二产业成为阳西县实现地区生产总值增长的主要引擎（见表6-1）。相应地，2018—2023年，第二产业占地区生产总值的比重持续上升，由22.97%逐年提高到36.63%（见表6-2），创造了历史新高。2023年阳西县固定资产投资、工业投资均大幅提升，新增规模以上工业企业11家，预计完成规模以上工业总产值226亿

元，增长14.04%。第三产业稳步增长，2022年突破百亿元大关。依托山、海、泉、林、湖兼优的生态资源禀赋优势，阳西县大力发展特色农产品、海产品等优势产业，2023年阳西县第一产业增加值占地区生产总值的比重（25.35%）高于广东全省57个县域的平均水平（21.30%），处于中上水平，但增速相对缓慢，2018—2023年第一产业增加值占地区生产总值的比重持续下降。显见，阳西县第二产业正在蓬勃发展，实体经济不断做大做强，对县域经济的强大支撑作用日益显现，有望超越第三产业成为阳西县的第一大产业支柱。

表6-1　阳西县经济规模和产业结构（2018—2023年）

	地区生产总值/亿元	第一产业占比/%	第二产业占比/%	第三产业占比/%
2018	170.66	33.81	22.97	43.22
2019	188.14	34.82	23.11	42.07
2020	203.52	32.81	25.18	42.01
2021	244.09	27.62	30.94	40.99
2022	256.02	26.84	33.27	39.88
2023	275.59	25.35	36.63	38.02

数据来源：阳西县统计局。

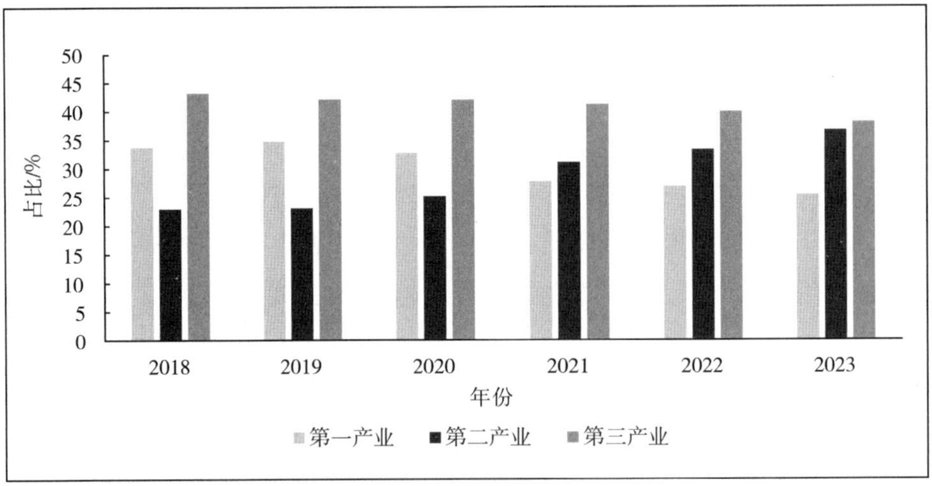

图6-4　阳西县三次产业结构占比（2018—2023年）

数据来源：阳西县统计局。

（二）形成阳西特色的“百千万工程”总体推进思路

阳西县在推进“百千万工程”的过程中，立足地方所需，科学谋划、做深做实项目，最终形成了“百千万工程”总体推进思路（见图6-5），即：以“百千万工程”为总牵引，立足阳西的资源禀赋和发展实际，以高质量发展为核心，以产业振兴和转型升级为引领，牧海耕田，陆海联动，重点推动“绿色经济”“蓝色经济”，大力发展新质生产力，以城乡融合发展为路径，全面激发县镇村发展潜力，推动阳西县经济社会全面发展进步。

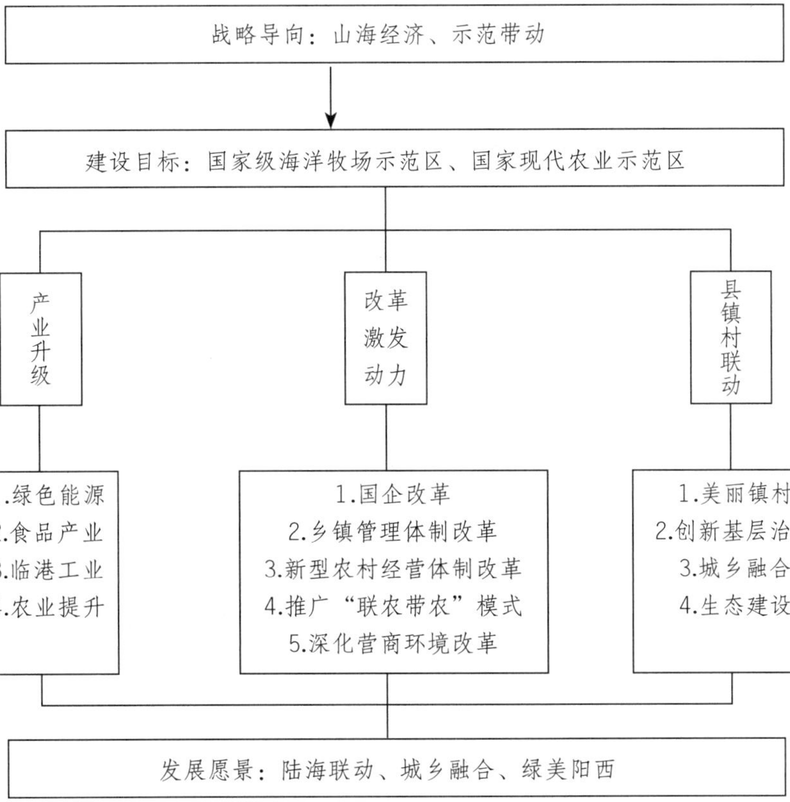

图6-5 阳西县“百千万工程”推进思路

（三）多举措确保“百千万工程”思路落地

阳西县采取了多项举措，保障了“百千万工程”推进思路的落地实施。一是强化组织保障。发挥一线指挥部作用，研究出台实施“百千万工程”具体方案，将阳西县十大重点任务细化为206项重点工作，成立41个工作专班牵头推进和5个督查组督导落实。坚持在“百千万工程”等一线识别选用干部，以建立“优秀干部库”“预警干部库”为抓手，推动干部能上能下、能进能出。二是强化人才保障。出台《关于加强人才工作推进“百县千镇万村高质量发展工程”的实施方案》，落实人才引进、子女入学、配偶就业、住房补贴等优惠政策，购置人才公寓42套，认定高层次人才121人；成立“百千万工程”决策咨询委员会，首批聘请各领域24名专家组成人才智库；招录105名乡村振兴高校毕业生志愿者、39名“三支一扶”人员，为乡村振兴注入青春力量。三是强化资金保障。统筹涉农资金、地方政府新增债券和超50%的土地出让收益倾斜用于镇村建设，财政管理绩效评价考核排全国前100名获财政部奖励。2023年9月，国家开发银行广东省分行深入阳西县开展金融助力“百千万工程”融资对接活动，表示将在做大做强国有企业和助力“百千万工程”重点任务建设上提供金融“活水”支持，从而推动阳西县地方经济社会发展[①]。四是强化土地保障。开展用地保障“百日攻坚”行动，重点解决批而未供和闲置土地处置及征地历史遗留问题；坚持“争、挣、腾、挪”并举，推进织篢镇全域土地综合整治全国试点工作，预留14500亩园区开发空间。2024年3月，为了推动全县“百千万工程”项目高效落地，强化用地要素保障，阳西县自然资源局召开全县农村宅基地用地政策宣讲培训会，重点宣讲农村宅基地用地政策、

①《国家开发银行广东省分行深入阳西县开展金融助力“百千万工程”融资对接活动》，http://www.yangxi.gov.cn/xw/yxxw/content/mpost_737003.html，2023年10月2日。

“房地一体”登记政策等，以进一步规范农村宅基地审批管理工作[①]。

二、以“蓝色经济”为重点推进“百千万工程”落地

2023年以来，阳西县认真贯彻党的二十大精神和习近平总书记视察广东重要讲话、重要指示精神，落实省委“1310”具体部署及市委“433”工作安排，立足自身海洋资源禀赋和能源、食品产业坚实基础，以科技创新为主导，大力发展新质生产力，聚焦特色产业，壮大县域经济，以头号工程力度抓好“百千万工程”。

（一）聚焦改革创新，激活发展动力

阳西县的发展动力主要基于改革创新，不仅包括国企和园区的改革，也包括制度层面，如乡镇管理、营商环境等的改革。作为海水养殖产业重点县，阳西县还积极拓宽富民渠道，推进新型农村经营体系改革，推广阳西县西荔王果蔬专业合作社“联农带农”模式。

一是推进国资国企改革。制定《阳西县县管企业领导人员管理规定（试行）》等文件，深化国有企业领导班子和干部队伍建设，完善企业管理制度，强化企业监管，激发企业内生活力，引导国有企业通过投资参股等形式，参与园区基础设施和城镇化建设，推动民营水厂国有化，参与“阳西县上洋西瓜节”“阳西荔枝推介会”“中国农民丰收节（阳西）”等活动，提高国有企业的经济效益和社会效益。

二是推进乡镇管理机制改革。推动县级职能向乡镇应放尽放，向乡镇累计下放权限达397项，破解乡镇“看得见管不着”问题。在出台促进镇域经济发展财政激励措施暂行办法的基础上，研究修订《阳西县关于完善镇级财政管理体制的实施方案》，建立镇级财政超收机制，在基建投资和转移支付、土地出让收入、非税收入等方面对各镇给予支持，实行分类奖

①《【百千万工程】阳西县召开农村宅基地用地政策宣讲培训会》，http://www.yangxi.gov.cn/yjyxgtzyj/gkmlpt/content/0/772/mpost_772084.html#5340，2024年3月11日。

励，按照当年超出年初预算计划部分的35%～45%给予奖励。同时，增强“造血”功能，激活乡镇的经济功能，创新开展7项镇域重要经济指标核算，充分调动镇域经济发展的积极性。

三是推进新型农村经营体系改革。大力发展新型农村集体经济，引入国企、民企、机构、组织等各种市场主体、社会力量投向镇村。织篢镇联合27个经济联合社成立股份制企业，以土地流转为抓手，大力引导和规范土地流转，通过优化土地资源配置，推进适度规模经营，唤醒村集体经济的“沉睡资产”，已实现土地流转约1200亩，种植了水稻、辣椒、五指毛桃、番薯等多种农作物[①]。沙扒镇成立2家强镇富村公司，引进海大集团等龙头企业和高水平专家团队，深化“公司＋基地＋合作社＋渔民”合作模式，带动村集体增收、村民致富。此外，实施扶持壮大村集体经济，落实“三个三”政策，对村集体土地统一流转后合法连片经营面积达300亩及以上的，由县按照300元/（亩·年）的标准，连续3年每年给予村集体奖补。2023年全县138个行政村村集体经济收入全部超10万元。

四是推广西荔王“联农带农”模式。以西荔王果蔬专业合作社为主体，建立“党组织＋合作社＋基地＋农户”多元合作机制，首创农户代管、合作社代管、龙头带动、品牌合作4种“联农带农”模式，发展荔枝、龙眼、圣女果等特色农业种植，带动周边1000多户农户致富，每户人均年增收5万元以上。合作社在基地生产所需劳动力方面，优先安排合作村农户务工，工资采取日结方式，每天发放工人工资超20万元。以上洋镇为例，该镇自然资源和文旅资源丰富，拥有西瓜、丝苗米、对虾等3个省级品牌和省石斑鱼良种场，是省健康养殖示范区。实施“百千万工程”以来，上洋镇围绕农业类专业镇、农工旅融合强镇定位，推广“农户＋基地＋企业＋产业”发展路径，促进农渔特色产业规模化发展。截至2023年底，全镇有农业专业合作社69间，有荔枝种植4.4万亩，年产值1.5亿元；西瓜种植2.1

① 《【百千万工程】织篢镇谷围村：土地流转促增收 乡村振兴添活力》，http://www.yangxi.gov.cn/xw/xzdt/content/post_752065.html，2023年12月12日。

万亩，年产值1.4亿元；圣女果种植1.2万亩，年产值1.4亿元。上洋镇农产品上市期间，全国各地的客商都会过来收购，农产品也进入北京新发地农产品批发市场①。

五是深化营商环境改革。紧抓“百千万工程”契机，阳西县持续优化营商环境，开展“营商环境年”行动，落实系列惠企暖企政策，以“干部服务效率高”换取“企业生产效益高、产业集聚效益高”，全力推动园区的重点项目建设提速增效。阳西县高新区一直推行“一站式”“保姆式”的管家服务，对项目报建实行“拿地即开工”、分阶段办理施工许可、简易低风险项目施工许可等高效审批制度，实施业务提前介入、并联审批、容缺受理、承诺制、企业“零跑腿”等新举措。并且，站在企业角度想问题、解决问题，极大地保证企业在办事和项目建设中不出现“堵点”“难点”和“痛点”，保证企业项目早动工早投产。同时，扎实推进承接产业转移主平台建设，大抓招商引资，围绕园区发展定位，以绿色食品、绿色能源及其上下游产业和临港产业为招商主线，聚焦重点，精准招商，推进产业链延链强链补链。此外，狠抓招商引资“一把手”工程，充分发挥领导带头作用。截至2023年底，阳西县工业园区累计引进项目139个，规模以上企业33家。当前的在建项目19个，总投资约41亿元②。

（二）聚焦产业转型升级，发展壮大绿色经济

以全国、全省领先的风电、火电布局为基础，以省委高度重视储能项目建设和省领导定点联系阳西为契机，立足阳西能源发展优势，抢抓阳江打造绿能之都机遇，大力破解用海用地等要素瓶颈，推动“风火储”多能

---

①《镇村书记谈“百千万工程”｜上洋镇：古风海韵 魅力上洋 奋力绘就农工旅融合发展新蓝图》，http://www.yangxi.gov.cn/hd/zxft/content/post_756375.html，2023年12月29日。

②《实干“百千万” 阳江在发力｜阳西：“一站式”“保姆式”服务项目建设》，https://baijiahao.baidu.com/s?id=1787093132727213103&wfr=spider&for=pc，2024年1月4日。

齐发的绿色能源产业集聚发展，延伸能源上下游产业，打造千亿千瓦级能源产业集群。

其一，借力新能源，构建绿色能源高地。阳西县是广东省能源大县和新能源基地，全国首个百万千瓦级的海上风电项目在阳西县并网发电，全县各类能源规划总装机容量1572万千瓦，全容量投产后预计年发电量约518亿度，年产值约255.6亿元，年税收约20.5亿元。风电方面，三峡、粤电、明阳、华电四大海上风电项目总装机容量达730万千瓦，其中430万千瓦已投产，预计2025年底全部投产，实现产值近200亿元，成为全国县级最大的海上风电产业基地。阳西县积极响应阳江国际风电城建设，全力保障已投运的430万千瓦海上风电项目稳定运行，并加速推进正在建设的300千瓦海上风电项目的安装与并网，积极争取更多省核准的海上风电资源落户阳西。在此过程中，同步引进风电装备制造业及相关配套产业，推动超百亿元的绿色储能项目快速启动，致力于构建全球最大的县域海上风电产业基地和火电产能基地，形成多能互补、绿色低碳的能源产业集群，为经济社会发展提供清洁、可靠的能源保障。

2023年以来，阳西县海上绿色能源产业持续发展壮大。能源产业总装机容量达1572万千瓦，已投产1000万千瓦，全国首个漂浮式海上风力发电机组在阳西县建成。同时，阳江港丰头片区规划年吞吐量超8000万吨的26个泊位，至2024年，已启动建设5个码头泊位工程。2023年全年，阳西县能源产业总产值超160亿元，增长21%，预计再有5年时间，能源产业总产值将达到500亿元，助力阳江打造“绿能之都”。

其二，乘数智东风，以数字化治理创新赋能地方经济增长。阳西县紧跟国家与省市“数字政府”建设步伐，把握数据要素驱动发展的重大契机。在《广东省“数字政府2.0”建设服务“百县千镇万村高质量发展工程”若干措施》及《阳江市“数字政府 2.0”建设服务“百县千镇万村高质量发展工程”若干措施》等政策文件引导下，阳西县大力推进“数字阳西”项目落地，成效显著。其中，“数字渔船”管理系统作为标志性成果，借助“岸基通信网络＋北斗定位”技术，实现了对涉渔船舶的精准定位与信息化管理。该系统不仅提供实时天气预警、政策公告等信息服务，更具备一键紧急求救功能，有效保障渔民生命财产安全。截至2024年1月底，全县已有3687条涉渔乡镇船舶纳入数字化管理，这一创新实践在2024年2月荣获全国优秀数字化监管典型案例，彰显了阳西县在数字化转型中的前瞻视野与卓越成效。

（三）山海互济，做大做强大食品产业

阳西县践行“大食物观”，抓住“粮头食尾”，做好“海”的文章，借助海洋牧场、绿色食品省级产业转移等平台，联动发展海水种业、海洋牧场、调味品、预制菜和食品深加工产业，构建从海洋、陆地到餐桌的大食品全产业链。

在近岸，牢牢抓住海水种业这个产业“芯片”，推动海水鱼苗产业链加速专业化、标准化和集约化，打造全省最优的海水鱼苗生产基地，商品鱼苗年产量超40亿尾、占全省的70%。以恒生水产合作社等省博士工作站为平台，着力构建“育繁推”一体化水产种业体系，采取“合作社＋基地＋科研单位＋农户”产业化方式，对接中山大学、暨南大学、广东海洋大学等高校团队共建重点试验室，带动周边养殖户发展海水鱼苗养殖，形成了“亲鱼—鱼卵—鱼苗—成品鱼”的循环生产链，目前正与海大集团合作建设全国最大的智能化工厂化海水鱼苗生产基地。

在深海，阳西县依托全国最大的海洋牧场示范区，积极参与阳江市深蓝现代化海洋牧场试点项目建设，完善海洋牧场建设规划，打造装备水平高、抗风浪强、综合效益好的现代化海洋牧场，预计每年直接经济效益超400亿元。目前，已发展深海网箱660口，年产量达10万吨，年产值达20亿元。打造“蓝色能源＋海上粮仓”样板，我国自主研发的风渔一体化智能装备“明渔一号”在阳西海域投产，通过风衣方案等创新技术突破，最高可抵御17级超强台风，在全球首次实现绿电一体化直供养殖的低碳渔业

模式。

在陆上，阳西县是中国调味品之都、中国香谷、全国调味品十大产业基地，获评首批广东省食品工业培育试点县和广东省调味品特色产业园。做强以调味品为主导产业的健康食品产业园，规划总面积2.3万亩，集聚了世界500强企业卡夫亨氏、丰益国际，全国十大调味品品牌企业中的厨邦、味事达、广味源、致美斋等国内外知名龙头企业，已投产调味品产能达277万吨。

通过举办国际调味品创新博览会，促成亚洲最大的玻璃瓶罐制造企业华兴玻璃落户，将带动伊例家、加美味等一批调味品龙头项目加快落地，到2028年将形成年产量超400万吨的全球最大调味品生产基地。推动金枪鱼酱等50多种高端水产品精深加工，联动发展海洋牧场、调味品、预制菜和食品加工产业，构建从海洋、陆地到餐桌的大食品产业集群。

（四）以港兴县，联动发展临港工业

深度融入湾区，激活临港经济引擎。阳西县主动对接融入粤港澳大湾区建设，加快推进凤凰岭矿区和丰头港F1～F5码头的开发进程，以港兴县，依托丰富的港口资源，大力吸引新型绿色建筑、船舶制造及其上下游产业落户，着力打造服务于大湾区市场的临港产业园以及广东省绿色建材阳江生产基地。此举旨在构建产业链完善、产品种类繁多的规模化产业集群，激活县域经济增长的新动能，通过大力发展临港工业，实现产业结构的优化升级。

依托可建30万吨级泊位的丰头深水港和能源、食品、建材等优势产业基础，阳西县完善丰头港规划，规划建设年吞吐量超8000万吨的26个泊位，2023年已动工建设2个泊位，2024年一季度3个泊位动工建设，引进绿能制造、风电运维、绿色建材等对港口依存度高且与阳西县产业基础关联度高的产业，谋划建设绿能示范产业园，并以阳江港大桥2024年下半年通车为契机，与对岸的阳江滨海新区形成联动发展，拉开“以港兴县”

新序幕。

临港产业集群总规划面积4万亩，首期开发面积约3200亩，主要发展海工装备、风电运维、港口物流等产业。岸线长达23公里，包括可建30万吨级泊位码头的丰头港，规划建设26个年吞吐量超8000万吨的泊位码头，F1～F5 码头正加快建设。同时，坚持矿地统筹、港产联动，规划建设21平方公里绿色矿区，首期1746亩已动工，二期2676亩已出让，绿色矿区开发后的土地作为园区建设用地，与港口、广东滨海旅游公路跨海大桥联动，这一举措不仅有助于提升阳西县的产业竞争力，还能实现港产城一体化发展，带动周边地区经济增长，实现区域经济共同繁荣。

（五）县镇村联动，以产业发展带动农业提升

在推进“百千万工程”的过程中，阳西县坚持县镇村联动发展，通过产业发展带动农业提升。首先，注重县镇村之间的联动发展。把特色产业规划到镇村中，各镇均有拳头产业，各村均有产业支撑。其次，通过推动产业融合发展，带动农业整体提升。例如，鼓励和支持农业企业与农民合作社、家庭农场等新型农业经营主体开展合作，共同打造全产业链，提高农产品的附加值和市场竞争力。同时，阳西县还推动农业与旅游、文化等产业的融合发展，打造了一批具有地方特色的农业旅游项目，吸引了大量游客前来观光旅游，进一步促进了农业的发展。此外，阳西县注重加强农业科技创新和人才培养，提升农业发展的科技含量和人才支撑。阳西县县镇村联动发展，以产业发展带动农业提升，实现了农业与二三产业的融合发展，推动了当地经济的持续健康发展，提升了农业的综合效益和竞争力，也为农民增加了收入，促进了乡村振兴。

三、成效与展望

2023年以来，阳西县认真贯彻落实省委、市委部署安排，统筹县的优势、镇的特点、村的资源，全面推进强县促镇带村和城乡融合发展成效显

著，“百千万工程”实现了良好开局：2023年3月获得第三届乡村振兴大擂台“全省六强”；2023年11月入选省首批“百千万工程”典型县（进位类），沙扒镇入选典型镇、渡头村等10个村入选典型村；2023年12月入选2023广东县域各县（市）经济发展活力十五强。

（一）阳西推进“百千万工程”的成效

阳西县以“百千万工程”为引领，通过构建“1＋3＋2＋2”城镇发展格局，实施美丽圩镇样板建设，全面推进宜居宜业的镇村建设，示范带动乡村振兴，不断增进民生福祉。同时，阳西县聚焦城乡融合，优化教育资源配置，补齐医疗卫生服务短板，升级改造县域交通设施，努力绘就城乡融合发展的新图景。此外，阳西县还大力推进生态建设，深入践行“绿水青山就是金山银山”理念，打造绿美阳西，为实现高质量发展奠定了坚实基础。

1.聚焦宜居宜业，建设美丽镇村

阳西县下辖8个镇呈“七星伴月”布局，均有拳头产品，因地制宜实现差异化发展。

（1）构建“1＋3＋2＋2”城镇发展格局。做大1个城区镇：织篢镇大力发展绿色食品和刀剪帽袋等传统优势产业，入选广东镇域经济百强镇。做强3个中心镇：沙扒镇大力发展海水种业、海洋牧场和滨海旅游业，入选省“百千万工程”典型镇，获评省级休闲农业与乡村旅游示范镇；溪头镇大力发展临港产业和海洋渔业；程村镇致力打造“中国蚝乡”品牌，入选首批国家特色农业产业强镇。做精2个专业镇：儒洞商贸类专业镇致力发展商贸业和红色旅游业；上洋农业类专业镇致力发展西瓜、荔枝等特色农业。做美2个特色镇：新墟山水风光类特色镇打响东水山茶、森林康养特色小镇等品牌；塘口绿色低碳类特色镇做优“红姑娘”番薯、胭脂米等富硒农产品。

（2）打造美丽圩镇样板。阳西县落实“1＋4＋7＋9＋N”要求，实施圩镇人居环境品质提升行动，已编制完成“一镇一方案”，典型镇沙扒镇“七个一”建设获省市一致肯定，其余镇已完成美丽圩镇规划，预计2024年9月底前完成“七个一”建设。同时，完善农房建设管理“一网通办”系统，落实“带图审批”，加强圩镇建设风貌建设和管控，农房建设纳入省试点，完成农房微改造7000多户。在这一过程中，阳西县积极推动帮扶企业参与到农房风貌管控提升和农村人居环境整治提升中来，引导建筑业企业投身农房试点县建设。通过“企业帮扶、乡贤捐助、村民自筹、政府奖补”方式，阳西县整合各方资源积极参与农房“微改造”①。此外，推动中交四航局、中建三局等120多家企业与各镇结对帮扶并参与城镇建设，助力城镇能级提升，其中中交四航局和4个镇对接，助力项目共计17项，中建三局助力3个镇实现美丽圩镇“七个一”建设，初步拟定项目10个。以阳西县唯一的“百千万工程”典型镇沙扒镇为例。沙扒镇位于阳西县西南部，三面临海，拥有得天独厚的海洋资源，近些年沙扒镇立足资源禀赋，赢得了诸多“头衔”，享有“中国马尔代夫”的美誉，是省旅游风情小镇、省宜居示范镇、省级休闲农业与乡村旅游示范镇、广东十大最美乡镇；拥有国家一级渔港、全国最大海洋牧场示范区、全省最大海水鱼苗种业生产孵化基地，建有全国首个超百万千瓦级海上风电场。2023年以来，沙扒镇以做大做强海洋渔业、海水种业、滨海旅游等“海洋＋”产业为主线，积极打造“绿色向海、和美沙扒”镇域示范模板，推动城乡区域协调发展朝着更高水平更高质量迈进，为阳西县实施“百千万工程”注入了澎湃“蓝色动能”②。

（3）示范带动乡村振兴。以创建国家现代农业示范区为契机，实施“智慧农业”项目90个。做好“土特产”文章，大力发展程村蚝、荔枝、

①《省报看阳西：农房穿“新衣”　乡村焕生机》，http://www.yangxi.gov.cn/xw/yxxw/content/post_750761.html，2023年12月5日。

②《【百千万　新跃升】阳西县沙扒镇入选省“百千万工程”首批典型镇》，https://m.yjrb.com.cn/marticles/yangxi/20231227/462113.html，2023年12月27日。

金枪鱼、富硒农产品等特色种养和农产品精深加工，与全国最大农贸批发市场北京新发地合作，把“阳西味道”推向全国市场[①]。以培养“大国农匠”补建华等农业专家为带动，培育国家农业龙头企业3家、省级农业龙头企业4家、“三品一标”20个。以蚝美食文化周、全国最大农贸批发市场北京新发地市场等为平台，大力推介荔枝、程村蚝、富硒农产品、金鲳鱼、金枪鱼等特色农产品，把“阳西味道”推向全国市场。目前，北京毛豆大王、番薯大王纷纷到阳西上门对接，推动阳西农业规模化、机械化生产，带动土地流转、联农带农富农。阳西县已建设4条乡村振兴示范带，覆盖全县8个镇，辐射62个行政村，总长230公里，充分利用示范带建设的契机推动乡村产业振兴、提升沿线乡村风貌、带动农民增收致富。其中，“牧海耕田”示范带代表阳西县参加全省乡村振兴大擂台进入六强，入选广东省十大乡村振兴示范带，获省奖励1亿元；“中国蚝乡”示范带2024年上半年建成；加快“生态富硒”“丹江文化”示范带建设。此外，阳西县完善了乡村布局、村庄建设、农房风貌“三个规划”，10个典型村已完成村庄规划，2024年上半年完成首批典型镇村建设，并启动第二批2个典型镇和37个典型村的培育和建设。结合本地实际，阳西县整体打造1条130公里的绿色农房示范带，以及2个示范镇和4条示范行政村，为全面提升全县农房风貌绘就蓝图。通过编制《阳西县农房风貌指引通用图集》，对新建农房风貌进行全面管控，为农户建房免费提供设计方案。为了进一步提升农房建设水平，阳西县着力加大乡村建设工匠培训力度，通过健全乡村建设工匠管理制度，把乡村建设工匠纳入农房建设审批条件。在组织开展乡村建设工匠培训方面，截至2023年11月底，阳西县乡村建设工匠培训活动有319人报名，通过培训切实提升了全县农房质量和安全水平[②]。

①《【百千万 新跃升】阳西县以“头号力度”推进“头号工程”，入选省“百千万工程”首批典型县》，https://news.yjrb.com.cn/articles/yangxi/20231227/462142.html，2023年12月27日。

②《省报看阳西：农房穿“新衣” 乡村焕生机》，http://www.yangxi.gov.cn/xw/yxxw/content/post_750761.html，2023年12月5日。

（4）创新基层治理新模式。创建党建引领乡村治理省级试点县，创新“1+8”模式，创建织篢镇党建引领基层社会治理促乡村振兴省级示范镇，建立全市首支专职网格员队伍。2023年9月获省首次颁授的“平安鼎”[①]。阳西县还积极推广织篢镇“1+6+N”基层社会治理经验，推行乡村“红黑榜”“积分制”，试点实施“网格+一村一警”机制，创新“五室合一”机制，成功调解案件5851件，获中央政法委和省、市充分肯定。全县社会治安总体呈现“警情数下降、立案数下降”的良好态势，连续4年在平安阳江建设考核中被评为优秀等次，2023年9月获省委政法委颁授“平安鼎”，渡头村入选第三批全国乡村治理示范村，织篢镇大泉村等4个村获评省民主法治示范村。

2.聚焦城乡融合，增进民生福祉

办好教育、卫生、养老等民生实事，着力破解城乡发展过程中的不平衡不充分难题，绘就城乡融合发展新图景。

（1）优化城乡教育资源配置。2023年新建、改扩建学校、幼儿园10所，将乡镇中学全部改建为寄宿制学校，消除普通高中56人以上大班额。2023年9月，阳西一中新校区启用暨2023年秋季开学典礼举行，新校区占地面积395亩，办学规模为90个班、4500个学位，共有13个单体建筑，旨在打造“粤西标杆学校”。该校区邀请国内顶尖团队设计，投入6.8亿元资金建设，超预期不到1年建成。阳西一中新校区的启用掀开了阳西教育事业高质量发展的新篇章。以城乡教育共同体建设为契机，培养一批优秀校长和教师，在3～6年将高考本科率提升到50%以上。

（2）补齐医疗卫生服务短板。阳西县构建的“1+3+8+138”紧密型县域医共体模式入选全国“紧密型县域医共体建设”优秀实践案例，阳西县也被省选为第一批紧密型县域医疗卫生共同体建设高质量发展综合试验

①《【百千万 新跃升】阳西县以“头号力度”推进“头号工程”，入选省“百千万工程”首批典型县》，https://news.yjrb.com.cn/articles/yangxi/20231227/462142.html，2023年12月27日。

区。在建强3家县级龙头医院、与16所省级医院建立帮扶关系的基础上，阳西县出台县镇村一体化管理方案，阳西总医院对公建村卫生站实行“八统一”管理，实现“小病不出村，大病不出县”，在2022年全省医共体考核中排第一，2023年被确定为广东省基层卫生健康综合试验区。

（3）优化县镇村三级养老服务网络。为了使居民老有所养、食有所依，在深入实施“百千万工程”中，阳西县不断推进基本公共服务一体化，健全县镇村衔接的三级养老服务网络。加强养老服务体系建设，建成8家养老服务机构，升级改造5间镇综合养老服务中心，建成6个长者饭堂并投入运营，长者饭堂配备了电视机、棋类娱乐等设施，共投入150多万元建设，每天为180多位老人提供助餐服务，满足了辖区内长者就餐需求[①]。

（4）升级改造县域交通设施。阳西县开展重点交通项目百日攻坚行动，按照“一个项目一个专班一套机制”的模式，全力加快推动全县重点 交通项目建设进度，力争各项目按时间节点完成建设。2023年，阳西县共 有6个重点交通项目开工建设，省道541线阳西县城至上洋段公路改建工程、阳江港海陵湾港区丰头作业区F1#～F5#泊位工程等在建项目正按施工计划加快推进中[②]。完成农村公路“单改双”144公里、镇村桥梁加固改造38座，铺就百姓“安心路”。

3.聚焦生态建设，打造绿美阳西

（1）全县一盘棋，深入践行“绿水青山就是金山银山”理念，实施绿美阳西生态建设“六大行动”，以“一核两屏三廊、七星多园百点”布局创建县级国家森林城市，率先完成3.4万亩森林质量精准提升任务，新增植树造林55万株以上，创建沉香国家级林下经济示范基地和东湖森林公园绿美广东生态建设示范点。推进水污染防治行动，5个饮用水源地水质优良率

①《【百千万工程】 让老人“食”有所依！阳西县4家长者饭堂启用》，http://www.yangxi.gov.cn/xw/yxxw/content/post_755927.html，2023年12月29日。

②《【百千万工程】百日攻坚！阳西县掀起重点交通项目建设热潮》，http://www.yangxi.gov.cn/xw/yxxw/content/post_744978.html，2023年11月4日。

保持100%。“三模式一奖补”的尾水治理“阳西方案”获省肯定①。

（2）护好红树林，争取中央补助资金，推进蓝色海湾综合整治行动，2023年完成1200亩红树林新种植，打造阳西程村湾“红树林修复＋乡村振兴”万亩示范区。位于程村镇的红树林自然保护区，不仅是沿海地区防风减灾的自然屏障，而且筑起底栖动物、珍稀鸟类的安居之所，孕育了程村蚝这一国家地理标志产品，打通了程村镇“绿水青山就是金山银山”的有效转化通道。

（3）干群齐合力，广泛动员党员干部、人大代表、政协委员积极建设“同心林”“人大林”“政协林”等不同主题的义务植树纪念林，带动全县干部群众积极投身绿美阳西生态建设。开展“镇村迎新春清洁大行动”和“我为家乡种好树”等活动，发动党员干部、乡贤群众植树65万株。发动各镇村“两委”干部逐户走访921名乡贤，组织召开乡贤、流动党员、返乡大学生等座谈会194场，累计筹集社会资金430多万元支持绿美生态建设。

（二）阳西推进“百千万工程”的展望

阳西县在推进“百千万工程”的过程中，经济发展迅速、产业结构优化、县镇村联动发展。

1.聚焦产业和经济发展，持续推进县镇村联动发展

未来，阳西县在继续推进“百千万工程”的过程中，将紧抓广东沿海经济带建设的历史机遇，聚焦实体经济，以创新驱动为核心，积极推动传统产业转型升级。通过引进和培育高新技术企业和创新型人才，阳西县将提高自主创新能力，推动传统产业向高端化、智能化、绿色化方向发展。阳西县通过加强产业规划和布局，进一步强化县镇村联动发展，并加强与

①《【百千万 新跃升】阳西县以“头号力度”推进“头号工程”，入选省“百千万工程”首批典型县》，https://news.yjrb.com.cn/articles/yangxi/20231227/462142.html，2023年12月27日。

周边地区的合作与交流，实现资源共享和优势互补，共同打造区域协同创新体系，推动产业升级和区域经济发展。阳西县注重绿色发展，通过加强环保监管和治理，推动绿色经济和生态文明建设，确保产业发展和环境保护相协调，打造宜居宜业的美丽阳西。具体而言，阳西县将积极推广清洁能源和绿色技术，降低碳排放，提高能源利用效率，为可持续发展奠定坚实基础。此外，阳西县大力支持食品加工、五金刀剪等传统优势产业的技术改造，鼓励企业提升自主创新能力，强化产业链关键环节，培育具有核心竞争力的产品与技术，做强地方特色产业。阳西县努力促进产业融合发展，加大对农业、农村和农民的扶持力度，推动农业现代化。阳西县充分利用中山火炬（阳西）产业转移工业园“中国调味品之都”、广东省调味品特色产业园的品牌影响力，加大招商引资力度，严格环保准入门槛，构建起产值超300亿元的绿色食品产业集群，目标直指打造全球最大的调味品生产基地。在此基础上，阳西县进一步规划预制菜省级现代农业产业园，强化食品产业链条，吸引世界500强企业及国内领军企业入驻，同步打造南派酱油文化中心，逐步向全球大食品产业集群和“中国食品名城”迈进。

2.聚焦陆海联动，高质量发展海洋经济

阳西县作为海洋资源丰富的地区，经济发展一直得益于海洋经济，陆海统筹、联动发展，可以充分发挥海洋经济的潜力，推动产业转型升级，实现经济的可持续发展。一是要注重将海洋经济与陆域经济统一起来看，发现二者的关联性与互补性，并制定相应的发展策略。通过加强陆海之间的交通基础设施建设和物流网络建设，提升陆海资源的有效对接和整合。二是要注重优化产业结构，推动传统海洋产业向高端化、智能化、绿色化方向发展。同时，积极培育新兴海洋产业，如海洋生物医药、海洋新能源等，为经济发展注入新的动力。三是优化产业布局，加强临港产业集群建设，加强产业链上下游的协同合作，形成具有竞争力的海洋产业集群。同时，加大科技创新和人才引进力度，提升海洋经济的创新能力和发展动力。此外，要联通港厦，加强与湾区合作与交流，加强海洋科技创新和人才培养，提高海洋经济的核心竞争力，共同推动海洋经济的协同发展。

3.聚焦体制机制改革，积极提升营商环境

阳西县积极谋划“1 + 3 + N”营商环境体系，研究出台阳西县营商环境年总体方案，围绕市场环境、政务环境、要素环境、法治环境、开放环境、人文环境等“六大环境”制定系列稳企、暖企、助企政策，提升干部作风、工作效率，增强群众和企业获得感，打响“效率阳西、服务阳西、诚信阳西”品牌。在吸引人才方面，阳西县实行更加全面的人才保障政策，努力提高人才待遇水平，实施人才安居工程，推进人才公寓建设，完善教育、卫生、娱乐等生活配套设施，加强乡镇“五小”场所设施建设，解决专业人才需求最为迫切的住房和生活难题，不断强化专业人才支撑；在动员社会力量方面，阳西县以中交四航局、中建三局等企业与全县各镇结对帮扶为契机，深入推进“千企帮千镇、万企兴万村”，进一步发动企业、乡贤、群众以及各方力量参与，完善企业助力“百千万工程”的工作方案，推动帮扶项目加速落地；在加强产业园区建设方面，阳西县完善“一区五园”产业布局，加快园区10条道路等基础设施建设，完善天然气热冷电联产、排污、供水等生产生活配套，加快四期、五期开发速度，提升园区承载能力和综合效能，推进园区扩园工作，推动产业平台扩容提质，建设省内基础设施最完善、食品产业链最完整、产业集聚度最高的食品产业园区；在深化体制机制改革方面，阳西县加强推进织篢镇国家级全域土地综合整治试点工作，开展万亩良田耕地连片工作，盘活低效建设用地，并将全县纳入省级全域土地综合整治范围。并且，深化镇域经济发展财政激励机制、村集体经济等重点领域改革，挖掘镇村资源，成立强镇富村公司，全面激活县镇村发展活力。

四、评价与启示

2023年，阳西县凝心聚力抓好“百千万工程”各项工作落实，其成绩有目共睹，其经验值得肯定。

（一）立足自身发展基础和资源禀赋，走差异化发展道路

阳西县坚持走差异化发展道路，最大化自身资源禀赋优势，向海而生。在产业结构上，立足自身海洋资源优势和能源、食品产业扎实基础，因地制宜大力发展临港工业、绿色能源、食品工业，打造出全球最大的调味品生产基地、全国县级最大的海上风电产业基地。在镇村发展上，同样走差异化发展路线，引导各村镇走特色发展、错位发展之路，如织篢镇通过发展绿色食品、刀剪帽袋等传统优势产业，成为广东镇域经济百强镇；沙扒镇大力发展海洋产业，入选省“百千万工程”典型镇，获评省级休闲农业与乡村旅游示范镇；程村镇成功打造“中国蚝乡”品牌，入选首批国家特色农业产业强镇。

（二）坚持全要素保障，推动资源要素优化配置

阳西县聚焦人、钱、地等关键要素，充分调动各方资源力量，努力破解本地人才、资金、土地等发展要素难题。在人才方面，专门出台人才招引政策，成立决策咨询委员会和专家智库，为“百千万工程”实施提供有力的人才保障。在资金方面，对涉农资金、地方政府新增债券和超过50%的土地出让收益做好统筹分配，着重用于镇村建设，投入各类资金41.47亿元用于“百千万工程”实施，有效加快城乡融合发展。在土地方面，花大力气解决批而未供和闲置土地处置及征地历史遗留问题，开展用地保障“百日攻坚”行动，推进织篢镇全域土地综合整治全国试点，努力为县域发展提供充足的土地供给。

（三）坚持创新驱动，形成发展大引擎

阳西县在产业转型升级过程中，通过创新资源的集聚和优化进而推动创新发展的不断深化，并以绿色经济、食品产业和临港产业融合发展，形成为推进“百千万工程”的重要引擎，取得显著成效。首先，绿色经济是

阳西县推动高质量发展的重要方向。该县充分利用生态资源，大力发展绿色农业、绿色能源和生态旅游等产业，形成了一批具有竞争力的绿色产业集群。这不仅促进了经济的可持续发展，也为当地居民创造了更多的就业机会，提高了生活水平。其次，食品产业是阳西县的特色产业之一。阳西县依托丰富的农业资源，大力发展绿色食品加工业，打造了一批知名品牌和优质产品。特别是调味品产业，在全省乃至全国占据重要地位，形成了较为完整的产业链。通过加大科技创新和品牌建设力度，阳西县的食品产业不断向高端化、智能化方向发展，市场竞争力不断提升。最后，在临港产业方面，阳西县依托港口资源，大力发展临港物流运输和国际贸易等产业，加强食品产业与内陆地区的联动发展，带动周边地区经济发展，成为广东省推进“百千万工程”的典型样板。

第七章

落实“双百行动”助推县域创新发展

2023年8月，广东省启动百校联百县助力“百县千镇万村高质量发展工程”行动（简称“双百行动”），即推进省内百家高校院所与109个涉农县（市、区）结对共建，推动高校院所作为纵向帮扶的重要力量深度参与“百千万工程”。“双百行动”的主要任务是“两强化、两突出、两参与、一提供”，即强化产业发展科技支撑、强化城乡规划建设服务，突出基本公共服务支持、突出基层人才培养培训，参与集体经济运营、参与基层改革创新探索，提供决策咨询服务。2023年以来，高州市、东源县紧抓“双百行动”契机探索县域创新发展新路径。其中，农业大市高州市借助中山大学、广东省农业科学院（简称“省农科院”）结对帮扶机遇，撬动双方多领域合作成果转化落地，激发基层活力，推动城乡协调发展；东源县则结合广东工业大学、广东开放大学的人才智力优势与当地的资源和产业优势，强化政校合作和产教融合，以“双百行动”硕果推动“百千万工程”走深走实。

第一节　“双百行动”助力高州市高质量发展走在前列争当示范

高州市是茂名市下辖县级市，位于广东省西南部，东近南海，南踞鉴江平原，西连广西，北靠云开大山。全市共有23个镇、5个街道，行政区域总面积3276平方千米，地处粤西桂东交通要冲，洛湛铁路、包茂高速、汕湛高速、云茂高速、国道207、国道359线、省道280线、省道281线、省道282线、省道283线、省道284线、省道291线、省道388线、277线在市域内纵横交会。

习近平总书记2023年4月视察广东期间，专程前往高州市根子镇柏桥村考察荔枝种植园、龙眼荔枝专业合作社，了解当地发展荔枝等特色种植业、推进乡村振兴等情况。习近平总书记指出：“这里是荔枝之乡，荔枝种植有历史传承和文化底蕴，特色鲜明，优势明显，市场空间广阔，要进一步提高种植、保鲜、加工等技术，把荔枝特色产业和特色文化旅游发展得更好。”① 习近平总书记强调：“推进中国式现代化，必须全面推进乡村振兴，解决好城乡区域发展不平衡问题。要坚持走共同富裕道路，加强对后富的帮扶，推进乡风文明，加强乡村环境整治和生态环境保护，让大家的生活一年更比一年好。”②

高州市牢记习近平总书记的深情关怀和殷切期望，以科技促发展，紧抓“双百行动”新机遇，围绕“在全省县域高质量发展中走在前列、争当示范”的总目标，加快补齐工业短板，提升农业既有竞争优势，推进乡村振兴，力争2026年实现地区生产总值破千亿元。2023年，高州市入选“百千万工程”首批创先类典型县，全市共有2个镇入选典型镇、13个村入选典型村。

---

①《坚定不移全面深化改革扩大高水平对外开放 在推进中国式现代化建设中走在前列》，《人民日报》2023年4月14日第1版。

②同上。

一、凝聚发展合力，形成推进“百千万工程”的高州思路

高州市作为茂名市域副中心城市，充分发挥农业大市优势，推动三产融合，实现经济稳增长。然而，高州市也面临着产业结构待优化、创新能力不足、城乡区域发展不平衡等问题。为此，高州市紧抓“双百行动”机遇，通过与中山大学、省农科院深度合作，赋能医疗、农业领域，提升县域经济发展实力。同时，高州市着力乡镇提能与城乡融合，优化政府职能，激发基层活力，推动产业转型升级，加强基础设施与公共服务建设，打破城乡二元结构，实现城乡协调发展，努力在全省县域经济高质量发展中处于和保持领先地位。

（一）找准自身定位，认清发展优势

在茂名市发展战略规划中，高州市被定位为市域副中心城市，有利于在更高层次和更大的区域尺度上建设宜居生活圈、便利交通圈和产业创新圈。

如图7-1、表7-1所示，高州市2021年、2022年、2023年地区生产总值连续3年稳增长，除第一产业2021年比2020年产值有所下降外，其余产业产值保持增长趋势。高州市县域综合实力明显增强、工业发展迅猛，全市经济运行稳中有进，形成农产品加工、金属制品、轻工纺织、医药健康四大工业主导产业，产值占全市规模以上工业总产值的64.3%。

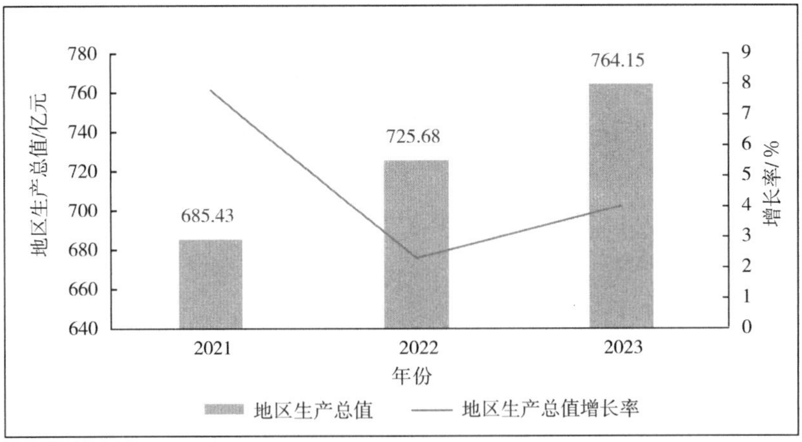

图7-1　2021—2023年高州市地区生产总值及其增长率

表7-1 2021—2023年高州市产业结构情况

年份	第一产业		第二产业		第三产业		三大产业结构比例
	金额/亿元	增长率/%	金额/亿元	增长率/%	金额/亿元	增长率/%	
2021	165.87	-2.7	166.53	15.4	353.03	10.7	24.2：24.3：51.5
2022	185.17	11.6	184.44	10.8	356.08	0.9	25.5：25.4：49.1
2023	192.04	3.7	201.44	9.2	370.67	4.1	25.1：26.4：48.5

注：2021年高州市第一产业受疫情影响呈现负增长。
资料来源：高州市统计局。

高州市是广东省农业大市，全国水果第一市（县），农业总产值连续多年名列广东各县（市）第一，曾被誉为“广东省山区综合开发的一面旗帜”，获得全国整县粮食高产创建示范县、全国“平安农机”示范县、国家农产品质量安全县创建试点单位、全国农民专业合作社质量提升整县推进试点县等殊荣。目前，全市已形成荔枝、龙眼、香蕉、北运菜、油茶、南药、生猪、蛋鸡、罗非鱼、鳄鱼等十大特色农产品生产基地。其中水果种植面积达130万亩，年产水果209万吨以上，5大类12个水果品种先后获全国金、银、铜牌奖和名牌产品称号，高州市也被誉为“中国荔乡”。2017年以来，国家级田园综合体、荔枝国家现代农业产业园、国家级产业兴村强镇示范、广东省现代农业产业园、广东省古树公园等项目先后落户高州市，有力推动了三产融合发展。截至2023年，全市有6种农产品种植面积超20万亩，6种农产品年产量超20万吨，有全国名特优新农产品13个、省级农产品区域公用品牌41个，发展省级农业龙头企业34家。

高州市进入“两山”发展百强县、碳中和指数50强县、赛迪乡村振兴百强县榜单，入选第四批国家农业绿色发展先行区创建名单，被列为省级休闲农业与乡村旅游重点县，获评第三次全国土壤普查优秀试点县。

2022年以来，高州市全面实施“百千万工程”，成效初显，县域经济实现质的有效提升和量的合理增长，乡村振兴工作成就斐然，农村农民共同富裕水平提升，民生福祉得到有效改善，在全省县域经济高质量发展中走在前列。

（二）高州市经济发展的短板与面临的挑战

作为山区县，受地形、区位、资源、历史路径等自然社会条件限制，高州市县域经济发展还存在短板，面临不少挑战。

第一，高州市三次产业结构不尽合理，传统产业占比较大，新兴产业发展不足，创新能力不强。第二，工业仍是高质量发展的最大短板，尽管高州市委、市政府高度重视工业发展，并选择了“工业立市”的经济发展战略，但效果不明显，与全国范围内的经济发展速度相比存在差距。由于起步晚、基础弱，高州市总体上仍处于工业化发展中期阶段，扩总量、促增量、提质量、增均量等多重压力并存，一园多区功能不突出、产业集聚度不够等问题需要切实解决。第三，创新链、产业链、供应链有待加强，城乡区域发展不平衡不充分的问题仍然存在，经济社会发展与资源环境约束的矛盾依然未能充分解决，基础设施、民生保障、社会治理等领域还存在一定短板。

（三）形成紧抓“双百行动”机遇、促进乡镇提能、推进城乡融合的思路

高州市充分认识到“双百行动”对推动高质量发展的重要性：这一行动旨在通过优化资源配置、提升公共服务水平、加强基础设施建设等方式，促进城乡协调发展，将“双百行动”作为推动乡镇提能、实现城乡融合的重要抓手。在“双百行动”的加持下，高州市城乡一体化进程明显加快。

一是抢抓机遇，“双百行动”赋能。按照广东省“双百行动”部署，中山大学结对帮扶高州市，指导高州市人民医院深化专科建设、人才培养、信息化建设等。自开展结对共建以来，按照“高州所需、院校所能”的原则，高州市充分依托中山大学资源优势，联合培养高素质医学人才，

打造县域医疗高端人才培养的“蓄水池”，促进卫生健康事业高质量发展。省农科院是广东农业科技创新的主力军。与高州市确立结对共建关系后，省农科院充分发挥多学科优势，举全院之力支持高州市高质量发展，立足高州市发展实际，建立“一所牵头、多所参与”机制，组建服务队常驻高州市，按清单制全面梳理帮扶需求，以科技服务高州市农业产业发展，不断创新合作模式，推动更多合作成果转化落地，切实为高州市乡村振兴、高质量发展作出更大贡献。在省农科院的全力支持下，双方积极推动“双百行动”落地落实，实现了良好开局。

二是提质增效，激发基层活力。乡镇作为国家治理的基础，其能力的提升直接关系县域经济的整体发展。因此，高州市在推进乡镇提能方面下足了功夫。高州市注重因地制宜，根据各镇资源禀赋和区位条件指导乡镇经济发展。在省农科院的牵线搭桥下，通过引进优质项目、培育新兴产业、推动传统产业转型升级，高州市各乡镇逐渐形成了各具特色的产业格局。不仅为乡镇经济注入了新的活力，也为农民提供了更多的就业机会，实现了乡村经济的可持续发展。

三是促进融合，推动城乡协调发展。城乡融合是高州市高质量发展的又一重要举措。通过加强城乡基础设施建设、优化城乡公共服务、推动城乡产业协同发展，高州市有效打破了城乡二元结构，实现了城乡之间资源要素的良性互动。在基础设施建设方面，高州市加大了对乡村道路、供水、供电、通信等基础设施的投入力度，改善了乡村的生产生活条件。同时，高州市还积极推动城市公共服务向农村延伸，提升了农村的教育、医疗、文化等公共服务水平。尤其是在中山大学帮扶下，高州市县域卫生健康事业发展迅速，农村居民能够小病不出镇，一些重症不出市即获得高水平诊疗。在产业协同发展方面，高州市注重发挥城市的辐射带动作用，引导城市资本、技术、人才等要素向农村流动。通过发展乡村旅游、休闲农业等新兴产业，高州市促进了城乡产业的互补融合，推动了乡村经济的多元化发展。

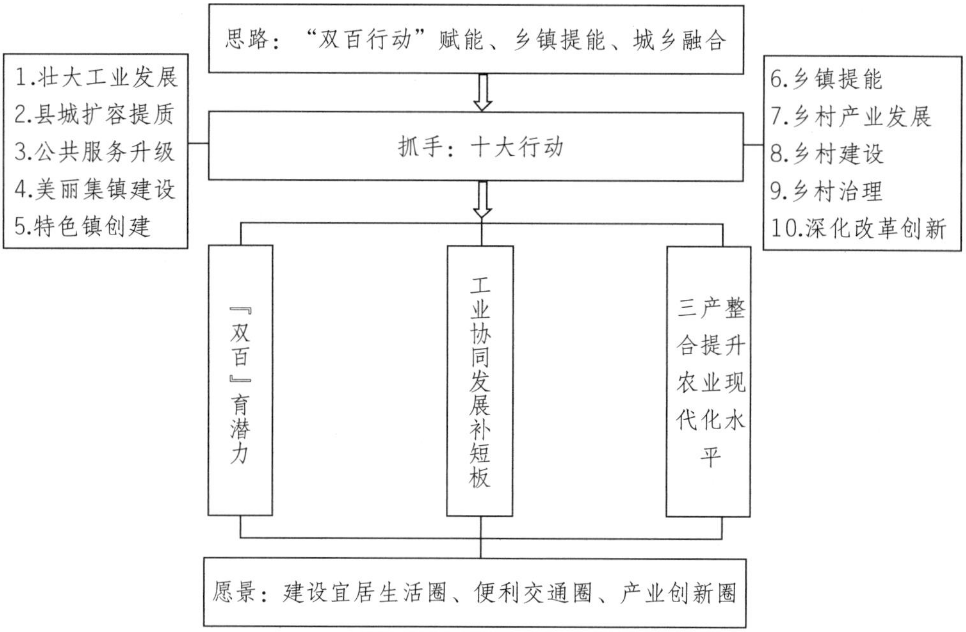

图7-2　高州市推进"百千万工程"逻辑图

二、以"十大行动"为抓手，全面推进"百千万工程"

高州市是全省首个发布"百千万工程"三年行动计划（《高州市全面推进"百县千镇万村高质量发展工程"促进城乡区域协调发展三年行动计划（2023—2025年）》）的县级市。在这个行动计划里，高州市明确三年内要取得十个方面的成效，为行动找准目标方向。具体包括县域综合实力明显增强、工业发展迅猛、城市交通内外循环提速、差异化发展明显、乡村产业兴旺、乡村美丽宜居、村集体持续增收、教育医疗进一步优质均衡、绿美高州建设见成效、乡风文明建设进一步深化，一体推进富县强镇兴村。

为实现这十个方面的成效，三年行动计划紧扣壮大县域经济、加快乡镇提能、深化乡村振兴、城乡融合发展等重点环节，聚力"十大行动"——壮大工业发展行动、县城扩容提质行动、公共服务升级行动、美丽集镇建设行动、特色镇创建行动、乡镇提能行动、乡村产业发展行动、乡村建设行动、乡村治理行动、深化改革创新行动，把县的优势、镇的特点、村的资源更好地统筹起来。推进“十大行动”对一个相对欠发达的县来说殊为不易，必然面临资源上的短缺，高州市适时利用“双百行动”，汇聚来自横向、纵向的各类资源注入“十大行动”工作中，推动城乡区域协调高质量发展。

（一）育潜力，全面推进“双百行动”

根据省委部署，省委办公厅、中国农业银行广东省分行、粤海集团、佛山市、中山大学、省农科院从纵向、横向帮扶高州市，高州市强化与帮扶单位的对接交流，组织化、系统化、项目化推进结对共建等工作。省委办公厅迅速牵头帮扶单位派驻工作队常驻高州市，依托自身优势，结合高州市资源禀赋、产业短板弱项等科学制定帮扶方案，完善帮扶机制，“双百行动”稳步推进，实施帮扶合作项目32个，聘任专家学者13名，推动高州市医疗技术和农业产业提档升级。高州市扎实开展“村企共建、村村结对”活动，完成与佛山市20个结对村的共建签约，首个共建项目在根子镇浮山村顺利动工。

首先，抓实“双百行动”，协同攻关水果保鲜科技难题。高州市牢记习近平总书记殷殷嘱托，积极借助“外脑”，协同攻关荔枝保鲜难题。推动华南农业大学、省农科院等多所科研院所与高州市有关企业开展产学研合作，使荔枝鲜果贮藏期延长到30～40天。茂名职业技术学院与高州市鉴河生态农业发展有限公司开展荔枝保鲜技术协同创新，将冷库和特制保鲜袋密切结合，精准控制荔枝储存环境中的温度、湿度、二氧化碳指标，无须使用任何化学保鲜剂，实现了荔枝保鲜25～35天，出库后常温货架期超过36小时仍可保持鲜艳的果色和令人满意的口感。

其次，借助省农科院高层次人才团队、科技成果、产业管理理念等优势，推动农业产业提档升级，打造优质粮食、特色果业、农产品精深加工、畜禽水产四大特色农业产业集群。发挥省农科院专家、资源优势，高州市举办“双百行动”人才培训班，培育农业工程师、乡村规划师及乡村工匠、职业经理人等专业人才。在省农科院的技术帮扶下，高州市扎实做好乡村布局规划、村庄建设规划、农房风貌规划编制，美丽圩镇建设、农村人居环境整治提升、绿美高州建设等方面水平明显得到提升。

最后，依托中山大学医疗技术支持，促进卫生健康事业发展。乘着“双百行动”的东风，高州市人民医院作为全国三甲医院、全国现代医院管理制度试点医院、省高水平医院重点建设医院、省公立医院改革与高质量发展示范医院，在中山大学的硬件建设、人才培养、信息化服务等帮扶下，成为全国县级首家、迄今县级唯一通过干细胞临床研究机构与项目“双备案”的医院。高州市人民医院与中山大学联合挂牌成立4个专家工作站，建立博士后联合培养机制，共推“双百行动”落地落实。

（二）补短板，聚力发展工业

高州市要实现高质量发展，实现进位赶超，关键在工业，难点在工业，希望也在工业。工业是高州市最大的短板，近年来高州市最想做的事就是补齐这块短板。工业是实干出来的，高州市强化工业支柱意识，把工业发展作为推动全市经济发展的主动力和核心任务，拉高标杆，精准发力，千方百计推动工业总量扩大、结构优化、方式转变、效益提升。

首先，高州市积极建立产业园区与土地资源储备体系，为吸引投资、培育新兴产业和加速传统产业转型提供了坚实基础。全市投入30多亿元，专门用于发展工业。成立由市领导任组长的13个工作专班，全面开展用地攻坚，新储备土地1500亩，建设标准厂房26万平方米。将高州产业转移工业园9545亩规划面积纳入茂名产业转移主平台，将城东、蒲康、石鼓等片区3156亩规划面积纳入省产业转移主平台。高州市领导下沉到重点规模以上工业企业当“店小二”，党政“一把手”带头“走出去”敲门招商，一园多区成为推动县域经济发展的突破口。广药王老吉粤西生产基地、生命一号大健康产业园等一大批项目落地建设，协鑫能源、绿能环保、傲新生物等一大批项目建成投产，京基、温氏、海大、乐天高新科技等一大批企业投资高州。高州市正加快申报省产业集聚发展区、省高新科技产业开发区、特色产业园，争取更多的资金和政策支持园区基础设施建设。

其次，高州市树牢全链条发展理念，致力于打造覆盖产业上下游的完整发展体系。这种理念强调从源头到终端的全方位优化，确保产业链的高效运转和价值最大化，推动经济全面繁荣和可持续发展。围绕培育金属制造、电子电器、农产品加工、轻工纺织、医药健康等主导产业，加快延链补链强链。借力佛山帮扶，做好协同招商，招引一批强链扩链型、集群配套型、龙头基地型项目。突出引进一两个链主型龙头企业，达到“引进一个龙头企业，培育一个产业，形成一个产业集群”的目的。高州市坚持制造业为王，以茂名实施制造业“四大工程”为抓手，聚焦传统产业转型升级和新质生产力培育发展两大主线，加快推进新型工业化。传统产业是“压舱石”，高州市支持一批行业骨干企业“龙头升链主”；在金山片区建设金属材料智造产业园，打造粤西金属加工中心；在城东片区谋划建设现代农业产业园，打造大湾区西翼绿色农产品生产供应基地。

再次，高州市立足于长远发展的战略高度，着眼招引新兴产业，以创新驱动为引领，不断拓宽挖掘经济发展的新领域和新动力。新企业、新项目是工业发展的引擎，也是高州市要如期实现地区生产总值破千亿元的关键一笔。高州市推深做实招商引资“一把手”工程，用好对口帮扶资源，开展联合招商、敲门招商、乡贤招商、以商招商，围绕重点产业链招引具有主导带动作用的头部企业、发展潜力大的腰部企业。“一事一议”为重大先进制造业项目护驾；实行全生命周期“一条龙”服务，确保项目引得来、留得住、发展好。

最后，高州市深入实施产业协同发展战略，通过强化佛山市与茂名市的资源共享与优势互补，不断推动产业链的深度融合与创新升级。划定土地面积5364亩，高标准建设佛茂产业转移合作园，承接项目18个。用好“反向飞地”园区，探索“湾区研发＋高州制造”模式，加速“融珠入湾”，为工业发展寻求更大机遇。

（三）促融合，提升农业现代化水平

作为农业大市，推进农业农村现代化考验着高州市的担当。立足资源禀赋优势，高州市稳步推进乡村振兴建设，坚持农业农村现代化一体设计、一体推进，力促农业高质高效、乡村宜居宜业、农民富裕富足。近年来，高州市以构建“一县一园、一镇一业、一村一品”现代农业产业体系为抓手，大力推动农业生产向特色化、规模化、品牌化转型。实施好“荔枝之乡”提升行动，借力“双百行动”，做好“土特产”文章，答好“产业、保鲜、文化”三张卷。高标准打造代表诚信品质的“信”字号公用品牌，构建“两标一码一证一单”品控溯源体系，推动高州市优质产品更好地“走出去”。探索成立强村公司，培育乡村职业经理人，不断增加村集体经济收入，在乡村全面振兴、实现共同富裕上展现新作为，让农民生活越过越有滋味。

首先，高州市致力于构建现代农业产业园区，推动农业现代化进程。通过整合先进科技与管理理念，打造综合性农业平台，促进农业产业链高效运转和农产品的附加值提升，为农业可持续发展注入创新活力。一是支持农业龙头企业发挥串联产业链上下游、优化资源配置的作用，牵头搭建大平台、实施大项目，推动产业园区拓功能、扩规模、增效益。二是提升特色化、专业化、集约化水平，加快建设现代农业与食品战略性支柱产业集群，积极打造“现代种业”等若干重点链。三是支持处于产业链核心地位、对优化资源配置和产业生态构建有影响力的链主企业实施重点环节大项目，将链条延伸到镇村。四是实施农业龙头企业培优工程，建立有影响力的农产品品牌，支持企业强强联合、同业整合、兼并重组、挂牌上市，引入、培育一批年销售收入额较大的标杆企业。近年来，高州市的“粤字号”农产品品牌已超过25个，监测合格率为100%。

例如，顺达现代农业产业园充分体现“姓农、务农、为农、兴农”的根本宗旨，探索产业园、企业、村集体和农户之间的三产融合以及链条延伸增值收益分配模式，创新建立带动普通农户增收的长效机制。产业园就像一棵大树，企业合作社就是粗壮的枝干，为7000户农户和10万亩良田源源不断地输送养分。财政资金折股量化带动模式、“订单农业”模式、“保底收益 + 按股分红”模式等因地制宜、因村制宜的多种模式在产业园内处处开花。顺达现代农业产业园支持和鼓励龙头企业和种植大户采取租赁、合作等形式进行规模开发种植丝苗米，加强丝苗米品牌建设和营销推介，保障农民深度参与，实现稳步增效，带动农民增收致富，拓宽农民增收渠道，让农民共享产业增值收益。目前，在顺达现代农业产业园的辐射带动下，园内农民人均可支配收入高于当地农民平均水平15%。

其次，高州市注重培育和发展特色农产品，以此作为推动农业转型升级和农民增收的重要途径。通过优化品种、提升品质、加强品牌建设等措施，高州市致力于将地方特色农产品打造成为市场竞争力强、知名度高的精品，进一步拓宽农产品销售渠道，增强农业综合效益，助力地方经济的持续健康发展。高州市深入落实习近平总书记重要指示精神，着力推动荔枝保鲜技术攻关，破解“最先一公里”难题，提高荔枝产业综合效益和竞争力。

一是布局建设田头智慧小站，跑出预冷“加速度”。在全省率先探索推进田头智慧小站建设，通过田头预冷，将刚采摘的荔枝降到休眠温度，起到保鲜储藏作用，使荔枝保质期延长1周以上。截至2023年，高州市建有149个田头智慧小站。同时，引导市场主体在产地建设冷链集配中心，强化产地预冷、分拣分级、初加工、集散配送、产地直销等功能，将田头智慧小站打造成为支撑农产品上行的产地综合服务平台。

二是强化企业自主攻关，牢牢掌握主动权。发挥企业创新主体作用，加强保鲜技术自主攻关研发。比如，广东鲜润生态农业科技有限公司经过自主攻关、反复试验，研究出不同品种荔枝保鲜所要求的氧气、二氧化碳和氮气等气体的最佳浓度与比例，大幅减缓了食品的新陈代谢速度，减少了微生物的生长，有效延长了保鲜期。截至2023年，该企业已申请专利3个，2023年实现产值超2000万元。

三是推动服务向田间下沉，多方合力促成效。指导金融机构推出冷链贷等多种金融产品，年利率低至3.5%，2023年已有25家建设主体成功贷款，总金额1160万元，有效助力企业提高冷链建设水平。在省农科院帮扶下，邀请省、市、县三级专家、技术人员，通过线上、线下及现场观摩三种方式，组织开展培训活动，科普冷藏保鲜设施常识，对农产品采摘要求、入库方式、贮藏条件、出库包装及冷藏设施运营管理等进行全面讲解，确保冷藏设施建得好、用得上，为荔枝鲜甜保驾护航。

四是致力于拓展农产品销售渠道，优化乡村产业链条。通过构建多元化的市场接入点和提升物流配送效率，不断强化乡村产业的市场竞争力，确保农产品高效流通，实现从田间到餐桌的无缝对接，进而促进农业增效、农民增收，推动农村经济全面繁荣。依托国企、农业企业等搭建荔枝定制平台，按照市场化模式开展特色定制行动，通过龙头企业销售链定制等方式订购产品，主动出击，让更多采购商了解高州产品。2023年，邀请全国10个省的近百名采购商到高州市，当天达成农产品意向订单，达成荔枝意向量1500万千克，采购商意向签约4.5亿元。组织外贸企业代表参加高州市外贸进出口政策宣讲会，邀请茂名海关业务专家就荔枝出口和RCEP（《区域全面经济伙伴关系协定》）政策进行宣讲和现场答疑，指导企业科学应对贸易新形势新政策，如以荔为媒扎实推进双循环新发展格局下的高州荔枝出口，利用保鲜技术将荔枝鲜果贮藏期延长到30～40天，于2023年4月21日出口美国鲜荔枝28.8吨，比往年提前了10多天。高州市发动社会网络媒体、电商平台搭建起高州市农产品惠民公益平台，公布农产品供给信息，上架日常优质农产品，网上下单、城区内配送，送货到家门口。电商平台不仅为农产品销售开辟了一条一举多得的新路子，而且作为常态化销售模式，成为农业经济新的增长点。

五是积极推进农业、文化和旅游的深度融合，打造富有地方特色的农文旅综合体。通过整合自然资源、文化遗产与农业体验，不断丰富乡村旅游的内涵和形式，提升旅游产品的吸引力和竞争力，为促进地方经济发展和农民增收开辟新路径，实现农业与文化旅游的互利共赢和可持续发展。高州市坚持不懈打造“县—片、镇—村、村—组”，串珠成链、连线成片，推进县镇“5＋27”条乡村振兴示范带建设，成功代表茂名整县参加省乡村振兴擂台赛进入六强。南部“甜美果海”乡村振兴示范带入选全省十大乡村振兴示范带。大唐荔乡文化旅游区成功创建国家4A级旅游景区。以“百墟千村振兴计划”为抓手，在曹江镇帅堂墟重塑高凉墟，传承弘扬“高凉冼太好心文化”，充分整合特色文化、农产品、工艺品、美食等乡土资源，建设集销售、餐饮、文旅于一体的示范样板墟，推动千年古城焕发新活力。高凉墟现已成为促进商贸流通、强化县镇村联动的重要平台。坚持“特”字当头，向内挖掘打造“墟文化”，挖掘提炼具有本地特色的冼夫人文化、高凉农耕文化、高凉菜系饮食文化等元素，因地制宜打造高凉岭庙街、高凉彩玉展示中心、高凉岭冼太庙、烽火台、高凉菜餐饮美食体验中心、“挨酿坊”美食村落等特色地标，活化利用曹江粮所、供销社、食品站和梁氏大屋等一批旧建筑，配套建设好心书院、好心长廊、好心广场等主题文化设施，传承文化根脉，留住乡愁记忆。每年举办高凉墟（曹江）文化节，开展摄影比赛、名家书画展、曲艺会演、高凉南山彩玉暨冼夫人陶瓷艺术展等系列活动，全面展示高凉文化魅力，吸引游客前来打卡体验。2023年，累计开展文化类活动20场次，参与活动人数达18万人次。在不懈努力下，高州市获得“2022年省级休闲农业与乡村旅游重点县”称号。

最后，高州市高度重视休闲观光农业发展，把休闲观光农业作为拓展现代农业功能、增加农业效益、促进农民增收的新途径。高州市依托丰富的农业特色主导产业和农村自然资源，建设了一批农业休闲观光园，推动三产融合发展。打造南部“甜美果海”乡村振兴示范带，该示范带获评首届广东美丽乡村精品线路、全国乡村旅游精品线路、中国美丽乡村休闲旅游行精品线路，年吸引游客200万人次。同时，建设高州市近郊农旅好心产业融合发展带项目和高州市冼夫人乡村振兴高凉墟文化产业示范带项目，为高州市乡村振兴“点上精彩，线上美丽”增添色彩。此外，高州市“鉴江印象”乡村振兴示范带项目（西线）获评2022年茂名市县域暨四大平台高质量发展现场交流会的“城镇和乡村建设板块”最满意项目。

三、成效与展望

当前，高州市处于历史机遇最为集中的爆发期、各种优势能最有效释放的窗口期。高州市要实现高质量发展就需做好工业经济这个必答题；而农业是其传统优势产业，须推动提质增效，延长产业链条，形成三产融合发展的现代产业体系。高州市得益于“百千万工程”实施，城乡面貌焕然一新，焕发出勃勃生机，不仅在省内树立了标杆，更在全国范围内展现了其独特的魅力和示范效应。

（一）高州市推进“百千万工程”的成效

高州市在“双百行动”的助力下，与中山大学开展了校地合作，推动了科研创新和县域卫生健康事业高质量发展。同时，高州市在新型城镇化建设、文化生态旅游发展、产业经济振兴以及生态环境保护等方面均取得了显著成就。通过一系列规划领航和产业优化，高州市正朝着生态宜居、经济繁荣和社会和谐的现代化城市迈进。

1.“双百行动”助力，校地合作实现协同创新

自中山大学携手高州市开展结对共建、推动“双百行动”落地落实落细以来，高州市取得了一系列阶段性重大成果。中山大学中山医学院立足学科优势，统筹人才、学科优势资源，聚焦高水平医疗科技合作，助推县域卫生健康事业高质量发展。

（1）中山大学人才引育，为高州市人民医院“造血”赋能。在中山

大学帮扶下，高州市人民医院整合心血管外科、心血管内科等科室资源组建了心脏中心，该中心每年心脏手术超3000台，为县域百姓提供强力救心保障。

（2）全国首家县级医院成功通过“双备案”。在中山大学帮扶和指导下，高州市人民医院建立了干细胞与再生医学中心，现已进入实质化运行阶段，重点打造具有国内影响力的优势专科。2024年1月，高州市人民医院再创佳绩，中山大学中山医学院干细胞与再生医学团队重点支持的干细胞临床研究机构和项目“骨髓间充质干细胞治疗缺血性心肌病的安全性和有效性的随机对照实验”同时通过国家卫生健康委员会及国家药品监督管理局的备案审查。目前，能够成功通过干细胞临床研究机构与项目“双备案”的医院多为省级或者高精尖医院，县级医院极少见。高州市人民医院的成功正是搭上了“双百行动”的快车，得益于中山大学的指导，医院现已建立一套稳定的细胞制备、存储、检测及使用平台，参与的中山大学科研项目“间充质干细胞功能特性、治疗机理与临床转化的系列研究”荣获2021年度广东省自然科学一等奖，弥补了茂名地区此奖项的空白，标志着高州市人民医院已具备开展干细胞临床研究的实力。一家县级医院能成功进入医疗前沿技术的新赛道，探索开创出“干细胞治疗缺血性心肌病”等疾病治疗新模式，这在县域卫生健康事业高质量发展中具有里程碑意义。

（3）患者近距离享受“中山医”高水平医疗服务。实施“双百行动”之前，高州市人民医院和中山大学中山医学院多是点对点医院层面的互动，现在由政府、高校层面去推动，医院之间的互动更加频繁、更加紧密。通过中山大学牵线搭桥，链接中山附属医院的优质医疗资源。

在中山大学中山医学院的帮扶下，高州市人民医院胸外科医疗技术和服务持续创新，效果显著。2023年，高州市人民医院胸外科不断更新医疗技术和创新服务理念，以“加速康复”为抓手，成立中山大学傅剑华教授专家工作站，让患者近距离享受“中山医”的高水平医疗服务；设立茂名地区首个肺结节免挂号费专家门诊，为群众排忧解难，为人民健康保驾护航。专家驻点科室不断补齐科研和医疗技术等方面的短板，力求在治疗方案、治疗手段方面达到同质化水平，让当地老百姓获得和发达城市同样的治疗。高水平优势专科集群，带动医院综合技术服务能力不断迭代升级，解决了县域群众就医痛点问题并推动分级诊疗落地。“足不出县”让群众就近享有优质医疗资源，大病重病得到救治保障，高州市人民医院切实让群众有更多健康获得感。

2.规划领航，高州市城乡共绘新画卷

高州市以规划引领，打造新型城镇化典范。作为“百千万工程”的核心组成部分，高州市中心城区的建设体现了“经营城市”的理念。道路宽敞通畅，公园绿意盎然，市场繁荣有序，各项配套设施的完善不仅提升了城市的硬件水平，更为居民的高质量生活和商业的繁荣发展奠定了坚实基础。随着小区环境的不断优化、办学水平和教学质量的提升、医院的做强做大以及商业的日益繁荣，高州市中心城区已成为新型城镇化的优秀代表。

在推进美丽圩镇建设的过程中，高州市巧妙地将地方文化与生态保护相融合，打造出一批批独具魅力的美丽圩镇。以曹江镇高凉墟为例，其建设深入挖掘并融入了冼夫人文化特色，使得这个美丽圩镇在展现生态之美的同时，也散发出浓郁的文化气息。此外，高州市还扎实开展国家历史文化名城的申报和省文明城市的创建工作，进一步提升了城市的知名度和美誉度。

在城乡建设的进程中，高州市注重挖掘和利用年例文化、荔枝文化、鉴江文化等地方特色文化资源，倾力打造一批具有浓郁地方特色的商圈和旅游景点。这些特色文化旅游项目的蓬勃发展不仅为高州市的旅游资源增添了新的亮点和吸引力，也极大地丰富了消费者的选择和体验。

3.产业兴旺，高州市县域经济再腾飞

在“百千万工程”的有力推动下，高州市县域经济发展迎来了新的春天。通过深入实施产业布局优化、农业现代化推进、销售渠道拓展以及产业融合创新等战略举措，高州市县域经济展现出蓬勃生机和巨大潜力，为广东省乃至全国的县域经济发展树立了典范。

（1）产业布局持续优化，经济发展动能强劲。优化产业布局是县域经济发展的关键所在。因此，在“百千万工程”的引领下，高州市聚焦主导产业和新兴产业，通过政策引导、资源整合和创新驱动，推动形成了一批特色鲜明、优势互补的产业集群。现代农业、食品加工、机械制造等主导产业蓬勃发展，同时，新能源、电子信息、生物科技等新兴产业也崭露头角，为高州市县域经济注入了强劲动能。这种产业布局的优化，不仅提升了高州市的整体产业竞争力，也为区域经济的协同发展奠定了坚实基础。

（2）农业现代化稳步推进，乡村振兴根基牢固。作为传统农业大县，高州市始终把农业现代化作为乡村振兴的重要支撑。在“百千万工程”的推动下，高州市积极引进先进农业技术和装备，大力推广科学种植模式和绿色生态理念，不断提升农产品的质量和产量。同时，高州市注重培育农业品牌，打造了一批具有地方特色的优质农产品，有效提升了农产品的市场竞争力和附加值。农业现代化的稳步推进，为高州市乡村振兴和县域经济发展奠定了坚实基础。

（3）销售渠道积极拓展，农产品市场繁荣活跃。为了打破农产品销售瓶颈，高州市积极拓展销售渠道，创新销售模式。通过举办农产品展销会、建立线上线下销售平台、开展产销对接活动等举措，高州市农产品成功打入国内外市场，实现了产销两旺的良好局面。特别是电商平台的快速发展，为高州市农产品销售插上了腾飞的翅膀。通过与知名电商平台合作，建立完善的农产品电商服务体系，高州市农产品可以更加便捷地触达消费者，有效提升了市场占有率和品牌影响力。

（4）产业融合加速推进，经济发展新篇章开启。在“百千万工程”的推动下，高州市注重促进产业融合发展，打造全产业链条。通过加强企业间合作与交流、推动产学研一体化发展、引进和培育龙头企业等举措，成功打造了一批具有竞争力的产业集群和产业链条。这种产业融合的发展模式不仅提高了资源利用效率和产业附加值，还推动了新技术、新业态、新模式的不断涌现。同时，全产业链条的打造也使得高州市县域经济更加具有韧性和抗风险能力，为未来发展奠定了坚实基础。

4.生态保护，高州市老城焕发新生机

老城区作为高州市历史文化的宝贵遗产，在城乡建设中扮演着不可或缺的重要角色。借助“百千万工程”的东风，高州市以“绣花”功夫对老城区进行了全面提质改造。南关街、中山路等历史街区的改造提升工程让这些古老街巷焕发出新的生机与活力。同时，“一河两岸”城市精品空间的精心打造更是将历史文脉与现代风貌完美融合，展现了高州市独特的城市魅力。高州市始终将生态环境保护视为重中之重，借力生态格局重塑，使老城展现新姿态。高州市致力于构建“一核二屏五带多点”的生态格局，通过精心打造核心生态区、筑牢生态屏障、规划生态廊道、布局生态节点等举措，使全市的生态空间布局得到全面优化。这种生态格局的构建，不仅大幅提升了高州市的生态承载力和景观魅力，还为市民提供了更多亲近自然、享受绿色福祉的机会。

同时，高州市积极推进生态保护与修复工程，通过大力开展植树造林、水土保持、生态修复等行动，有效改善了当地的生态环境质量。特别是在矿山生态修复方面，创新引入社会资本参与，探索出了一条生态修复的新路径，取得了令人瞩目的成效。在环境污染防治方面，坚持源头治理与综合治理双管齐下，对工业污染、农业污染和生活污染进行了全面防控和有效治理。通过积极推广清洁能源、建设污水处理设施、实施垃圾分类等措施，成功减少了环境污染物的排放，环境质量得到显著提升。

（二）高州市推进“百千万工程”的展望

1.借助“双百行动”，聚力提升医疗服务水平

乘着“双百行动”的东风，高州市将继续锚定“建设省级区域医疗中心”的目标，加强与中山大学紧密对接，加快实施专科建设、人才培养、信息化建设三项重点工程，全面提升县域卫生健康服务能力，赋能卫生健康事业高质量发展。在中山大学的帮扶下，高州市人民医院紧抓“双百行动”机遇，将继续引进更多的博士后，依托医院的平台和科研成果，加快干细胞临床研究与转化应用，助力医院“心脑血管—肿瘤—康复养老”中轴线上临床科室发展前沿技术。同时，选送团队人员到中山大学攻读博士学位，以提升学历，夯实高层次人才根基。

2.补齐工业短板，全力壮大县域经济

加快补齐工业发展短板。一是攻坚用地供给，加快建设佛茂产业转移合作园和“反向飞地”园区，重点引进链主型龙头企业、新兴产业，发展潜力大的腰部企业。二是壮大主导产业，支持传统产业转型升级，重点扶持链主企业高州市中力恒金属实业有限公司发展壮大。三是培育特色产业，加快石鼓渔网渔具产业集群建设，力争2024年上半年建成生猪跨县集群，到2025年建成一个百亿元荔枝龙眼产业集群和一个百亿元水产禽畜产业集群。四是发展特色加工、特色文旅，加快高州市荔枝优势产业集聚区、根子柏桥产业融合发展示范区建设，提升中国荔乡文化旅游区建设运营水平。五是做强镇域经济，根据各镇产业特点和资源禀赋，建强中心镇、专业镇、特色镇。

3.加强环境整治，持续建设和美乡村

抓好“三大革命”，开展好“六化”行动，全力答好环境综合整治优先题。推进美丽圩镇“七个一”建设，重点建设好根子镇、曹江镇、分界镇、石鼓镇等示范镇，力争根子镇等12个镇成功创建国家卫生镇。抓好乡村振兴示范带建设，2024年重点完成“鉴江印象”东线冼太文化示范带打造，积极推进根子—分界农文旅融合示范带、金山—茂南山阁产城融合示范带建设。点面结合推进乡村建设，开展“四小园”、美丽庭院“五个一”建设行动，重点建设好两批省典型村、佛山帮扶的20个村，2024年底前将80%以上的行政村建成美丽宜居村。深入实施绿美高州生态建设“六大行动”，力争2024年成功创建国家森林城市。

4.提升公共服务，扎实谋求民生福祉

加快推进县域“三环九射十三联”大路网建设。聚焦潘州大道北建设、茂名大道快速化改造，以及迎宾大道、金石大道建设。加快城市新区扩容提质，提升以潘州广场为核心的城东商圈，打造以万达广场为核心的城北商圈，加快建设以市体育中心为核心的城南文体圈。同时，办好教育，迁建扩建新建市八中、市七中、潘州中学等一批学校，提供更多优质学位，力争成功创建义务教育优质均衡发展县。进一步建强医院，推进高州市人民医院“广东省高水平医院”建设，推进市中医院医联体和南院区建设。推进市妇幼保健院创“三甲”，加快4家中心镇卫生院创“二甲”。

5.推动改革创新，不断激活发展动能

积极深化放权赋能改革，用好县（区）“点菜”、省市“上菜”的政策机遇，加快申报率先建设广东省农业农村现代化改革创新实验区，最大限度争取省的政策支持，打造集茂名市改革之大成的重要示范窗口。突出抓好全域土地综合整治；大力培育强村公司、农业龙头企业、农民专业合作社、家庭农场等新型经营主体，推进乡村职业经理人试点。推广柏桥“政府投基建、企业布业态、市场管运营”模式，让更多“美丽资源”变成“美丽经济”。同时，聚力拓展发展空间，积极承办和参加各类展销会，推动荔枝等农特产品走向世界。五是在产业、交通、市场等方面加快推进软硬联通，融入茂名“两轴—两个圈层”并“融珠入湾”。

四、评价与启示

在“百千万工程”的引领下，高州市正以其独特的乡镇提能、差异化发展、城乡融合和百会帮百镇的战略举措，展现着高质量发展的勃勃生机与良好开局。这座位于广东省西南部的县级市，正以其坚实的步伐，在全省县域经济高质量发展中走在前列，争当示范。

（一）借“双百行动”之势，助力工业农业“两翼齐飞”

中山大学是全国著名的高等院校，省农科院是广东农业科技创新的主力军，省委安排中山大学、省农科院与高州市结对，为高州市落实“百千万工程”注入新动能。三方立足县域所需、高校所长，找准结对共建的契合点，注重协同联动、有序推进，聚焦产业发展、城乡规划、公共服务、人才培养等七项主要任务助力工业农业“两翼齐飞”，共同将“双百行动”转化为一个个具体项目、一项项扎实成效。

在农业方面，省农科院以科技服务好高州市农业产业发展，不断创新合作模式，充分发挥各自优势，推动更多合作成果转化落地，切实为高州市乡村振兴、高质量发展作出更大贡献。在工业方面，中山大学与高州市在国土空间规划、产业发展等方面达成深度合作，助力高州市经济社会发展再上新台阶。

（二）品牌化发展，彰显地理标志产品影响力

高州市为避免同质化竞争，大力发展特色农产品种植和深加工。通过推广先进种植技术、优化种植结构、提升产品质量，高州市的荔枝、龙眼、香蕉等特色农产品享誉全国，成为推动乡村振兴的重要支撑。在工业方面，高州市依托其良好的工业基础和产业优势，着力发展农产品加工、金属制品、轻工纺织、医药健康等四大主导产业。通过引进先进技术、提升产品附加值、加强品牌建设，高州市的工业经济实现了稳步增长，为县域经济发展提供了有力支撑。

（三）百会帮百镇，汇聚发展合力

百会帮百镇是高州市推进高质量发展的又一创新举措。通过动员各类行业协会、商会等社会组织与乡镇结对帮扶，高州市实现了社会资源的有效整合和共享，为乡镇发展提供了强大的支持。这些社会组织不仅为乡

镇提供了资金、技术、人才等方面的支持，还帮助乡镇开拓市场、推广产品、提升品牌影响力；同时，还积极参与乡镇的公益事业和社会治理，为乡村社会的和谐稳定作出了积极贡献。在百会帮百镇的推动下，高州市的乡镇经济得到了快速发展，乡村面貌焕然一新，农民的收入水平不断提高，生活质量得到了显著改善，乡村社会的文明程度也得到了提升。

第二节　“双百行动”推动东源县探索创新发展之路

东源县坐落于广东省东北部、东江中上游地带，东边毗邻龙川县与五华县，南侧接壤河源市源城区及紫金县，西面与龙门县、新丰县相连，而北界则倚靠和平县与连平县。辖区面积达4070平方千米，为全省县域面积第二大县。全县户籍人口约58.68万人，属客家文化地区。东源县交通网络四通八达，新丰江、东江及国道205线、广梅汕铁路、京九铁路、梅龙高速公路、粤赣高速公路、汕昆高速公路等主要交通动脉纵横交错，贯穿县境南北[①]。东源县深入贯彻落实省委“1310”具体部署及市委、市政府工作要求，全面推进“百千万工程”建设，紧抓“双百行动”机遇，坚持分类指导、差异化发展，以推动强县促镇带村为重要抓手，引导镇、村走特色发展、错位发展之路，以县域振兴推动城乡区域协调发展，努力建设强富绿美新县域，奋力当好河源绿色崛起主力军。

一、产业兴县：东源县谋定推进“百千万工程”思路

东源县在充分认识自身发展水平和发展优势的基础上，抓住“双百行动”新机遇，与高校深度合作，通过科学规划和精准施策，构建了高效的“1+1+13”指挥架构和清单化工作机制，全面推进县域经济高质量发展。

---

①《县情概况》，http://www.gddongyuan.gov.cn/zldy/zjdy/dygk/content/post_587125.html，2024年2月2日。

（一）东源县域经济发展水平和动能优势

根据河源市地区生产总值统一核算结果，2023年东源县地区生产总值为1816785万元，同比增长5.4%，经济稳中向好（见图7-3）。其中，第一产业增加值为341195万元，同比增长9.9%；第二产业增加值为701056万元，同比增长5.8%；第三产业增加值为774534万元，同比增长3.2%。

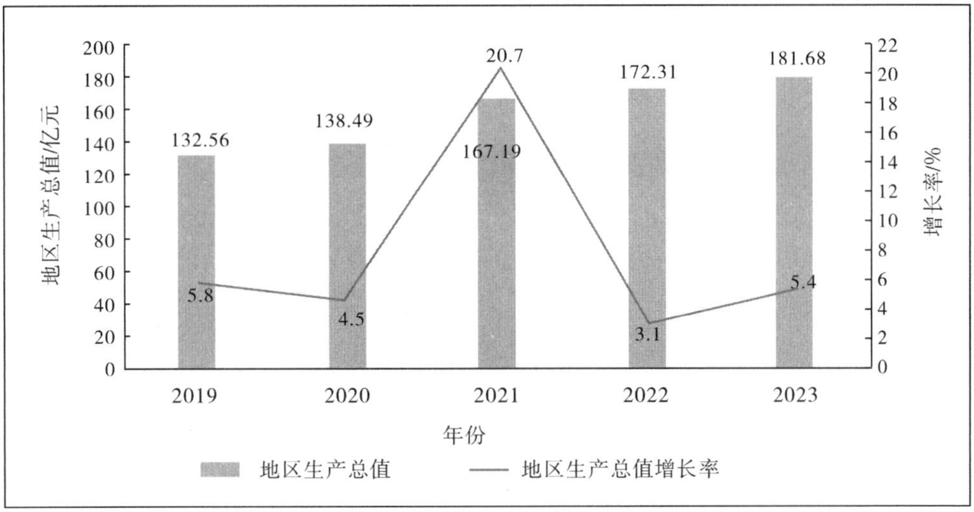

图7-3 2019—2023年东源县地区生产总值及其增长率

数据来源：东源县统计局。

表7-2显示了2018—2023年东源县三大产业增加值占比。从总体上来看，第三产业增加值占比最高，在50%左右；第二产业增加值占比居中，在35%左右；第一产业增加值占比最低，在15%左右；第一产业增加值、第二产业增加值和第三产业增加值的比例大致为3：7：10。

表7-2　2018—2023年东源县三大产业增加值占比（%）

年份	第一产业增加值占比	第二产业增加值占比	第三产业增加值占比
2018	13.8	32.0	54.2
2019	14.9	32.9	52.2
2020	16.6	34.2	49.2
2021	17.5	37.6	44.9
2022	17.8	37.9	44.3
2023	18.8	38.6	42.6

数据来源：东源县统计局。

（二）“双百行动”的新机遇和新挑战

2023年8月，广东省“双百行动”正式启动。根据“双百行动”结对安排，广东将组织化、系统化、项目化推进省内百家高校院所与109个涉农县（市、区）结对共建。首批82家高校院所和57个县（市、区）已全部完成结对签约工作，在产业发展、城乡建设规划、集体经济发展、基本公共服务、人才培养和改革创新等领域达成合作共识，为推动县域与高校高质量发展注入强劲动力。

东源县秉承“县域所需、高校所能”的原则，围绕产业发展、城乡融合、公共服务、人才培育、集体经济、决策咨询等方面，建立深层次的校地合作关系，探索多样化合作模式，调动各类资源要素支持合作项目，实现县域与高校之间的互利共赢发展。一是把握人才引进机遇。东源县将产业优势、项目资源优势与广东工业大学、广东开放大学的区位优势、人才智力优势有机结合，全面加强政校合作和产教融合，力争把更多的科研成果、研发机构和高层次人才引进东源县，持续为东源县经济社会发展提供人才支撑和智力支持。二是把握项目引进机遇。东源县充分发挥高校“智囊团”“人才库”的作用，探索建立智力下乡、陪伴式建设等机制，打造校地结对“项目清单化”模式，扎实推进“双百行动”共建重点项目。三是把握产业转型机遇。东源县以建设“双百行动”校地合作实践基地为契机，在先进材料、高端装备制造、电子信息等领域开展产学研合作，加快产业转型升级，共同推动“百千万工程”走深走实。

东源县在经济发展过程中虽然取得了一定的进展，但也面临着不少挑战。首先，在区域竞争日益加剧的背景下，东源县在招商引资方面需要与周边的博罗县和紫金县等县（市、区）进行竞争，而这些地区在接纳产业转移方面拥有更为显著的区位优势，这对东源县构成了一定的压力。其次，公共服务水平不能满足高素质人才的期待，尽管东源县通过“双百行动”成功吸引了一批人才，但基本公共服务的不足可能成为留住这些人才的障碍。此外，科技项目虽然有带来产业创新和经济增长的潜力，但其面临的市场风险也不容忽视，能否为县域经济贡献稳定的税收依然存在变数。

（三）扎实推进“百千万工程”，搭建“1＋1＋13”指挥架构

一是科学谋划、精准施策。东源县紧密结合自身发展需求，抓住“双百行动”新机遇，深度联动高校资源，推动校地合作，促进产业发展和人才培养，大力培育新质生产力，实现创新发展。坚持“产业兴县”战略，加快一二三产业融合发展，激活县域经济动能。在推动乡村振兴方面，东源县以“绿美”“富美”“和美”为重点，全面推进宜居宜业的美丽乡村建设，推动乡村全面振兴。据此，提出了“双百助力、产业兴县、绿美发展”的工作思路，并在组织机制上落实保障。

二是搭建“1＋1＋13”指挥架构。东源县“百千万工程”指挥部由县委书记任总指挥，县长任执行总指挥，兼任指挥办主任，由县发改局、财政、住建等部门分管负责同志兼任副主任。在全县抽调精干力量，设置3名行政编制、7名事业编制，专门安排独立的办公场所进行实体化运作，全面统筹县域经济、城镇建设、要素保障等13个工作专班，构建起指挥有力、科学高效的“百千万工程”指挥体系。

三是建立清单化、常态化工作落实机制。东源县系统梳理省、市、县重点任务近400项，构建“县领导抓总、指挥办协助、乡镇部门主战”的推

进机制，上下联动、集成高效推进重点任务落实。严格执行指挥部领导带班机制，每天安排一名副总指挥在县指挥办固定办公，负责指导调度、研判分析，确保准确高质高效推进“百千万工程”各项工作。

二、真抓实干：全面推进“百千万工程”的有力行动

东源县通过促进校地合作，强化产业发展，明确分类、树立典型以及优化环境、加强治理，全面激活县域经济活力，提升乡镇综合实力，并推动乡村全面振兴，实现经济社会协调发展。

（一）促合作、联高校，提升“双百行动”实效

东源县深入开展“双百行动”，积极联动广东工业大学、广东开放大学开展结对共建，围绕产业发展、城乡规划、人才培养等领域，找准合作共建结合点，增强合作的针对性、实效性，谋划实施共建项目，推动高校及科研院所作为纵向帮扶的重要力量深度参与“百千万工程”。具体措施如下：

一是完善工作机制，打造乡村建设实践基地。作为“双百行动”的直接受益者，东源县积极做好服务保障，全力支持配合结对高校开展工作。为尽快推动合作共建上轨道、见成效，东源县成立工作领导小组及专班，完善工作推进机制，确定专人负责联络协调，统筹推进结对共建各项工作任务。仙塘镇红光村“双百行动”校地合作实践基地采用一中心多布点辐射模式，以仙塘镇为中心，辐射全县各乡镇工作点，有力支持高校团队长期驻点开展红色教育、科技创新、文创设计、实习锻炼、社会治理、城乡规划、环境改造等社会实践服务。

二是深入走访调研，制定合作共建项目清单。截至2024年3月，结对高校已组织13批师生团队以及各行业专家团走访东源县15个乡镇、35个村落、17个县职能部门、16家企业，通过多方交流座谈梳理发展堵点难题，明确工作思路，探索建立智力下乡、校地共建、陪伴式建设等机制。在深度调研的基础上，共建三方结合实际，按照“县域所需、高校所能”的原

则，进一步研究谋划具体合作项目，初步形成了“双百行动”工作项目实施清单28项，为深入开展结对共建明确了工作方向。

三是聚焦技术服务，推动创新项目转化落地。强化产业发展科技支撑是“双百行动”的重要任务之一。2023年5月，河源东源（广工大）人才科创孵化飞地揭牌，搭建了东源县与广东工业大学人才、技术、创新资源的双向交流通道，让更多科研成果落地东源。2021年2月，罗锡文院士在柳城镇下坝村调研后，对当地旱涝保收的优质土地产生了浓厚兴趣。当地政府高效响应，仅用8天时间就顺利完成了2012.5亩土地流转，以便建立无人农场。如今，柳城镇流转耕地超5400亩，无人水稻农场显著提高了耕作效率和产量，推动了当地农业现代化和产业发展（见图7-4）。这些成就使柳城镇入选2023年农业产业强镇创建名单。

图7-4 柳城镇万亩智能化粮食生产示范基地现场

（二）兴产业、抓经济，增强县域发展动能

东源县紧扣县域这个战略支点，坚持“产业兴县”战略，加快推动一二三产业融合发展。

一是做大做强工业产业。东源县坚持制造业当家，加大力度支持传统产业增资扩产和转型升级，推动先进材料、高端装备制造、电子信息等新兴产业的发展，推动项目动工建设16个、竣工投产20个，全年新增规模以上工业企业19家、专精特新企业9家，实施技术改造企业28家。东源县对产业平台建设给予了极高的重视，积极推进工业园区三期建设、闲置低效用地整治、“商改工”[①]等工作，累计新开发、盘活工业用地1500亩。

二是做优特色农业产业。东源县持续推进“六大特色产业”（生猪、板栗、丝苗米、蓝莓、茶叶、油茶）提档升级，深入建设3个省级现代农业产业园以及油茶跨县集群产业园，高质量承办全省春耕生产暨支农服务下乡现场会，开展“打响河源米粉品牌”系列活动，成功举办农业招商大会，推动总投资额超42亿元的28个农业产业项目集中签约、动工和竣工。在茶产业方面，深入开展“茶产业提质增效年”行动，成功举办2023年茶产业博览会暨“粤茶杯”第十五届广东省茶叶质量推选颁奖典礼系列活动，茶叶种植面积达到5.8万亩，茶叶年产值攀升至10亿元，同比增长23.3%，仙湖村（茶叶）入选2022年全国乡村特色产业产值超亿元村名单，“康禾茶”成功注册地理标志证明商标，仙湖茶生态茶园获“中国大美茶山”荣誉称号。

三是做活商贸文旅产业。基于丰富的绿色文化、红色文化、客家文化、畲族文化、移民文化等文化资源，东源县持续提升特色旅游品牌的影响力，成功创建国家县域商业行动示范县，全力推动万绿湖风景区晋级国家5A级旅游景区，社会消费品零售总额一直位居全市前列。2023年中秋国庆假期，万绿湖风景区吸引游客数量较2019年同比增长306%。聚焦“结对消费、主题消费、惠民消费、文旅消费、回归消费”，东源县累计开展各类中大型活动37场次。其中，2023“东源非遗年”系列活动、2023年万绿湖首届开渔节活动等受到了央视的关注报道。此外，东源县致力于打造更多“一晚两天”“两晚三天”精品旅游线路，目前全县登记在册民宿125家，获评省级乡村民宿示范镇1个、省级乡村民宿示范点4个。

---

① “商改工”即商业用地变更为工业用地。

（三）明分类、树典型，壮大乡镇发展筋骨

坚持分类指导、差异化发展的策略，遵循宜农则农、宜工则工、宜商则商、宜游则游的原则，深入推动“一镇一策”实施，以促进镇域全面发展。

一是突出精准分类施策。针对全县21个乡镇进行精准画像，充分发挥城区镇和中心镇的辐射带动作用，将其打造成为镇域经济发展的领头羊；发挥专业镇和特色镇在资源禀赋与区位交通等方面的优势，致力于将其打造成镇域经济发展的“单项冠军”；挖掘普通镇的后发潜力，积极探索打破空间限制，推动各镇抱团发展，实现优势互补、资源互换、利益互享，促使普通镇焕发新的活力。

二是打造美丽优质“三圈”。东源县高标准建成21个乡镇便民服务中心，推动社区综合养老服务中心及长者饭堂项目试点工作，加快推动万绿社工信息化平台和养老智慧平台运行，打造完善的服务圈；积极开展国家级电商示范县创建，推动徐洞工业园、国家级电子商务进农村综合示范项目——东源县农村电商仓储物流配送中心——启动运作，打造兴旺商业圈；启动全长230公里的绿美环县路、沿东江经济带建设，进一步串联沿线乡镇的文化、旅游节点，更好满足群众生产生活需求，打造便捷生活圈。

三是以点带面树立典型。以顺天镇成功入选省“百千万工程”典型镇为示范，东源县培育打造“1＋3”典型镇（“1”是指省“百千万工程”典型镇顺天镇，“3”是指灯塔镇、柳城镇、义合镇3个市级典型镇）。通过营造比学赶超、赛龙夺锦的浓厚氛围，示范带动镇域全面发展。东源县将进一步推动美丽圩镇省级示范样板建设，带动一批名镇崭露头角。

（四）优环境、强治理，推动乡村全面振兴

持续推进乡村振兴，以“绿美”“富美”“和美”为重点，全县铺开，加快建设宜居宜业和美乡村。

一是大力建设绿美乡村。东源县深入实施绿美东源生态建设“六大行动”，高质量建设新丰江九里湖、义合镇下屯村、康禾镇三大绿美综合型示范点，重点在东江两岸因地制宜打造竹林竹海，建成森林乡村2个、古树公园1个，完成林分优化7.5万亩、新造林抚育5.38万亩、森林抚育4.66万亩的全年目标任务，累计种植榕树等各类乡土树种18万余株，并制定出台《东源县2024年“添绿添美你我他·绿美东源靠大家”工作方案》。以成功获评“全国村庄清洁行动先进县”为契机，迅速谋划启动“党建引领齐参与，镇靓村洁庭院美”专项行动，大力推进226户农房风貌管控提升工作，谋划建设3个农村住房集中建设试点示范，乡村风貌实现美丽蝶变。

二是积极建设富美乡村。东源县致力于发展壮大村集体经济，强化产业“造血”功能，创新探索“村村联合、强村带弱村”发展模式，成功探索“盘活闲置资源”等实践模式，全县行政村基本实现村集体收入20万元以上、总收入增长39.7%的目标。35家富镇强村公司作为实施主体组织开展了船塘镇第八届板栗文化节暨“锚定百千万‘栗’助共富路”活动、叶潭镇首届柚子采摘节暨文旅推介活动等系列主题活动，助力乡镇实现各美其美；在“东江画廊”乡村振兴示范带农文旅项目招商活动中，累计引进14个项目，总投资额高达5亿元。龙利村发挥毗邻县城的区位优势和丰富的文旅资源优势，通过土地流转和引入新业态项目，推动城郊旅游休闲多样化发展，打造集观光、休闲、娱乐为一体的综合性旅游目的地——贝拉小镇。贝拉小镇的建设为村集体带来了经济收益，包括每年营业额3%的分红及20万元的租金收入，解决了约80人的就业问题，有效促进了当地居民在家门口就业。

三是全面建设和美乡村。东源县坚持和发展新时代“枫桥经验”，学好用好“浦江经验”，扎实开展“1+6+N”[①]矛盾纠纷多元共治试点工作，创新“阳光议事制”“积分制”等治理模式，完成“信访超市”建

① “1”指综治中心，“6”指综合网格、法院、检察院、公安、司法以及“粤平安”社会治理云平台，“N”指其他政法、综治和社会力量。

设，最终成功入选广东省县级标杆群众信访诉求综合服务中心名单，义合镇下屯村入选第三批全国乡村治理示范村名单。

三、成效与展望

东源县在推进“百千万工程”中取得了显著成效，通过与高校的紧密合作，实现了资源共享和优势互补，为县域经济社会发展注入了新的活力。在2023年广东省实施“百千万工程”考核评价优秀的地区中，东源县被认定为进位类县市中的优秀等次，将获8000万元资金和200亩新增建设用地指标“双奖励”；同时，东源县还入选省首批以县城为重要载体的新型城镇化试点[①]。在此基础上，东源县将继续深化“双百行动”，推动校地合作向更高层次发展。同时，聚焦产业发展，加快构建现代化产业体系，培育特色优势产业，打造县域产业集群。此外，东源县还将坚持差异化发展战略，推动镇域经济活力全面提升，并通过持续改善人居环境，推动美丽乡村建设实现新的蝶变，为实现乡村振兴战略目标奠定坚实基础。

（一）东源县推进“百千万工程”的成效

东源县通过深入开展“双百行动”，与高校紧密合作，实现了资源共享和优势互补，推动“百千万工程”提质增效，为产业发展和科技进步提供了有力支撑。东源县在交通、营商环境和科技创新等方面不断夯实发展基础，全面改善了城乡面貌，实现工业提质赋能，持续增强产业发展活力。同时，东源县在城乡融合、农业发展、园区建设等方面也取得了显著成效，为县域经济的高质量发展注入了新动能。

---

①《2023年省实施“百千万工程”考核评价结果出炉，东源、连平获评优秀！》，https://static.nfnews.com/content/202405/09/c8855758.html?colID=89&firstColID=89&appversion=11100&enterColumnId=89&from=weChatMessage&date=bnVsbA==&layer=6，2024年5月9日。

1.校地优势互补，“双百行动”实现双向奔赴

东源县深入开展“双百行动”提质增效，围绕产业发展、城乡规划、人才培养等领域，积极联动广东工业大学、广东开放大学开展结对共建，同时发挥其他高等院校和科研院所的作用，推动校地实现资源共享、优势互补、协同创新，强化产业发展科技支撑，助推“百千万工程”落地见效。

一是强化了产业发展科技支撑。广东工业大学轻工化工学院助力东源县打造客家米酒产业科技创新与产业示范建设项目，有效降低酒糟总体污染率，增加产品附加值，提高企业经营利润；广东工业大学机电工程学院打造水稻种膜直播种植技术项目，通过工业技术解决农业问题，实现精准播种；广东工业大学机电工程学院打造铭镭小型化可变光斑焊接激光器项目，与企业联合共建广东省博士工作站、硕士研究生人才联合培养基地、社会实践基地；广东工业大学艺术与设计学院打造东源县茶旅“艺”彰乡村振兴实践项目，聚焦蓝口镇等地茶旅产业，探索促进茶产品销售、茶文化发展的互联网助农新模式。东源广工大现代产业协同创新研究院与河源太二渔业项目组合作，为企业开展高密度工厂化养鱼数字化技术开发，为“公司＋农户”高密度养殖模式推广奠定技术与产业基础；东源广工大现代产业协同创新研究院创新创业人才团队与广东光米光电科技有限公司合作开展高清高亮度立式LCD（液晶显示器）投影机研发项目，目前已合作申请专利3项（其中发明专利2项），开发新产品2款，产品销售额已超过500万元。

二是获得了全方位技术帮扶。中国工程院院士、华南农业大学教授罗锡文及其团队从“耕、种、管、收”四大方面为东源县提供专业技术支持，推动柳城镇万亩智能化粮食生产示范基地实现全程机械化、部分无人化耕作；华南农业大学李永涛教授团队助力东源县开展受污染耕地安全利用项目，通过项目实施，全县受污染耕地安全利用率达到100%；华南农业大学材料与能源学院党委副书记陈建为东源县种植农作物提供技术指导，

助力解决病虫害防治等难题；广东省农业科学院助力黄村镇研发和市场化运营大果山楂深加工产品；广东省农业科学院茶叶研究所助力康禾镇茶产业发展；广东省科学院指导东源县制定蓝口茶叶、红薯和玉米种植技术实施方案，为乡村产业振兴提供坚强的科技保障；华南理工大学、韶关学院助力漳溪乡日光村打造玫瑰产业种植基地，发展壮大村集体经济，带动群众增收。

三是带动了高附加值产业。广州华商学院与顺天镇围绕镇域形象、品牌推广等开展7项课题合作，打造乡村振兴校地合作实习实践基地，为乡村振兴提供人才保障；仲恺农业工程学院联合广东省农业科学院蚕业与农产品加工研究所、广东省农业科学院茶叶研究所在东源县组建3个河源市农业科技创新中心，建设广东省优质名茶示范基地等4个基地，成立广东省农业科学院茶叶研究所（东源）工作站，有力推动了东源县农业产业高质量发展。

2.夯实发展基础，创新发展蹄疾步稳

抢抓新一轮省内对口帮扶协作、“双百行动”机遇，进一步夯实互联互通基础，推动发展环境不断优化、发展活力不断释放。

一是交通环境不断改善。东源县深入开展交通大会战，5条国省道及农村公路路面改造项目建成通车。公路灾毁、高铁损毁等道路修复项目及西环路（一期）、省道230线黄田大桥段等重点项目顺利推进。

二是营商环境不断优化。“扩权强县”赋能改革扎实推进，承接省级审批事项2项，下放基层行政处罚事项222项、公共服务事项30项、委托事项105项，1320项政务服务事项实现“一门式办理”，824项依申请政务服务事项和412项公共服务事项实现“一网通办”。推出“一件事”主题服务50项，243项高频服务事项实现“自助办”。

三是科技创新不断加强。2023年，东源县入选全国第二批创新型县（市）建设名单，新增国家高新技术企业10家、博士工作站1个、市级以上研发机构2家，68家企业进入国家科技型中小企业库。深入推行农村科技特派员制度，打造科技创新示范基地2个，实施科技项目71个，转化科技成果16项。创新成立乡村振兴决策咨询专家委员会和助力赋能人才委员会，引进高学历、高职称等高层次人才202人。“双百行动”落地见效，携手广东工业大学、广东开放大学共谋发展，成功打造校地合作实践基地、县域创新基地。河源东源（广工大）人才科创孵化飞地、河源东源（深圳）产业促进中心、河源东源（盐田）科技创新中心等“反向飞地”在广州、深圳挂牌。

3.城乡全面融合，整体面貌焕然一新

一是城市品质底色更亮。县级国土空间总体规划获省政府批复，马岭坳片区、仙塘镇片区和义合镇片区控制性详细规划完成编制。新安南路、安居三路建成通行，新增公共停车位550个；新建天然气市政管网3公里，县城天然气普及率达80%；新增及提升城市绿化面积0.95万平方米，人均公园绿地面积达14.92平方米。

二是镇域节点功能更强。东源县分类打造特色专业镇，仙塘镇入选省百强镇。乡镇便民服务中心实现全覆盖，灯塔镇、上莞镇商贸中心主体基本完工，镇域服务圈、生活圈、商业圈进一步完善。

三是美丽乡村成色更足。东源县顺天镇“诗画田园”成功入选2022年度“广东省十大乡村振兴示范带”，获奖励资金1亿元，新增美丽宜居村34个、特色精品村5个、“四小园”377个。组建富镇强村公司35家，带动131个行政村集体经济收入超30万元，全县行政村集体经济收入均达20万元以上。预计全年农村居民人均可支配收入22174元，增长8%。

四是农业发展质量更高。粮食安全保障更加有力，耕地保有量27.4万亩，新增耕地面积1500亩，建成高标准农田2.8万亩；粮食播种面积38.3万亩、粮食总产量15.43万吨，实现双增；蓝莓、丝苗米等省级现代农业产业园建设稳步推进，板栗、茶叶产业园通过省级验收。2023年，东源县被评定为“省级家庭农场示范县”，新增市级农业龙头企业8家。

4.工业提质赋能，兴县产业加快起势

坚决落实制造业当家“一把手”工程，深入开展“制造业提质攻坚行动”“营商环境提升行动”，推动“1 + 3”产业集群发展，全力扩内需稳外需，经济发展基础不断夯实，后劲不断增强。

一是园区建设提速增效。东源县工业园成功纳入全市承接产业有序转移主平台。投入资金7.6亿元，实现扩园67万平方米，新建标准厂房12.4万平方米、厂房意向入驻率达60%。新材料产业园完成投资4亿元，基础设施更加完善。园区用地整治提升第二年，任务完成111.3%，盘活闲置、低效用地500亩。

二是新型工业提质赋能。东源县深入实施县领导联系服务重点企业重点项目制度；新增规模以上企业19家、专精特新中小企业9家，推动29家企业完成技改投资7.6亿元。广东信大科技产业基地项目等16个项目动工建设，晟源永磁项目等20个项目竣工投产，工业投资完成55.5亿元，增长20.7%。万绿湖优质水利用项目入选广东省水经济试点名单，水饮料及食品产业实现总产值14.8亿元。先进材料、高端装备制造、电子信息等重点产业集群规模和业态能级稳步提升，产值分别为91亿元、14.8亿元、6.4亿元。

三是内生动力持续提升。东源县持续扩大有效投资，总投资80亿元的岑田抽水蓄能电站获批建设，29个省市重点项目完成投资43.6亿元。坚持“一把手”招商，成功承办广东省产业有序转移招商引资对接平台建设推广现场会，在全市率先聘用招商大使，开展招商路演、农文旅招商等线上线下活动9场次，新引进亿元以上项目20个，投资额达47.2亿元。成功设立中国（河源）东源跨境电商产业园，推动颂怡塑钢等项目加快建设；实际利用外资7714万元，总量居全市第一。

（二）东源县推进“百千万工程”的展望

在持续深入推进“双百行动”赋能东源县产业转型升级的有利形势

下，东源县将在以下三个方面持续发力，再创佳绩。

1.聚焦产业发展，推动县域经济实力实现新发展

东源县实施“农业立县、工业强县、文旅兴县”战略，培育特色优势产业，打造县域产业集群，着力构建现代化产业体系。一是做大做强工业产业。坚持“产业兴县”战略不动摇，推动传统产业与时俱进，科学有序重启资源型经济，发展壮大先进材料、高端装备制造、电子信息、水饮料及食品等新兴产业。加快推进东源县工业园区三期开发建设，高水平建设承接产业有序转移主平台，持续在建链、强链、延链上发力，加快建设以实体经济为支撑的现代化产业体系。充分利用好“反向飞地”等平台，加速项目成果转化，大力开展中小企业“强筋壮骨”行动，培育一批“小巨人”企业和瞪羚企业，深化落实“一把手”招商机制，着力招引一批大项目、好项目。二是持续做优特色农业产业。坚持以创建国家现代农业示范区为抓手，支持服务灯塔盆地创建国家农业高新技术产业示范区，持续推动茶叶、生猪、板栗等“六大特色产业”扩大规模、提高品质、打造品牌，力争培育“粤字号”品牌。大力实施“补改投”现代农业产业园试点项目，推动东瑞船塘现代农业综合体二期、霸王花预制米粉等一批重点农业项目加快建设，做足做好农产品精深加工文章，进一步延长产业链，提升价值链。深入开展茶产业提质增效行动，筹备好东源县茶产业博览会，围绕“一湖好茶”开发系列文创产品。全面激发消费活力，积极探索“农业+文旅”模式，走好生态旅游发展之路，全力推动万绿湖风景区创建国家5A级旅游景区，谋划开展更多集聚人气、促进消费的活动。擦亮“万绿人家”民宿名片，打造河源米粉品牌，完善旅游基础设施建设，提升旅游接待能力和服务能力。

2.聚焦差异化发展，推动镇域发展活力实现新提升

东源县坚持把培育镇域经济作为发展新优势、突破口，深入实施“一镇一策”，加快培育“1+3”典型镇。进一步加大资金、土地等要素资源的投入力度，广泛动员高校、企业、乡贤、群众等社会力量参与乡镇“百千万工程”等重要工作，推动各乡镇因地制宜发展富民兴村产业，着力补齐各乡镇短板。谋划贯通南北的县域骨干道路，不断打造完善的服务圈、兴旺的商业圈、便捷的生活圈。

3.聚焦人居环境建设，推动美丽乡村实现新蝶变

东源县通过深化建设15个省级典型村和15个市级典型村，全面巩固全国村庄清洁行动先进县成果，深入实施农村人居环境整治行动。一是谋划开展“党建引领齐参与，镇靓村洁庭院美”专项行动，用好“金扫帚评比”“积分制”等激励机制。二是抓好农房风貌管控提升和集中建设等工作，确保所有村庄持续干净整洁有序。三是深入实施绿美东源生态建设“六大行动”，科学推进新丰江九里湖、义合镇下屯村、康禾镇3个绿美综合型示范点建设，实施城乡一体绿美提升行动，持续提升“五边”（山边、水边、路边、镇村边、景区边）绿化美化品质。

四、评价与启示

东源县坚持以高标准制定目标、高效率深化改革、高水平保障要素、高起点推动帮扶，为“百千万工程”凝心聚力、增添活力。

（一）营造“百千万工程”建设氛围，深化激励考核机制

东源县在“百千万工程”建设中，通过构建高效的指挥架构、制定清单化工作机制以及深化激励考核机制等措施，营造了良好的建设氛围，确保了“百千万工程”的顺利推进和高效实施。尤其值得肯定的是，东源县聚焦经济发展贡献、绿美生态建设等工作重点，开展“8＋1”竞标争先活动，拿出3000万元激励比学赶超。同时，将“百千万工程”作为重要内容纳入年度目标考核责任制、党建工作考核方案，切实提高分值比重，以考核评比倒逼各镇村、各部门责任落实。通过将这些激励措施与考核机制相结合，东源县激发了干部群众的积极性，确保了各项任务的有效完成。

（二）深入实施“双百行动”，汇聚各方面各战线资源

“双百行动”为东源县提供了与高校院所合作的宝贵机遇。通过与广东工业大学、广东开放大学等高校的深度合作，重点用好河源东源（广工大）人才科创孵化飞地等三大“反向飞地”及河源东源（深圳盐田）海洋经济合作试验基地，揭牌运行东源县“双百行动”校地合作实践基地，推动建筑企业与全县乡镇开展结对帮扶，东源县在产业发展、人才培养、科技创新等方面取得了显著成效。这充分说明以结对共建帮扶促进产学研合作是推动地方经济发展、提升创新能力的重要途径。

（三）集中土地资源办大项目，破解产业项目落地难题

东源县通过创新行政赋权、深化改革、严格要素保障和集中资金支持，提高了行政效率和市场活力，优化了资源配置，为产业项目的顺利落地和县域经济的高质量发展提供了有力支撑。首先，东源县扎实推进县（区）“点菜”、省市“上菜”的菜单式赋权方式，不仅提升了行政效率，还加快了项目的审批流程，为项目的快速落地创造了条件。其次，东源县通过“一创三改”“社账镇代理”“乡镇编制周转池”等改革任务的实施，推进了重点改革项目和高质量发展改革攻坚项目。这些改革措施有助于打破体制机制障碍，激发市场活力，为产业项目的顺利实施提供制度保障。再次，东源县通过加强土地供给，采取拆旧复垦、增减挂钩等措施，盘活土地资源，为产业项目提供了必要的土地要素保障。最后，东源县积极主动争取上级财政资金，加大财政资金的统筹力度，实现了资金的集中使用，为产业项目的顺利推进提供了坚实的资金保障。

第八章

帮扶协作加速绿美广东崛起

绿色发展是我国经济转向高质量发展阶段的应有之义，是永续发展的必要条件和人民对美好生活追求的重要体现，绿色发展包括生态环境保护、生产方式和生活方式绿色转型等丰富的内涵。《中共广东省委关于深入推进绿美广东生态建设的决定》提出深入实施绿美广东生态建设“六大行动”，“走出新时代绿水青山就是金山银山的广东路径，为我省在全面建设社会主义现代化国家新征程中走在全国前列、创造新的辉煌提供良好生态支撑”[①]。这要求“百千万工程”视阈下的县域经济高质量发展要夯实绿色底色。同在粤东地区的梅县区和陆河县均拥有丰富的农林资源，2023年以来，前者坚持“一线工作法”，通过党建引领和干部队伍的一线锤炼，用好“千企帮千镇、万企兴万村”和建筑企业结对帮扶镇村行动资源，推动“百千万工程”落地见效，提升绿美生态建设实效；后者深化与深圳的对口帮扶关系，提升新型帮扶协作效能，充分挖掘当地生态资源价值，走出了一条生态功能区的绿色发展“广东路径”。

①《中共广东省委关于深入推进绿美广东生态建设的决定》，https://www.gd.gov.cn/gdywdt/gdyw/content/post_4102135.html，2023年2月28日。

第一节　梅县区坚持“一线工作法”建好“百千万工程”典型区

梅县区隶属于广东省梅州市，地处广东省东北部，韩江上游。全区总面积2482.86平方千米，辖19个镇（高管会、办事处）、355个行政村、34个社区。2023年末，常住人口55.27万人，户籍人口61.67万人。梅县区是广东著名革命老根据地，属原中央苏区范围，是叶剑英元帅的故乡，素有“长寿之乡”“足球之乡”“华侨之乡”“金柚之乡”等九乡之美誉。

近年来，梅县区全面贯彻落实党的二十大精神和习近平总书记视察广东重要讲话、重要指示精神，认真落实省委“1310”具体部署，按照广东省委书记黄坤明、省长王伟中来梅县区调研的指示要求，学习“千万工程”做法，以“百千万工程”为统领，围绕做大县域、做强产业、做特镇村、做美乡村、做活文旅、做优生态、做实作风七大建设路径，全面推进强县促镇带村，探索走出一条符合山区特点、苏区特色的县域经济振兴之路。

2023年，梅县区入选全省“百千万工程”典型区，松口镇、雁洋镇入选典型镇，丙村镇溪联村、松口镇大黄村、雁洋镇南福村、雁洋镇雁上村、雁洋镇长教村、雁洋镇阴那村、雁洋镇塘心村7个村入选典型村。

一、脚踏实地，谋定推进“百千万工程”思路

梅县区坚持立足粤东生态发展定位，凭借自身产业基础、丰富的农林资源和深厚的客家文化底蕴，以实体经济为本，构建特色产业体系，积极培育壮大高端铜箔、机械制造、智能家电“2＋1”现代工业集群，经济稳步增长，产业结构不断优化。通过实施“百千万工程”，梅县区致力于转化发展短板，推动产业升级和乡村振兴，打造具有特色的现代农业产业基地，促进文旅产业深度融合，提升全域旅游服务水平。然而，县域经济发展面临总量偏小、产业集群未成熟、基础设施欠佳、城乡发展不均衡、资

源要素制约等挑战。面对“百千万工程”机遇，梅县区以苏区与湾区政策叠加、产业转移、新能源产业结构调整等为动力，着力补短板、转劣势、促协调，推动县镇村全面发展，打造强富绿美新县域。

（一）充分认识发展优势

梅县区拥有良好的农林资源禀赋，是广东省重点林区，全区林地面积273.5万亩，森林覆盖率达75.54%，森林蓄积量为1225.38万立方米。荣获“中国金柚之乡”“全国水果百强县”“中国旅游强县”“全国文化先进县”“全国绿化模范县”“全国绿色小康县”“全国文明县城”等称号，是全国“绿水青山就是金山银山”实践创新基地，连续3年上榜“中国最美县域”，是全国森林康养基地试点建设区、首批广东省全域旅游示范区之一，入选国家级、省级现代农业（金柚）产业园创建名单，于2021年11月获评“中国民间文化艺术之乡”。拥有国家5A级旅游景区雁南飞茶田度假村、国家4A级旅游景区叶剑英纪念园、雁山湖国际花园度假区、千年古刹灵光寺等著名旅游景区景点。梅县区的客家文化源远流长，客商精神承古纳新，旅居海外的侨胞及港澳同胞有100多万人，是全国重点侨乡。

梅县区主动融入国家、省、市的区域协调发展大局，利用自身资源禀赋走特色发展之路，经济保持稳步增长态势（见图8–1），积累起比较厚实的产业家底。

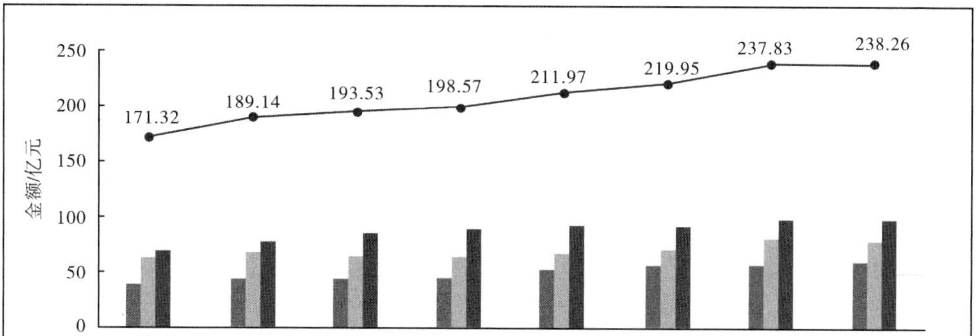

图8–1 2015—2022年梅县区经济增长状况

第一，工业规模持续扩大，绿色工业体系初步形成。“十三五”时期，梅县区发挥自身资源优势，加快传统产业转型升级，全力推动产业经济发展迈上新台阶。工业对经济发展的贡献不断巩固，规模以上工业总产值总体向好（见图8-2），2022年，三次产业结构比重为35.2∶33∶41.8。电商物流产业融合发展加快，“互联网+”关联企业超过1000家，梅县区入选“互联网+”农产品出村进城工程试点县。“十三五”期间，梅县区坚持把绿色发展贯穿于产业转型升级全过程，引导企业进行绿色化节能改造，推动传统产业从资源型、加工型向生态型、科技型转型升级，壮大发展电子信息、装备制造等支柱产业，促进电力能源产业稳步发展，推动绿色工业高质量发展。电子信息产业不断发展，铜箔产业入选全省“双十”战略性产业集群。梅州综合保税区、中国（梅州）跨境电子商务综合试验区获国务院批复设立。

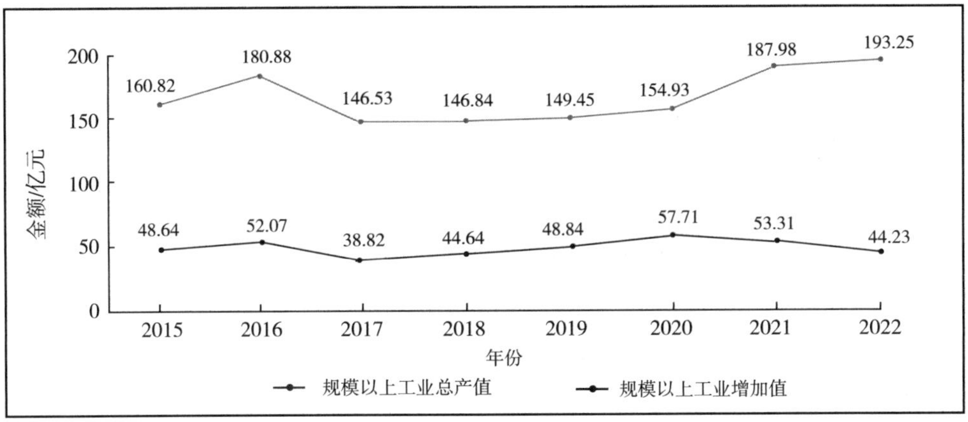

图8-2　2015—2022年梅县区规模以上工业增长状况

数据来源：梅县区政府网站。

第二，农业综合实力增强，乡村产业振兴基础稳固。粮食产量稳定，切实履行了稳粮保供责任，水果产量连年增长（见图8-3）。近年来，梅县区依托特色农产品打造大产业，以创建国家现代农业示范区为目标，以国家级、省级现代农业产业园为平台，做活“土特产”文章，做大做强了金柚、水稻、茶叶和特色水产等优势产业，打造建设了一批现代特色农业产业基地。特别是擦亮“梅县金柚”金字招牌，突出科技创新实现金柚产业提质，实施柚果精深加工、金柚产业防灾减灾、金柚品牌建设三项工程。组建丝苗米、金柚产业联盟，首批选聘35名“产业村长”，成功创建43个特色专业村，获评全国农业社会化服务典型。

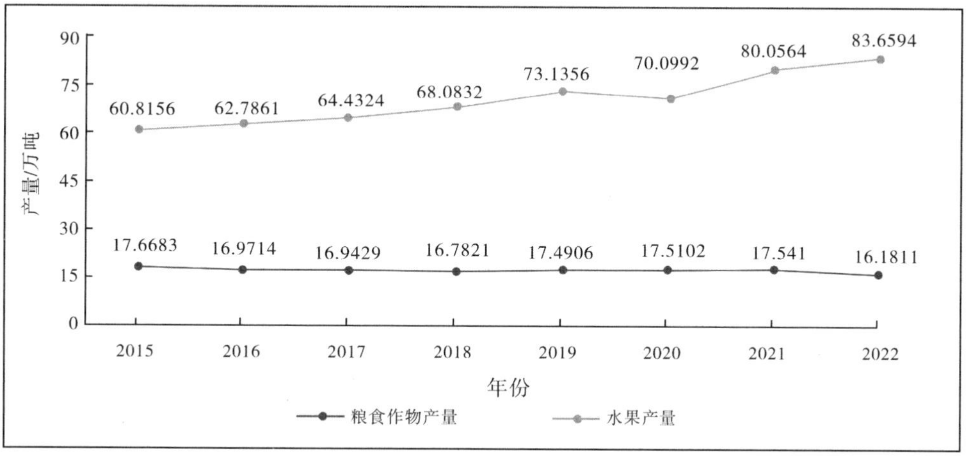

图8-3　2015—2022年梅县区农业增长状况

数据来源：梅县区政府网站。

第三，服务业发展态势蓬勃，文旅产业影响力扩大。梅县区稳定的居民收入水平支撑了社会消费的繁荣（见图8-4）。依托丰富的生态、文化、历史资源，梅县区积极促进文化和旅游深度融合，以创意人文构建城市品牌体系，以社区引领驱动供给改革，以活动导向塑造文旅品牌，以创意赋能打造城市标签，产品供给体系实现新一轮迭代升级，旅游跨界融合频繁，获评国家全域旅游示范区，县域旅游综合竞争力连续九届跻身全省十强，文旅的大产业、大民生、大展示功能得到彰显。“十四五”时期，梅县区提出打造生态型休闲度假旅游高地、红色旅游融合发展示范区、客家精神家园展示区、公共文化服务标杆四大具体目标。“叶帅故里·大美梅县”品牌深入人心。依托客家文化生态保护区、三宜城乡风貌建设基础，在梅州市率先建设人文艺术引领型、精品度假驱动型、景观城市发展型的国家全域旅游示范区、客家文化精神高地。

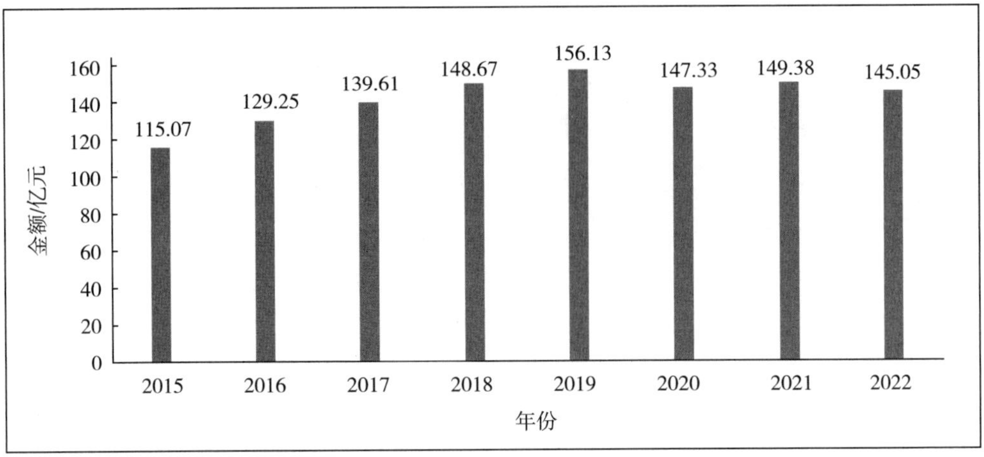

图8-4　2015—2022年梅县区社会消费品零售总额

数据来源：梅县区政府网站。

（二）客观正视挑战

尽管梅县区取得了一定的发展成就，但县域经济跃升仍然面临不小的挑战。

一是县域综合实力不强，全区经济总量偏小，尚无百亿产业集群，工业发展的新动能不足。二是基础设施不完善，城镇化率、公共服务水平与其他地区仍有较大差距，城乡发展不够均衡等短板仍亟待补齐。三是资源要素支撑不足、发展空间受限等瓶颈问题依然突出。由于产业发展相对落后、生活配套不完善，表现出外来劳动力减少、本地年轻劳动力外流的趋势，制造业面临严峻的用工短缺问题，加上本地高校少，且缺乏引进高精尖人才的教育、医疗、文化等公共服务配套，在技能人才、高层次创新人才方面结构短板更为凸显。

（三）形成推进“百千万工程”的总体思路与机制

在“百千万工程”的引领下，梅县区积极把握“苏区＋湾区”政策叠加、省内产业有序转移、新能源产业结构调整等重大机遇，决心将县镇村发展短板转化为高质量发展引擎，矢志打造强富绿美新县域、美丽兴旺新城镇与宜居宜业新乡村，推动城乡区域协调发展迈上新台阶。为此，梅县区形成了推进“百千万工程”的总体思路：开放招商兴区、绿色制造强区、特色产业富区、文旅融合旺区。为扎实推进“百千万工程”，形成了以下推进机制：

一是高位统筹，实体化运作。梅县区成立由区委主要领导挂帅的“百千万工程”指挥部，构建区镇两级指挥体系，以钉钉子精神确保工作落地。实体化运作体现在组建县域经济、城镇建设等9个工作专班，抽调17名精干人员全脱产集中办公，强化指挥办机构建设方面，增设3个股室、9个编制。

二是建章立制，体系化推进。建立健全领导有力、统筹有序的指挥体系、组织体系、责任体系、政策体系、考核体系，形成完备的工作制度框架，确保各项工作有章可循、有序展开。

三是压实责任，上下联动。做实区领导责任点建设，制定区领导定点联系镇村工作方案，以上率下，全区上下总动员，四套班子齐上阵，形成共推“百千万工程”的强大合力。

四是政策引导，资源聚焦。统筹全区“一盘棋”，先后制定66项配套政策，引导资源要素向“百千万工程”倾斜，确保工程实施获得充足支持。

五是科学规划，精准施策。在全省率先聘请规划建设总师，携手省城乡规划设计院等专业机构，优化典型区、镇、村规划编制，明确发展方向与实施路径，确保实施“百千万工程”的前瞻性和实效性。

综上所述，梅县区围绕“百千万工程”实施，从顶层规划到基层执行，从制度建设到资源调度，从领导垂范到全员参与，构建了全方位、立体化、高效协同的推进机制，展现出坚定的决心与务实的行动力，为“百千万工程”的实施与梅县区的高质量发展奠定了坚实基础。

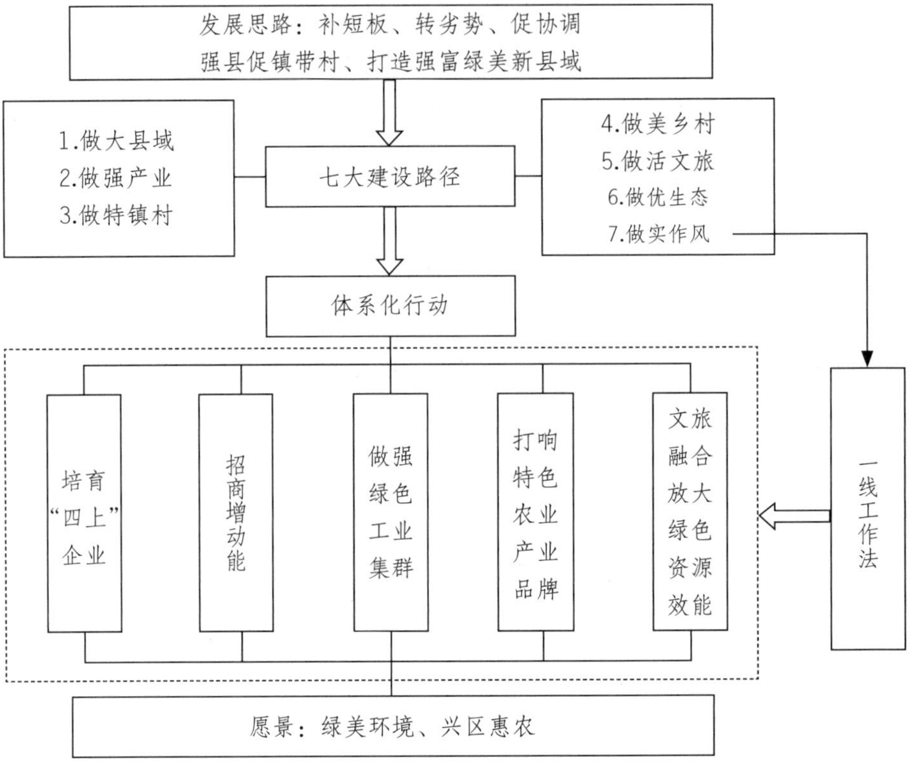

图8-5　梅县区打造典型区战略部署

二、梅县区全面推进“百千万工程”的体系化行动

梅县区实施“百千万工程”，以招商先行、绿色制造、农业产业、文化旅游四大板块推动高质量发展。在招商先行方面，通过开放招商与“1 + 4 + 10 + 19”大招商格局（即由1个招商引资工作领导小组统筹，4个招商服务队一线对接，10个区直单位和19个乡镇合力推进），筑牢高水平开放平台，引进高新技术企业，培育“四上”企业，新增“反向飞地”。在绿色制造方面，聚焦高端铜箔、机械智造、智能家电“2 + 1”现代工业集群，打造全国铜箔重要生产基地，向“中国铜箔之都”迈进。在农业产业方面，推动金柚、茶叶等主导产业与大坪鸽、小龙虾等特色产业共同发展，建设华发现代设施农业示范基地，实现三产融合。在文化旅游方面，打造

茶旅融合、乡村旅游、民俗文化等特色线路，提升景区服务质量，强化非遗与旅游融合，推进非遗市场化、专业化，整体性保护客家文化生态，促进文旅产业高质量发展。

（一）开放招商增创发展动能

开放招商是增创发展动能的重要途径之一。一个地区或国家可以通过吸引外部的资金、技术、人才等资源，来推动当地产业的升级和发展，增强经济活力和竞争力。梅县区在开放招商方面采取了多种有效的政策措施，积极吸引国内外优质企业和项目落户当地，为当地经济的高质量发展注入了新的动能。

1.大力招商引资

发展县域经济，要有经济“活水”的注入。为了招好商、招大商，梅县区专门出台招商引资绩效管理办法、激励办法、实施细则等6项政策措施，进一步规范招商引资工作流程。区委、区政府主要领导坚持每月外出招商，每季度至少组织一场重大招商活动，带队到北京、上海、广州、深圳、柳州等地开展招商推介，形成全域招商、全员招商、全面招商的浓厚氛围。2023年，全区新签项目82个，计划总投资217.92亿元，动工项目61个，计划总投资128.78亿元。

2.借助开放动力

围绕粤港澳大湾区“一点两地”战略定位，积极参与苏区融湾先行区建设，建设一批高水平开放平台，打造高质量发展重要动力源。一是抓好梅县区产业集聚地建设。省级新一代电子信息技术（电子专用材料）特色产业园成功获批，梅县区产业集聚地9.28平方公里纳入省产业转移主平台，19个总投资17.18亿元的基础设施项目稳步推进。二是抓好梅州综合保税区建设运营。梅州综合保税区一期高质高效运营，二期建设顺利通过封关模拟验收，梅州国际陆港正式挂牌，开通了5条海铁联运通道（深圳盐田港、广州南沙港、深圳蛇口港、深圳大铲湾、广州黄埔港），实现区港联动、海铁联运，助力梅州打造区域性“公铁海”多式联运物流枢纽、国家级对外开放发展新平台。梅州综合保税区入驻企业30家，2023年进出口总额18亿元，占全市进出口总额的18%，在全省13个综合保税区中增长率位列第一；2024年1～3月，实现进出口额超10亿元，同比增长266.5%，发展势头强劲。三是抓好科技创新平台建设。坚持企业创新主体地位，激活发展活力。“十三五”期间，国家企业技术中心、省企业重点实验室、院士工作站、国家技术创新示范企业、省级科技企业孵化器等实现零的突破。目前，全区共有国家企业技术中心1家、省企业重点实验室1家、省工程技术研究中心11家、省企业技术中心2家、省科技企业孵化器1家、省部产学研示范基地3家、省科技特派员工作站7个、市级工程技术研究中心35个、省创新型专业镇创建镇1家、省创新型专业镇入库镇3家；已建立市级以上研发机构的规模以上工业企业28家，规模以上工业企业建立市级以上研发机构占全区规模以上工业企业比例为35%；有高新技术企业31家，国家科技型中小企业28家、专精特新企业15家，省级单项冠军企业1家。四是落实“1＋N”人才政策，新招引各类人才2912人。五是探索建设“反向飞地”。荔湾（梅县）1906科技园经贸基地和荔湾（梅县）创金中心2个“反向飞地”正式挂牌成立，产业共建实现双向奔赴。

（二）绿色制造厚植县域家底

绿色制造是厚植县域家底的重要手段之一。县域政府应积极推动绿色制造的发展，制定相关政策措施，鼓励企业实施绿色化改造和升级，加强绿色技术研发和推广，提高县域经济的绿色化水平，为县域经济的可持续发展奠定坚实基础。

1.做强主导产业

产业强则县域强，产业兴则百业兴。梅县区一手抓招商引资、一手抓增资扩产，主动对接制造强省产业分工，不断做大经济规模、做大经济总量、做大经济蛋糕。巩固提升电力、建材等传统产业，持续培育壮大高端铜箔、机械智造、智能家电“2＋1”现代工业集群。目前，梅县区逐步形成以铜箔产业为主导的铜箔—覆铜板—电路板等上下游一体化产业链，全区铜箔年实际生产能力在9.6万吨以上，约占全国产能的10.6%；铜箔越做越薄，产业越做越厚。近年来，以嘉元科技、超华科技为龙头的梅县区铜箔产业驶入发展快车道。整个产业链实现产值61.59亿元，同比增长16.3%，占梅县区规模以上工业总产值的32.34%，已成为梅县区第一主导产业。坚持实体经济为本、制造业当家。铜箔产业从单一材料向储能设备、电池、电站拓展，梅县区成为全国铜箔重要生产基地，正向“中国铜箔之都”迈进，入选全省“双十”战略性产业集群、广东“强芯工程”；装备制造产业从轮毂等零部件生产向半挂车整车组装的产业链条延伸，带动17家上下游企业联动发展；智能家电产业向电控板到线束、电机、电子显示等关键部件集聚，智能家电产业园正式开园，正在加快聚企成链、聚链成群。

2.培育“四上”企业

梅县区建立了“四上”企业培育调度、闭环管理制度，成立了“四上”企业招引培育服务队，坚持“一个项目、一名领导、一个专班、一抓到底”，按照“一企一策”制定培育计划，全力推动企业“上规升级”，助推经济高质量发展。2023年全年累计新增105家“四上”企业，桃尧、大坪、水车3个无“四上”企业乡镇实现清零。

（三）农业产业打响特色品牌

为打造国家现代农业示范区，梅县区精心规划并实施了“两园一轴四片区”的农业发展战略，旨在推动农业产业向标准化、规模化、品牌化方向迈进。依托国家级、省级现代农业（金柚）产业园和省级茶叶现代农业产业园两大核心引擎，梅县区积极打造松口大黄村、南口侨乡村等乡村产业社区，进一步巩固和拓展金柚、茶叶等主导产业的竞争优势，同时精心培育大坪鸽、小龙虾、石扇咸菜等特色产业，形成多元化发展的农业格局。

同时，加快推进华发现代设施农业示范基地建设，带动全区三产融合。华发现代设施农业示范基地项目对于促进一二三产业的深度融合和农业现代化的实现具有举足轻重的意义（见图8-6）。该项目选址梅县区雁洋镇对坑村，总投资约4.6亿元，占地324亩，建筑面积达11万平方米。项目采用先进的无土栽培技术和智能生产设施，借助数字化管理系统实现作物生长的智能化监控，主要种植樱桃、番茄、水稻等优质作物。项目自2023年10月达成合作意向以来，进展迅速，选址、签约、土地平整及开工建设均在极短时间内完成，充分展现了“梅县速度”和头号力度，于2024年上半年完成主体施工，设施设备调试同步进行，6月即可建成投产。项目投产后，将年产3000多吨农产品，年产值达到6000多万元，有效满足周边城市及大湾区蔬菜市场需求，同时创造120多个就业岗位，为对坑村集体经济每年增加近10万元收入。

图8-6　梅州市华发现代设施农业示范基地项目效果图

此外，梅县区积极推行“一村一品、一镇一业”的发展模式，出台扶持现代农业发展的奖励办法，提供税收、信贷、用地等优惠政策，以加大对农业龙头企业的扶持力度。坚持“因地制宜、一村一策”原则，实施42个集体经济项目，持续推动村集体经济的壮大和发展。这些举措的实施，将有力推动梅县区农业产业的转型升级和可持续发展，为打造国家现代农业示范区奠定坚实基础。

（四）文化旅游放大绿色资源效能

近年来，梅县区聚力国家全域旅游示范区巩固提升，持续擦亮“中国旅游强县”“红色苏区”“文化之乡”品牌。坚持文化引领、文旅融合，政府和景区合力，做大旅游市场蛋糕，实现“1 + 1>2”的合作效应，打造了一批旅游产业发展的新亮点，形成了“旅游一业突破、多业融合发展”的格局。

第一，对接帮扶单位，整体推进古镇古村保护。加强与广东省旅游控股集团有限公司等帮扶单位对接，扎实推进松口古镇保护、开发，落实落细帮扶项目。推进客家文化生态保护区建设，整体性保护文化原生态和活化利用相结合，推进梅县区美景、文化交相辉映，让传统与现代充分融合，促进梅县区文旅产业高质量发展。

第二，坚持政府投入与社会资本相结合，聚焦标杆打造高质量旅游产品。梅县区推进A级旅游景区服务质量提升，增强文旅企业竞争力。围绕乡村旅游、生态康养旅游、民俗文化旅游等主题，结合季节特点、时间节点，推出不同的旅游精品线路和产品，带给游客不一样的视觉享受。利用丰富的旅游资源，进一步聚焦路线策划和业态发展，积极拓展旅游发展空间，推动各景区景点错位发展，实现梅县区旅游各美其美、美美与共的新局面。随着市场的发展，游客已经不满足于简单的观光旅游，转而以深度参与产品、注重体验感为主。为丰富游客的游玩体验，雁南飞茶田景区与周边旅游景点、村庄关联打造了单丛茶文旅精品线路，通过创建茶旅融合示范区，深入推进茶旅融合发展。例如，雁南飞茶田景区以“谈茶史、学茶识、游茶山、品茶香、吃茶餐、观茶艺”为主题，从市场需求的新业态发力，推出茶村康养、茶俗体验、制茶体验、非遗手作等茶旅产品，受到游客的欢迎。

第三，牢固树立“市场化＋专业化”招商思维。为扩大梅县区旅游的知名度，梅县区建立起政府引导、企业联合、媒体跟进的“三位一体”联合宣传营销机制，利用“2023东亚文化之都·中国梅州活动年”等活动契机，主动增加“走出去”频次，促进梅县区整体旅游形象宣传和产品推广。依托梅州青少年足球联赛、山歌剧演出等赛事、演艺业态进商圈，用好新媒体做好线上营销，加大“请进来”力度，使之成为梅县区旅游新的经济增长点。

第四，推动非遗文化与旅游产业深度融合。截至2023年，梅县区共有非遗代表性项目56个，目前已在松口镇、南口镇建成包括梅县客家山歌、梅县竹板歌、客家娘酒酿造技艺等6个非遗项目的传习场所（点），有序开展各项非遗展示展演和传承培训活动，既为游客带来了更多有趣好玩的非遗项目体验，又进一步丰富当地群众的精神文化生活。在每年的文化和自然遗产日、中秋节、国庆节等重要时间节点，梅县区客家山歌剧团、梅县区木偶剧团都会组织演员进入景区景点为游客献上非遗节目表演，既可以让游客了解客家文化，又可以提高非遗的美誉度和影响力。通过“旅游＋非遗”的形式，丰富旅游产品，促进非遗保护与旅游发展的有机结合。此外，梅县区正大力发掘非遗项目的市场经济价值，使之更好地支撑非遗保护传承的可持续性，增加景区景点旅游产品文化内涵，使游客深刻体验和感受丰富多彩的客家非遗文化。

三、以“一线工作法”为保障，推动重点工作落地见效

梅县区积极践行“一线工作法”，领导干部带头充分发扬“四下基层”优良作风，主动下沉项目建设一线、产业发展一线、乡村振兴一线和生态建设一线，以头号力度攻坚头号工程，做到发现问题在一线、跟踪服务在一线、解决问题在一线、项目推动在一线、落实督查在一线、激励保障在一线、成效检验在一线，以“一线工作法”为作风保障，全面推进强区促镇带村，推动梅县全域高质量发展。

（一）坚持党建引领，在一线建强战斗堡垒

坚持党建引领是党的建设的根本要求。党的基层组织是党在社会基层组织中的战斗堡垒，是党的全部工作和战斗力的基础。坚持党建引领，可以确保党的路线方针政策和决策部署在基层得到贯彻落实，推动党的各项工作在基层落地生根。

突出大抓基层鲜明导向，建强基层组织堡垒。制定补短板、强弱项、促提升工作方案，整顿22个弱化型基层党组织，提升126个潜力型基层党组织，打造68个示范型基层党组织，推动解决一批重点难题，推出一批务实举措，建强一批战斗堡垒，创优一批工作典型，以高质量党建引领高质量发展。

注重一线锤炼党性。坚持精准画像、因地制宜，完善区、镇“百千万工程”实施方案，明确做大县域、做强产业、做特镇村、做美乡村、做活文旅、做优生态、做实作风等七大抓手。推行“大兵团”作战，集中资源力量推进丙雁乡村振兴示范带创建工作，抽调12名乡镇党员领导干部组成创建工作组，会同丙村镇、雁洋镇党员干部开展为期半年的创建攻坚，打开工作局面，带动形成区镇村联动、各部门通力协作的良好工作格局，打造三色同辉、三产融合、三线同美乡村振兴示范带。

突出一线考察干部。坚持以实绩论英雄，拿结果比高低，结合年度考核、专项考核，深入基层一线近距离、全景式、多维度考准考实干部表现，在丙雁乡村振兴示范带建设、招商引资、征地拆迁、综保区建设等“百千万工程”重点工作一线开展专项考察2批次，跟踪了解干部61人次，提拔重用干部29人。

（二）坚持靠前服务，在一线推动产业发展

靠前服务强调政府或相关机构应主动靠前，深入了解产业发展的需求和挑战，提供更加精准、有效的服务，从而推动产业的健康、快速发展。一是坚持书记领航、建强轴心、引领发展，创新实施829个书记领航项目，

带头落实党员干部“四带头”服务发展行动，引领全区干部群众积极投身“百千万工程”。二是坚持四套班子齐上阵、全区上下总动员，聚焦实体经济为本、制造业当家，统筹抓好传统产业、新兴产业、未来产业。2023年全区规模以上工业总产值、增加值同比分别增长2.5%、11.1%，保持两位数增长。成功获批省级新一代电子信息技术特色产业园，梅县产业集聚地被纳入省产业转移主平台，荔湾（梅县）1906科技园经贸基地和荔湾（梅县）创金中心2个“反向飞地”挂牌成立，梅州综合保税区、国际陆港实现区港联动、海铁联运、无缝对接。三是深化全员招商，梅县区主要领导坚持每月带队外出招商，示范带动全区上下全力强经济、抓产业，构建“1＋4＋10＋19”的大招商格局，形成全员全域全力招商浓厚氛围。2023年全区新签项目82个，计划总投资217.92亿元，动工项目61个，计划总投资128.78亿元。2024年1～2月全区新签项目10个，计划总投资18.33亿元，已纳统项目3个，计划投资1.65亿元。

（三）坚持靶向发力，在一线解决难点堵点

梅县区深入实施“头雁工程”，持续开展奋进“百千万”比学赶超活动，不断完善激励党员干部担当作为制度机制，激励党员干部模范带头、冲锋在前。区领导带头深入“百千万工程”一线，开展专题蹲点式、案例解剖式、一线督导式调研，着力拔钉子、清堵点、破难点。健全完善党组织书记抓乡村振兴责任清单，选派63名第一书记，聘任首批25名“产业村长”助力乡村振兴。发挥党员先锋模范作用，建立“党群活动日”制度，引导525支党员（党群）志愿服务队积极参与维护社会稳定、联系服务群众等工作。推行基层治理“每月一题”，建立“源头止诉、有诉即应、未诉先办”民意诉求闭环办理机制，持续解决基层治理热点难点问题，成功打造程江“党建＋”、雁洋“融合式旅游警务”、丙村“村规民约积分制”等省、市基层治理典型案例，创建“无信访村”245个，松口镇南下村入选全国乡村治理示范村。

（四）坚持干群联动，在一线推进绿美生态建设

梅县区坚持共建共享，群策群力、久久为功，创新开展“双联双建”行动，推动形成全社会人人爱绿、积极植绿、自觉护绿的浓厚氛围。发动全区392家企业全覆盖结对联系389个村（社区），组织全区65个区直机关、企事业单位3000余名在职党员干部与19个镇389个村（社区）群众结对共建，每季度到挂点镇、村开展组织共建、资金共筹、行动共振、绿美共管“四共”活动，全方位、各领域组织发动社会各界积极参与20个主题林建设。

截至目前，梅县区发动群众参与植树活动18659人次，社会各界认捐绿美生态建设资金4781万元（含捐赠苗木7万余株），完成7.5万亩林分优化备耕工作，已种植6200亩17万余株苗木，打造150多个主题林，创建示范样板15个，先后建成长山坝古树公园、阴那山千亩樱花茶园等一批企业主题示范林，全面掀起全民植绿护绿兴绿热潮。

其中，梅畲快线森林质量精准提升示范带成为绿美广东现场教学点。在全省推进“百千万工程”促进城乡区域协调发展现场会上，梅县区作“绿美生态建设”专题交流发言。在绿美广东竞风华首场全省总决赛中，梅县区成功晋级十强。

四、成效与愿景：建设城乡绿美环境兴区惠民

梅县区强力推进“百千万工程”，在做大做强实体经济上持续发力，在激发镇域发展活力上持续用功，坚持因地制宜，立足资源禀赋、产业基础，走好宜农则农、宜工则工、宜商则商、宜游则游的特色化、差异化发展之路。

2023年，梅县区实现地区生产总值258.48亿元，同比增长7.6%，增速跑赢全国、全省大盘，为2017年以来最好成绩；完成一般公共预算收入14.25亿元，同比增长7.7%；规模以上工业总产值214.81亿元，同比增长12.5%；规模以上工业增加值59.81亿元，同比增长11.1%；社会消费品零售

总额155.79亿元，同比增长7.2%；农林牧渔业总产值98.68亿元，同比增长5.9%。

此外，梅县区不断拓展农业功能形态，促进三产融合发展，入选全国农村一二三产业融合发展先导区。主客共享的全域旅游服务体系不断得到完善，一批以精品度假为核心的集聚区初步形成，激发了消费潜力；重视科技兴农作用，为全面推广现代设施农业、智慧农业打下坚实基础，引领带动全区现代农业加快发展，在县、镇、村各个层面取得了长足发展。

（一）以县城为中心的城镇化水平得以提升

发展县域经济，要提升城市的承载能力。以“百千万工程”为牵引，梅县区在实干中持续探索新路径。以做大县域为抓手，扎实推进以县城为重要载体的新型城镇化，加快构建“一中心四片区”城市发展格局（“一中心”指将剑英大道周边打造成为城市中央商务集聚区，“四片区”指槐岗片区、高铁片区、丙雁片区、畲江片区）。

统筹布局高水平医院、高水平学校、大型商超、“智慧梅县”综合管理平台，拉开城市框架，拓展城市空间，完善城市功能，不断提升城市承载力、吸引力和带动力。2023年底，粤东医院国家区域医疗中心建设医院揭牌，成为粤东地区第一个国家区域医疗中心，同时该院感染性疾病救治中心大楼正式封顶。软硬件的双突破，进一步推动了优质医疗资源扩容和区域均衡布局，促进医疗服务同质化均质化，更好满足梅县区、梅州市、粤东地区乃至粤闽赣边区人民群众的就医需求。

高质量发展建设森林城市。截至目前，梅县区森林公园的数量达到了40个。随着规划建设的宪梓公园、梅县人民公园及口袋公园、社区公园逐步从“施工图”变为“实景图”，山城相依、绿美相融的城乡画卷正加速铺展。

梅县区入选全国第二批城乡交通运输一体化示范创建区，从高铁到公路，从人流到物流，梅县区不断完善交通基础设施，提升城乡交通运输一体化水平，为深入实施“百千万工程”打下坚实的交通基础。

（二）镇域的联结服务功能得以强化

镇不仅是串联城市和农村的关键节点，也是广东实施“百千万工程”的重要一环。“百千万工程”要求，充分发挥乡镇连接城市与农村的节点和纽带作用，把乡镇建设成为服务农民的区域中心，促进乡村振兴，推动城乡融合。2022年，梅县区积极争取、提早谋划了丙雁乡村振兴示范带建设项目，项目以三色同辉、三产融合、三线同美为目标，集中资源要素、凝聚干群合力，全力擘画客韵乡村新图景。

千年古镇——梅县区松口镇是客家人下南洋开埠创业的启航地，也是广东省“百千万工程”首批典型镇之一。2023年以来，该镇认真贯彻落实省、市、区关于实施“百千万工程”的工作部署，以“136”工作思路作为重要抓手，全力建设富有客侨特色的典型镇。

一是围绕“一个目标”。紧紧围绕打造“南洋海丝路·客侨第一镇”的总目标，学习借鉴浙江乌镇的做法，增强时间观念、节点意识，加力提效、加压奋进，以“强”的决心、“实”的措施、“快”的节奏、“严”的要求、“高”的标准，迅速掀起典型镇建设新热潮，确保2024年6月底取得明显成效。

二是实施“三大行动”。实施村庄建设行动，统筹“三清三拆三整治”、农房风貌提升、“三大革命”、绿美梅县生态建设，同步联动丙雁乡村振兴示范带，高标准建设松口乡村振兴风貌带。实施美丽圩镇建设行动，对标美丽圩镇“七个一”要求，全面开展“六乱”整治，持续提升市场、街区等管理服务水平，打造美丽圩镇省级示范样板。实施古镇核心区复原行动，严格落实核心区管控措施，加快推进传统建筑的保护修缮，稳步复原传统街巷肌理，有序复原古镇核心区。

三是做到“六个坚持”。坚持规划引领，精心凝练松口文化符号，因地制宜优化改造提升方案，融入松口文化风情。邀请“百千万工程”典型区规划建设总师孙一民团队指导完善典型镇系列规划方案，确保丙雁片区、古镇古街风貌协调统一。坚持资源整合，突出“大兵团”作战，四套班子下沉一线，抽调精干力量组建10个工作组，包片领导推动，有关部门协调联动，乡贤群众充分发动，合力打好攻坚战、协同战。坚持立竿见影与久久为功相结合，依法依规开通项目、要素审批绿色通道，尽可能压缩项目立项、审批、验收等流程，力争以最短时间完成建设。坚持以点带面、点面结合，由外及里、内外兼修，分步实施28个总投资12.2亿元的典型镇项目，率先打造一批特色节点，优先抓好古镇周边整治提升，由点到面、由外到内，整体提升松口面貌。坚持系统思维，从山到路、从村到镇一体谋划、一体推进，把镇村建设与产业振兴、乡村治理、文旅融合等结合起来。坚持改革赋能，推进全域土地综合整治破题攻坚示范镇建设，腾挪1500亩左右建设用地用于村庄、圩镇建设和产业、项目发展。探索古镇市场化开发经营模式，吸引社会资金盘活连片骑楼、火船码头、松江大酒店、移民广场、元魁塔、南寿峰等景点，打造新的精品游线。

坐落于梅县区东北部的雁洋镇，是广东省“百千万工程”首批典型镇之一。2023年以来，雁洋镇以“百千万工程”为统领，不断夯实发展根基，壮大镇域经济，走出了一条强镇兴村富民的新路径。如何立足优势让长板更长是雁洋镇推动高质量发展的必答题。雁洋镇把持续壮大镇域经济作为第一要务，坚持制造业当家，树牢“产出思维”，推动现有骨干企业和招商引资落地项目双轮驱动、齐头并进。2023年，雁洋镇成功培育4家“四上”企业，完成9.6亿元招商引资项目，全镇规模以上工业总产值69.8亿元，旅游人数165.3万人次。同时，雁洋镇把争创省级乡村振兴示范带作为重要目标，以高点规划、高标推进、高效建成为路径，聚焦建美乡村、做强产业和补齐短板三大抓手，全面完成创建省级乡村振兴示范带任务。围绕“百千万工程”的重点任务清单，雁洋镇还把巩固绿美成效作为推动绿色生态发展的重要抓手，把推进重点项目作为增进民生福祉的强大引擎，打造宜居宜业宜游乡镇。如今，雁洋镇发展活力更加强劲，群众幸福感显著增强。

2024年，雁洋镇将坚决把“百千万工程”作为高质量发展的头号工程和总抓手，认真落实省、市、区高质量发展大会精神，加力提速，高标准建设典型镇。主要聚焦四个方面：一是聚焦产业兴镇，做强镇域经济；二是聚焦强镇促村，促进区域协调；三是聚焦绿美行动，优化生态环境；四是聚焦规划引领，当好典型示范，全面完成2024年梅州市典型镇、村建设主要目标任务。一手抓农房风貌提升，一手抓环境综合整治，突出客家人文特色，提升乡村农房风貌，高标准完成802栋农房风貌提升，农房微改造3013户，累计投入7亿元打造美丽圩镇。通过丙雁乡村振兴示范带（见图8-7）的建设，雁洋镇基础设施更加完善、乡村环境更加优美、产业优势更加凸显。

图8-7　梅县区丙雁乡村振兴示范带

（三）乡村的特色绿美形态得以活络

广东之痛，痛在城乡区域发展不平衡。同样，梅县区之痛，痛在各镇村自然资源禀赋差别较大，发展基础不尽相同，不平衡不充分问题制约着县域高质量发展。面对千差万别的镇村，以“百千万工程”为牵引，梅县区找准定位、因地制宜、统筹兼顾、分类施策尤为关键。

2022年，梅县区成功申报2022年传统村落集中连片保护利用示范县（市、区），成为广东省唯一入选的县，区住建部门组织编制《梅州市梅县区传统村落集中连片保护利用规划》，通过一同谋划、一体规划、一同建设，借鉴先进经验，确保投资4500万元的梅县区传统村落集中连片保护利用示范建设项目快速推进。

位于梅县区雁洋镇阴那山下的阴那村，是广东省“百千万工程”首批典型村之一。近年来，该村充分利用省级自然保护区生态资源的优势，打好生态牌、讲好禅文化、做好茶产业，打造和美乡村。产业强村是阴那村实施“百千万工程”的关键一招，在牢牢守住省级自然保护区的前提下，大力发展茶产业，全村茶叶种植面积3850亩，年产量约43吨，产值达1600万元。2024年，千亩茶田万株樱花网红打卡点格外火爆，吸引了近10万名游客参观。阴那村的发展得益于党建引领、久久为功，也得益于企业持之以恒地结对帮扶、支持家乡。近年来，广东华银集团有限公司（简称“华银集团”）捐资2000多万元，整村推进253座共2.78万平方米农房风貌整治提升，建设系列民生项目，提供200多个就业岗位，建成48间店铺，为村集体经济增收20多万元，成为广东省“万企兴万村”的典型。自“百千万工程”实施以来，华银集团旗下的华银建筑公司和雁洋镇政府签订结对帮扶协议，投资780多万元用于改造提升党群服务中心、新建休闲小广场和阴那茶厂，捐资40多万元在阴那村主干道沿线新种植樱花树270多株，以及杜鹃等花卉11000多株，目的就是抢抓“百千万工程”的重大机遇，发挥企业作用，为阴那村的发展贡献社会力量。

五、推进“百千万工程”的梅县区启示

梅县区探索了欠发达山区县振兴县域经济的新路，在建设苏区融湾先行区上持续发力，努力把政策红利转化为现实生产力，加快融湾入海步伐，激发高质量发展新活力。梅县区的经验做法值得借鉴。

（一）广泛凝聚合力，用好结对帮扶资源，宣传动员有力

梅县区深化“千企帮千镇、万企兴万村”和建筑企业结对帮扶镇村行动，谋划实施青年进县入村志愿服务就业创业行动，成立14个工商联镇级商会，发动161家企业结对帮扶355个村。支持各民主党派、工商联、无党派人士、工青妇等发挥作用，建立“百千万工程”专家智库，首批入选专家46名。在区内线上、线下媒体开设“百千万工程”专栏，联合南方日报、羊城晚报等推出具有梅县区特色的短视频、宣传片、海报，让“百千万工程”家喻户晓，引导群众积极参与。

（二）真抓实干，注重督查考核，以实绩论英雄、拿结果比高低

梅县区将“百千万工程”落实情况作为年度抓基层党建工作述职评议考核重要内容，优化完善乡镇、区直部门绩效考核体系，实施指标化、清单化、项目化考核，让“百千万工程”成为干部的“练兵场”。把“百千万工程”作为政治监督的重点，健全完善专项督查机制，成立由区副处级领导任组长的6个督查组，深入各镇（高管会、办事处）、区各工作专班等有关单位开展督查，及时发现问题，督促整改落实，促进“百千万工程”提速加力，确保每年都取得一批新的标志性成果。

（三）坚持向改革要动力、要活力，扎实推进“百千万工程”集成式改革

梅县区在全面深化改革上持续发力，着力放活权限、盘活资源、激活要素，积极在全域土地综合整治、动员社会力量参与绿美建设等方面创造“梅县经验”。以改革推动城市提质扩容，不断提高城市承载力、吸引力、辐射力；以改革切实推动乡镇建设成为乡村治理中心、乡村服务中心、乡村经济中心；以改革推进重点区域建设攻坚，坚持以点带面、连线成片，一体推进示范路段建设。

第二节　对口帮扶实现绿色崛起的“陆河样板”

陆河县于1988年1月经国务院批准设立，地处广东省汕尾市东部沿海与兴梅山区接合部，北回归线横贯县境，周边与7个县（市）接壤，区域交通节点成为其首要优势。陆河县总面积986平方公里，下辖8个镇128个村（社区），户籍人口35.53万人，常住人口24.95万人。县域生态良好，森林覆盖率达73.04%，全年环境空气质量优良天数比例近100%，螺河、榕江、梅江三大水系发源于此，被纳入国家重点生态功能区，是广东省林业生态县。陆河县客家人文底蕴深厚，有国家级非物质文化遗产河田高景和省级非物质文化遗产罗洞木偶戏、陆河擂茶制作技艺。同时，作为海陆丰革命老区的重要组成部分，陆河县红色资源丰富，有革命遗址近百处。当地特产有青梅、茶叶、沉香、油柑等，青梅种植历史悠久，被誉为“中国青梅之乡”。陆河县人在外创办了一批头部建筑装饰企业，是“中国建筑装饰之乡”。近年来，陆河县获评“国家卫生县”、“四好农村路”全国示范县、“全国村庄清洁行动先进县”、“广东省县级文明城市”等称号。

陆河县与深圳市坪山区自脱贫攻坚时就建立起良好的对口帮扶关系，根据新阶段的发展态势，在“百千万工程”的政策指引下，陆河县提升新型帮扶协作效能，更加主动融入粤港澳大湾区，挖掘生态资源禀赋优势，培育壮大绿色经济，全力推进强县帮镇兴村富民，走好重点生态功能区的绿色发展之路。

一、立足新优势、新机遇、新起点，形成“百千万工程”绿色崛起新思路

陆河县立足其新优势、新机遇、新起点，形成了“百千万工程”绿色崛起的新思路。

首先，陆河县充分利用自然资源优势，推动绿色发展。作为榕江和螺河

水系的发源地以及森林覆盖率高达73.04%的广东省林业生态县，陆河县具有得天独厚的自然条件。以此为基础，陆河县积极推动生态旅游、生态农业等绿色产业发展，同时加强生态环境保护，努力实现经济社会可持续发展。

其次，陆河县紧紧抓住“百千万工程”这一重大发展机遇，以高质量发展为目标，全面推进县域经济、镇域经济、村域经济的协调发展。通过加强基础设施建设、优化产业布局、提升公共服务水平等措施，不断提高自身的发展能级和综合竞争力。在具体实施上，陆河县采取了多种有效措施，如积极培育主导产业，大力发展新能源、新材料等战略性新兴产业，同时推动传统产业的转型升级。

此外，陆河县注重创新驱动发展，加强与高校、科研机构的合作，引进和培养高层次人才，为县域经济发展提供强大的智力支持。在推动绿色崛起的过程中，陆河县还注重发挥党建引领作用，通过加强基层党组织建设、提升党员干部素质、开展党风廉政建设等措施，不断增强党组织的凝聚力和战斗力，为实施“百千万工程”提供坚强的政治保障。

总的来说，陆河县通过实施“百千万工程”绿色崛起新思路，努力实现经济社会的高质量发展。这一思路不仅符合当前国家关于绿色发展的战略要求，也为陆河县未来的发展奠定了坚实基础。

（一）县域特色和发展优势

陆河县通过大力推进交通网络建设，成功将自身从一个偏僻山区转变为区域交通枢纽，为经济发展奠定了坚实基础。随着经济的稳步增长和“百千万工程”的深入实施，陆河县不仅实现了地区生产总值和居民人均可支配收入的大幅提升，还在全省排名中显著跃升。此外，陆河县积极落实“百千万工程”和“双百行动”，通过与各方的紧密合作，为县域发展注入了新动力，赢得了发展的新空间。

（1）交通网络大建设，使陆河县从偏僻山区转变为区域交通重要节点。陆河县地处汕尾市东部沿海与兴梅山区接合部，县城距汕尾市区80公里、广州260公里、深圳210公里、东莞240公里、惠州140公里、潮汕机场110公里，处于港澳、深莞惠、河源、梅州、潮汕揭等地区1～3小时生活圈内，区位比较优越，但过去交通建设的滞后严重影响陆河县的经济发展。近年来，陆河县为改变落后面貌，把交通建设放在重中之重，以县城为中心，主攻大通道，升级县乡道，打通断头路，连接边际路，初步形成了周边市通过高速公路相连、相邻县市通过二级公路相连、相邻乡镇通过三级公路相连、县内骨干公路联网达到四级公路的交通运输网。

辖内高速公路2条（潮惠高速、华陆高速），总里程43.433公里；国省道4条（国道235线揭阳—海丰段、省道238线五华—陆丰段、省道240线河口—陆丰段、省道337线普宁—南岭段），总里程146.54公里；县道8条，总里程194.888公里；以高速公路为主通道、国省道为主骨架、县道为支线、乡村道路为脉络，区域交通、城乡交通协调发展，初步形成了内外衔接、城乡相连、快速便捷、功能完善的交通格局。

（2）经济趋势稳中向好，排名持续向前挺进。全县地区生产总值从2016年的61.46亿元增至2022年的106.01亿元，年均增长近8%。全县城乡居民人均可支配收入从2016年的13909元增至2022年的22527元，年均增长8.4%。乘着“百千万工程”的东风，2023年全县地区生产总值更是实现145.75亿元，同比增长8.7%（见表8-1），在消薄赛道上挺进前五，在全省排名上升近10位。

表8-1　2021—2023年陆河县部分经济社会发展指标

指标	2021年	2022年	2023年
地区生产总值/亿元	100.56	106.01	145.75
人均地区生产总值/亿元	4.04	4.26	6.92
一般公共预算收入/亿元	4.30	4.57	5.07
城镇居民人均可支配收入/元	26400	26400	29036
农村居民人均可支配收入/元	15600	15600	17636
社会消费品零售总额/亿元	39.21	30.76	40.36
工业投资/亿元	11.44	25.47	25.61

（续表）

指标	2021年	2022年	2023年
规模以上工业增加值/亿元	4.74	15.66	11.39
省级以上工业园区（包括高新区、经开区、省产业园）规模以上工业增加值/亿元	12.06	6.92	10.21
招商引资项目到位投资额/亿元	40.20	65.06	47.09
规模以上企业R&D投入占地区生产总值比重/%	0.56	3.44	2.50
基础设施投资占固定资产投资比重/%	28.81	41.68	42.61
养老机构护理型床位占比/%	48.74	48.85	65.35

（3）“百千万工程”冲刺起步，赢得发展新空间。2023年以来，陆河县以头号力度落实“百千万工程”部署，聚焦“眼睛亮、筋骨壮、腰包鼓、脑袋富”的要求，以“开局就是决战、起步就要冲刺”的决心，抢抓机遇、闻令而动，迅速投身强县促镇带村的火热实践。陆河县成功入选省“百千万工程”首批消薄类典型县，水唇镇入选首批典型镇，13个村入选首批典型村。“明珠一号”攻坚行动取得明显成效，启动打造河西走廊示范片区、世外梅园“连带成片”示范片区2个。聚焦“三圈四中心”和“七个一”目标，建成“七个一”项目42个。乡村风貌美化提升的经验做法在全省推广，“百千万工程”实现良好开局。

（4）“双百行动”有力支持，结对帮扶落地落实。明确帮扶任务和帮扶项目。“双百行动”中的2所合作院校确定帮扶项目16个，14家建筑企业与各镇结对帮扶项目16个，深入推进“千企帮千镇、万企兴万村”等行动，全县形成共推共促“百千万工程”的良好氛围。

（二）困难与挑战

受制于区位、资源等基础条件，陆河县经济社会发展和现代化建设虽然取得了长足进步，但仍然面临县域发展不充分等问题。

一是经济历史欠账较多，基础薄弱。经济总量仍然较小，县财政自我“造血”功能较弱，本级财政收入仅能满足13.6%的支出需求，其余依赖上级转移支付。产业发展层级低，工业经济基础较差，实体经济不强。镇域经济活力不够，农村发展基础薄弱，集体经济和农民收入水平有待进一步提升。人口持续流出，现代服务业发展内生动力不足。

二是发展空间和资源要素约束较紧。陆河县生态保护红线区域和永久基本农田占县域总面积的36.6%，全县用地规模、用地指标、水田储备指标缺口较大，土地指标缺乏灵活的调整机制。2021—2035年，在国土空间规划中，城镇开发边界内新增用地建设规模仅为470公顷。随着城市的扩容提质和产业发展，建设用地需求急剧增加，土地要素供给跟不上发展需要。

三是城乡建设管理水平有待提升，基础设施配套与人民群众的期待还有一定差距。随着农村基础设施补短板项目的不断推进，一些完工的基础设施在管护方面做得不够，长效管护机制还未真正建立。一些村的“四小园”缺乏管理，导致闲置浪费，未能得到有效利用，存在“重建设、轻管护”的现象。社会民生事业还存在一些短板弱项，公共服务水平亟须提升，教育、卫生医疗等事业发展任重道远。

（三）以新型对口帮扶协作机制助推“百千万工程”

陆河县认识到，推进“百千万工程”是实现城乡区域协调发展的重要途径，而新型对口帮扶协作则是推动该工程落地的关键举措。因此，陆河县制定了一系列具体、可量化的帮扶目标，并明确了帮扶的重点领域和优先方向。形成对口帮扶推进“百千万工程”的战略思路，旨在通过政府、企业和社会各方的共同努力，推动城乡区域协调发展。这一思路不仅有助于缩小城乡差距、促进共同富裕，也为陆河县未来的发展注入了新的动力和活力。同时，通过加强产业合作、资源共享和优势互补，陆河县与帮扶单位将共同实现经济的持续健康发展和社会的全面进步（见图8-8）。

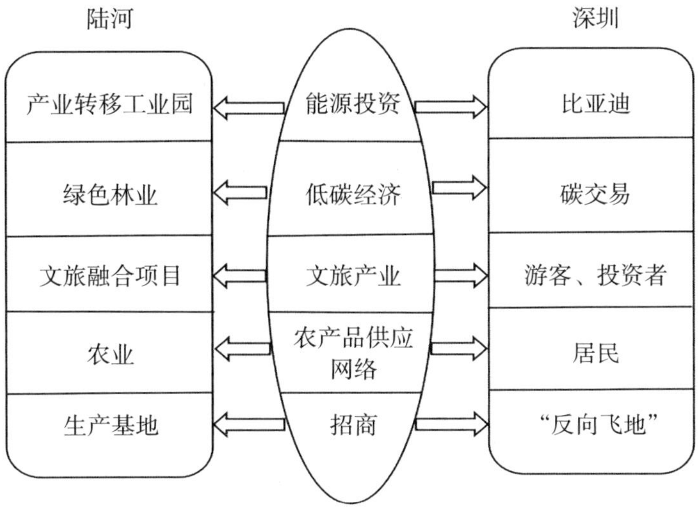

图8-8 对口帮扶加速绿色崛起的价值提升逻辑

1.双向赋能，价值提升

陆河县委、县政府从当地资源禀赋出发，充分发挥对口帮扶政策优势，形成了双向价值培育、双向价值实现与双向价值提升的发展思路，即深圳帮扶单位把产业技术、“反向飞地”、特色富民绿色产品的销售网络带给陆河县。同时，陆河县为深圳帮扶单位提供优质低成本工业园、绿色碳汇、文旅资源。

具体而言，比亚迪股份有限公司（简称“比亚迪”）作为知名的新能源汽车和电池制造商，在陆河县产业转移工业园投资建厂，这有助于促进陆河县经济发展和就业。陆河县也可以利用劳动力优势和土地空间优势为比亚迪生产优质产品。同时，陆河县通过发展绿色林业，种植和保护更多树木，提升地区碳汇能力，为碳交易市场提供必要的碳减排量。随着绿色林业的发展，陆河县可以开发森林碳汇项目，通过核定的碳减排量创造碳信用，在碳交易市场上出售给深圳等地需要的企业，从而为陆河县带来经济收益。深圳作为经济发达地区，能源消耗较大，面临着减排压力，通过购买陆河县的碳信用，深圳的企业得以抵消自身碳排放，满足政府规定的减排目标和社会责任要求。

当下，陆河县通过发展文旅融合项目，可以更好地开发和利用当地的文化资源和自然景观，打造具有特色的旅游活动和旅游产品，为深圳游客提供了新的旅游目的地，满足了他们对多样化旅游体验的需求。陆河县文旅融合项目能够吸引深圳的游客和投资者，促进当地文旅产业的发展。陆河县还可以利用其农业资源优势，生产高品质的农产品，通过与深圳这样的大市场建立稳定的农产品供应网络，陆河县的农民能够拓展销售渠道，增加收入，同时也能满足深圳居民对健康、绿色食品的需求。

此外，深圳的企业和投资者可以在陆河县的生产基地进行投资，带动当地经济的发展，创造就业机会，增加税收收入。陆河县通过设立在深圳的“反向飞地”可以实现未来产业的培育孵化，待产品和市场成熟后再回到当地大规模生产，推动区域经济协同发展。

2.联合招商，利益共享

为破解产业项目招引难题，陆河县联合深圳市坪山区进行组团招商，在上海、杭州等地多次举办招商大会，在中国国际进口博览会期间举办外资企业专场投资合作交流会，吸引长三角地区外资企业、专精特新企业、高新技术企业参与。联合招商推动陆河县和深圳市坪山区实现市场共享、资源互补、园区共建、产业互兴，提升了陆河县的产业显示度、产业吸引力，拓展了招商引资的思路和渠道。

3.“反向飞地”，双向奔赴

以往的帮扶合作多是发达地区在欠发达地区建设产业转移合作园区，例如，建设汕尾陆河高新技术产业开发区（简称“陆河高新区”）是一种比较成熟和常见的做法（见图8-9）。在落实“百千万工程”中，为壮大县域经济，陆河县与深圳市坪山区在对口合作中有效运用了“反向飞地”这一新模式，建设了汕尾陆河创新岛（坪山），旨在依托深圳市坪山区优质科技创新资源，打造陆河县在深圳市坪山区的科技创新和产业发展孵化基地，加快培育科技创新主体，推动科技成果转化，提升科技创新能力，助力陆河县加快形成新质生产力，优化新兴产业布局。

汕尾陆河创新岛（坪山）所在的位于深圳市坪山区的马峦创谷科技企业孵化器，获得深圳市坪山区政府的认定和授牌，是科技部火炬中心认定的国家级科技企业孵化器和深圳市科创委认定的深圳市科技企业孵化器。孵化器场地面积15617.48平方米，公共服务面积1300平方米，有6家相关领域公共技术服务平台配套服务，具备较强的企业承载、培育、服务能力，可为汕尾陆河创新岛（坪山）的运营发展提供强力支撑。

汕尾陆河创新岛（坪山）主要吸纳三类企业入驻：一是有依托深圳市坪山区优质资源进行科技研发、高端市场开发、交流协作需求的陆河县优质企业；二是陆河县招商引进，需先在深圳市坪山区孵化培育后投资陆河县的优质企业；三是已在深圳市坪山区孵化培育，未来可采取“总部 + 基地”“研发 + 生产”模式投资陆河县的优质企业。目前，入驻汕尾陆河创新岛（坪山）的各类企业已达8家。

图8-9 陆河高新区

二、双向赋能，价值提升，陆河县高效推进“百千万工程”

“百千万工程”一启动，陆河县就迅速行动，“抢”字当头，紧紧抓住这一重大发展机遇，想方设法扩增量、稳存量，把实施“百千万工程”作为推动陆河县高质量发展的重大战略部署抓紧抓实，进一步盘清家底、找准路径、乘势而上，在“百千万工程”中实现借梯登高、提速发展。

（一）借力对口帮扶，打造高新技术产业园区

“百千万工程”的推出为陆河县补上短板提供了重大机遇，陆河县在政策、资源、机制、平台等方面积极寻求省市纵向支持，利用深圳市坪山区对口合作帮扶融入粤港澳大湾区，在纵横联合中大力招引产业落地，稳步壮大县域经济，提升县域综合承载力，全面推进乡村振兴，实现高质量发展。产业培育并非一日之功，陆河县借助深圳市坪山区帮扶协作，立足县域资源禀赋，加强规划布局，以绿色制造业为主导，重点抓好平台建设、招商引资、营商环境、扩容提质等方面工作，不断提升产业支撑力和综合承载力，千方百计吸引成熟产业落地投产，促进新兴产业和小微企业茁壮成长，打造绿色高质量发展示范县。

1.抓好平台建设

园区是现代产业集群发展的重要载体，在省市的大力指导下以及深圳市坪山区的大力帮助下，陆河高新区从无到有，从一片荒地到现在一座座厂房拔地而起，逐步形成了以新能源、新材料、高端装备制造、食品加工为主导的产业体系。2023年，陆河县牢牢把握省市打造“万亩千亿”产业平台的有利契机，投入近3亿元资金用于完善基础设施，推进陆河高新区扩园，构筑“一区多园”协同发展新格局。陆河高新区由4900亩扩容至9896亩，“万亩千亿”大平台建设迈出坚实步伐。

目前，陆河高新区入园企业92家，规模以上企业16家，2023年工业总产值137.92亿元，同比增长38.7%。此外，陆河县还建设了广惠工业园、

粤东现代物流产业园、水唇镇富民兴村产业园等中小微产业园，初步形成“一区多园”的发展格局。

2.抓好项目“双进”

陆河县高度重视项目引进和推进（简称“双进”）两项工作，将招商引资、招才引智作为“一号工程”，为产业高质量发展引入源头活水。陆河县牢牢立足国家重点生态功能区定位，把握经济发展新旧动能转换关键时期，做大做强新能源汽车、建筑装饰新材料、环保设备、电子信息、食品加工等特色优势产业。强化“一把手”带头招商，加强驻外招商队伍建设。实施市场化、专业化招商模式，建立完善的激励机制，激发招商引资的积极性、主动性、创造性。完善全流程服务机制，落实招商引资优惠政策。陆河县坚持引领未来、强基兴县、富民兴村产业一起招。陆河高新区重点引进龙头企业；在镇村一级，从广州、东莞等地引进服装制造等劳动力密集型小微产业，大力推进富民兴村，积极引进服装制造、电子信息、食品加工等富民兴村产业项目400余个，带动村民家门口就业超6000人。充分发挥企业家乡贤的资源优势，深入实施“陆商乡贤回归工程”，促进资本回流、项目回投、人才回聚、总部回建。以河田镇为例，该镇外出从事服装行业人员较多，借助资源优势建立“干部引项目，县镇村供场地、招工人、包培训”机制，盘活闲置土地、农房，回引10余家服装加工企业，解决居民家门口就业问题。

3.抓好营商环境

营商环境是吸引产业进入的强磁场，陆河县创新举措对标先进地区营造良好营商环境。一是全面提质对标。陆河县对标广州、深圳等地，提出“重法治、提效能、优服务、降成本、解难题”十五字方针，提升“中国营商环境百佳示范县”影响力。二是提升政府服务协同效能。对于项目引进落地过程中遇到的各类堵点问题，陆河县建立“1＋5＋X”（“1”为项目业主单位；“5”为发改、财政、自然资源、林业、生态环境等5个部门；“X”为与项目相关的其他单位）工作协调机制，全力破解难题，合力提供要素保障，用心用情加快项目引进落地。三是推动审批程序流程再造。工程建设领域24个审批环节精简压缩至6个，实现项目“拿地即开工”，梳理下放部分审批权限到陆河高新区，助推企业办事不出园。制定临时用地、临时建设管理办法，出台“严打阻挠重点项目不法行为”的通告，为项目建设保驾护航。基于营商环境的优化提升，更多企业看好陆河、投资陆河，2023年引进超亿元项目25个，总投资71亿元。

4.链条延伸，集群共建

陆河县利用对口帮扶合作机制，强化产业平台承载支撑，把产业园区共建作为落实“百千万工程”、有效推进县域经济高质量发展的关键抓手，拓展延伸深圳产业链，探索“深圳总部+陆河基地”“深圳研发+陆河生产”等共建模式，在更大的空间尺度内形成产业集群。陆河高新区在深圳市坪山区的帮扶下，加快推进产业“补链、延链、强链”工程，全力构建链主企业带动全链收益的发展格局。从2014年起，进驻企业从无到有、从有到优，初步形成了以新能源电池、新材料、高端装备制造、食品加工为主导产业的现代化产业体系。

比亚迪公司是陆河高新区第一家投产的企业，主要生产新能源公共汽车。截至2023年，比亚迪陆河工业区累计生产新能源大巴超10000辆，产值超过450亿元。比亚迪工厂进驻陆河，不但让陆河实现了经济腾飞，还为陆河本地人创造了超过5000个家门口就业岗位。有本地员工说：“以前陆河没什么产业，就业机会不多，好多陆河人都外出打工挣钱。现在越来越多的企业在陆河县新河工业园区落地，大家有了回乡就业的机会，收入增加了，还能多陪陪家里人。”2015年投产建设，历经近10年，陆河比亚迪公司从工厂扩展至工业园，在陆河高新区北部占地约41万平方米。2023年新建成1条储能生产线，总投资超5亿元的比亚迪车载智能网联研发测试中心项目已动工建设，陆河县有了自己的第一个未来产业。

在深圳市坪山区深耕多年的震雄集团，总部位于香港，有60多年辉煌历史，是全球最大的注塑机生产企业之一，产品热销全球超85个国家和地区。通过深圳市坪山区的牵线搭桥，震雄集团多次考察陆河高新区，对其研发、生产、流通、配送、仓储、运输、销售等“一条龙”式综合产业园区优势非常满意，2023年决定在陆河县投资8.62亿元，建设集科研设计、制造、销售于一体的产学研园区，项目建成后，将实现年产值10.7亿元，年纳税4000万元以上。

（二）特色富民产业蓬勃发展

作为生态功能区和山区县，陆河县的农业比重较高，“一村一品、一镇一业”扎实推进，形成了一批初具规模的生产基地。作为全国农民合作社质量提升整县推进试点县，陆河县全面深化改革，培育了多个国家级农民合作社示范社。陆河县是“中国建筑装饰之乡”，在全国建筑装饰百强企业中，有22家由陆河县外出人士创办。作为中国营商环境百佳示范县，近年来陆河县坚持以优化营商环境为抓手，创新举措，吸引了一大批项目落地建设。陆河县依托众多优势，大力发展特色富民产业。

其一，做优做强农产品。陆河县作为“八山一水一分田”的山城，盛产青梅、油柑、茶叶等特色农产品。近年来，陆河县抓好绿色种养产业，形成了集种植、加工、销售为一体的一产“接二连三”发展体系。基地建设是优质农产品发展的基础，陆河县加强优质农产品基地建设，按照特色优质农产品产业布局和龙头企业加工需要，秉持突出重点、突出特色、优化布局的原则，建设一大批专业化、规模化、优质化、标准化的特色农产品生产基地，推动特色优势农产品区域布局和绿色农业发展。陆河县着力培育、扶持加工企业，尤其着力培育扶持一批有优势、有特色、前景好的特色优质农产品龙头企业和生产大户，积极发展产品的采后处理加工和特色农产品的生产、保鲜、加工、市场营销以及加强龙头企业之间的纵向和横向合作，引导组建联盟企业和联盟集团，拓展农业产业链条，使生产基地与加工、贸易融为一体，增加产品附加值和经济效益，积极推行“合作社＋农户＋基地”的产供销“一条龙”经营模式，稳定加工企业和农民关系，做到利益同享、风险共担。如今，陆河青梅等获批国家地理标志保护产品，陆河单丛茶获得国家级名特优新农产品称号，陆河青梅获得省级名特优新农产品称号，山浦田单丛茶、乌盾山乌龙茶获得“粤字号”农产品称号，16家企业18个品牌获汕尾名牌产品称号。

其二，建立农产品直供模式。为解决农业规模小而散、农户会种不会卖、销售渠道不稳定等痛点，深圳对口帮扶汕尾上护镇工作队（简称“深圳帮扶工作队”）在陆河县上护镇建立起一体化农副产品展销中心（即汕尾市陆河县上护镇农副产品展销中心，简称“展销中心”），实现农产品统一标识包装、统一销售渠道、统一售后服务，有力促进当地农产品走出本地市场。展销中心被打造为上下两层：一层主要为特色农副产品展销区，方便游客了解本地特色，同时对接企业进行批量采购交易，实现薄利多销；二层主要为网络直播带货区、休闲体验区，为合作企业提供免费直播场地和设备，借助发达的电商平台推销农产品。深圳帮扶工作队还结合当地温泉资源，推动成立合作社，发展特色农业种植，建设休闲康养、会议培训中心，不仅带动村集体提高收入，还成为当地农文旅融合发展的新支点。

其三，运用直播带货这一电子商务新渠道。陆河县大力发展电子商务平台，充分利用该平台销售特色农产品。通过实施“数商兴农”工程，发展数字农业、数字商贸，全力推进全国电子商务进农村综合示范工作创建，督促承办单位加快推进项目进度，提升示范创建水平，探索“电子商务+旅游+乡村振兴+农产品+农村”等电商发展模式，完善农村电商服务功能。陆河县以直播电商为突破口，建设完成电商中心直播间5个、企业电商直播间10个、站点共享直播间10个，打造覆盖农业企业、农户、电商平台的直播体系。

其四，构建文旅融合的生态旅游新模式。绿水青山就是金山银山，陆河县生态环境良好，自然风光秀丽，具有发展生态经济的自然禀赋，是城市休闲旅游的“后花园”“康养地”。陆河县积极对接深圳文化旅游消费市场、绿色生态产品需求、文旅建设运营资源，做好农旅、文旅、红旅、体旅“四篇文章”，唱响“花泉林歌、悠然陆河”品牌，加大生态气候养生资源的开发利用力度，打响“中国生态养生之乡”金字招牌，打造河田镇的“河西走廊”、水唇镇的世外梅园、河口镇的红色欢乐谷、新田镇的激石烽火等特色景区，实现“镇镇景不同、四季有去处”，让绿水青山真正转换成金山银山。坚持多元培育、统筹运营，串点成线、联镇成面发展全域旅游，持续擦亮“花泉林歌、悠然陆河”品牌，丰富的旅游资源也“引得凤凰来”，嘉华、华发、希尔顿、康都等一批大型酒店落户陆河县，投资额超20亿元。

其五，引进深圳成熟的文旅建设运营资源。位于汕尾市陆河县欧田村的“华侨城·螺溪谷”文旅小镇项目，是深圳市坪山区开展对口帮扶工作的又一创新探索。该景区每年为村集体带来经济收入45万元，带动当地村民增加工资性收入200万元，农特产品销售额200多万元。如今村民实现“户户是股民，年年有分红，打工有收入”。陆河县河口镇引入有“深圳第一旅行社”之称的新景界（深圳国旅），共同探索乡村旅游发展机制，为乡村产业赋能，助力河口镇文旅资源的宣传推广，加快推进旅游业与农业产业深度融合，打造特色鲜明的精品旅游线路和旅游打卡地，推动乡村旅游规模化、产业化、品牌化发展。2022年5月，新景界（深圳国旅）成功推出在陆河县的首个乡村旅游特色产品，开启了深圳对口帮扶、引客入陆（汕）的新篇章，形成“专业企业＋乡村振兴＋大湾区市场”的旅游产业发展格局，构建吃、住、行、游“一条龙”服务体系，激发农业现代化和旅游产业化新动能，实现农业、农村和游客的多赢，以此破解乡村振兴“流量密码”，进一步巩固和拓展脱贫攻坚成果。首发产品迎合深圳等周边城市家庭需求，定制了亲子家庭和多组家庭形式的旅游路线，如“野乡趣2天1夜”快乐亲子营；特色活动如自然课堂、乡田野趣、DIY鱼菜共生系统搭建、非遗体验等。这些产品在市场上反响强烈，吸引了众多深圳市民前来咨询和报名。

（三）探索多元发展模式，盘活农村集体经济

陆河县围绕全面推进乡村振兴，深入实施“百千万工程”，在摸清县域128个村（社区）资产情况的基础上，对各村资源禀赋、潜在优势、发展思路进行梳理，同时全面排查228个农村集体经济组织合同，整改不合法、不规范合同167份，确保村级集体经济健康可持续发展。2022年，全县实现村级集体经济收入2597.4万元，村均收入20.3万元，比2021年增长86%，实现无村集体收入的“空壳村”全面清零。

一是发展特色种养型经济。构建“一村一品、一镇一业、一县多园”体系，创建省级现代农业产业园2个，推动青梅、茶叶、油柑、沉香等特色农业品“从有到精”。在此基础上，引导村集体引资入股，与企业合作经营、按股分红，开发建设特色农产品种养基地，推动种养产业规模化经营、精深化加工、品牌化营销。例如，陆河县河口镇土枝村引进天种牧业养殖项目和清风（陆河）生态药材种植项目，提供就业岗位60余个，为该村年集体经济创收24万元。

二是发展优质物业型经济。利用村集体所有的非农建设用地或村留用地兴建标准厂房、专业市场、仓储设施，或整合闲置厂房、闲置学校等物业设施，以公开拍卖、租赁、承包经营等方式进行盘活。例如，陆河县河田镇岳溪村引进社会资本投入运营村扶贫产业楼、美食示范区等。2022年，该村集体收入71万元。

三是发展稳健投资型经济。借助对口帮扶等力量，以集体资产、资金、资源等作价入股经营稳定的企业或发展农村屋顶分布式光伏发电等稳健产业获得投资收益。如陆河县东坑镇大新村利用100万元深圳专项资金入股新河产业园区，投入71.1万元省扶贫开发资金建设村级光伏发电项目，统筹“奖补”资金等打造1500亩蜜柚种植产业基地。2022年，该村集体收入37.2万元。

四是发展综合服务型经济。由村集体成立服务型组织或公司，为企业

或群众提供产前、产中、产后服务，打造“服务＋”发展新路径。例如，陆河县上护镇上护社区探索“经联社＋供销社＋农户”的利益联结机制，利用深圳帮扶资金170万元建成全县首个农副产品展销中心，通过招商引进本地或外地特色农产品，以多元化的合作模式获得商品上架或销售收益，2023年第一季度实现村集体经济经营性收入4万元。同时，通过深圳帮扶工作队的牵线搭桥，帮扶成员单位和社会企业采取工会带头、干部职工自发团购的方式进行消费帮扶，仅2023年“五一”假期前后，就给农副产品展销中心带来了大米、长寿菜面、腐竹、花生等一批大单，销售额近13万元。

（四）绿色生态产业提质增效

陆河县完成了全省首个组团式碳汇交易实例。2023年11月，通过广州碳排放权交易中心（广碳所）平台，陆河县7个镇37个村林业碳普惠项目以成交价63.61元/吨成功竞拍，售出约11.51万吨碳普惠减排量，完成了一片片山林生态价值的交易变现，直接为村民带来700多万元的经济收入，未来37个村申报省林业碳汇项目将在广碳所开户交易变现，预计总收益近千万元。

以碳汇交易为契机，陆河县把绿美行动融入“百千万工程”，同绿色发展、乡村振兴等有机结合起来，扎实做好“生态＋”文章，进一步改造林分林相，扎实推进造林抚育等工作。同时，加强城乡绿化美化和重点区域生态保护修复，大力发展绿色惠民产业，完善生态产品价值实现机制，畅通“两山”转化路径。

为实现生态资源的独特价值，陆河县加大招商引资力度，以优质企业开发优质绿色生态资源。2023年，陆河县叁力天然矿泉水有限公司（简称“叁力公司”）看中陆河县的好山、好水、好空气，在陆河县河田镇黄金坑村投资5亿元建立天然矿泉水生产基地。基地方圆150里范围内是海拔1000米左右的高山峻岭，大山背后就是海拔600米的南天湖水库。经过科学检测，这里的水属于低钠、低矿化度、偏硅酸的稀有水质，达到了一流标准。叁力公司对标学习农夫山泉、百岁山等知名企业，配置国内最先进的生产线，将智能科技、生态环保、工业文旅作为办厂理念，除了生产车间外，还建设了水博物馆，讲好水的故事，游客通过空中走廊参观，可亲历各种天然饮用水的生产过程。

三、成效与展望

县域经济与县域建设相辅相成、互促互进。良好的县域基础设施和公共服务是提升县域城镇化水平的必备条件，城镇化水平的提高又进一步促进县域经济发展。乡村自然环境并不能直接转化为文旅资源，而要依赖于良好的乡村建设和治理效能。陆河县在实施“百千万工程”中坚持一手抓县域经济，一手抓县域基础设施和公共服务建设，指向的都是人民对美好生活的向往和追求，最终实现了县域经济和县域建设的共赢。

（一）成效：县、镇、村全面同步发展

按照省委抓好“一三五十”的要求，陆河县确定了“一年开局起步、路径更明确，三年初见成效、群众能感知，五年显著变化、发展有特色，十年根本改变、奋进争上游”的“四步走”目标，县、镇、村三级联动，争创“消薄”行动示范县。

一是在加快县域发展方面，立足县域资源禀赋加强规划布局，重点抓好平台建设、招商引资、营商环境、扩容提质等方面工作，不断提升产业支撑力和综合承载力。同时，围绕医疗、教育等民生短板，持续攻山头、啃骨头、抓落实，布局并落地一批让群众亮眼暖心的民生项目，解决困扰陆河县多年的“五个在路上”难题，实现“百千万工程”惠民有感。

二是在优化城镇节点方面，不断强化乡镇联城带村节点功能，打造美丽圩镇“七个一”项目42个，全县8个镇全部达到宜居圩镇标准，规划建设3个镇级小微产业园，2023年以来陆河县引育小微加工企业400个，带动群众家门口就业6000多人。同时，支持各镇立足自身资源禀赋集中力量分类

打造：新田镇、河口镇、上护镇实现资源共享、产业联动、抱团发展，逐步将其培育成为主业突出、产业集聚的工业重镇；河田镇、水唇镇、东坑镇、上护镇因地制宜布局发展文化体验、生态旅游、康养休闲等新业态、新模式，将其培育成为业态新颖、活力迸发的文旅名镇；将水唇镇、河口镇、东坑镇、南万镇打造为主导产业优势突出、产业链条深度融合的农业大镇。

三是在打造和美乡村方面，扎实做好乡村产业、建设、治理“三篇文章”，着力打造新时代和美乡村，布金村等13个村入选全省首批典型村，促进精品农业、农产品深加工、民宿研学等一二三产业融合，推动村与村从“个体发展”转变为“联动共富”。

（二）展望：以产兴城、城乡融合、联城兴村富民

陆河县正站在新的发展起点上，通过提供优质公共服务、持续改善人居环境、努力实现城乡融合、提升治理水平，以及聚焦联城富民兴村的策略，绘制了一幅乡村振兴和产城融合发展的新蓝图。陆河县将致力于成为宜居宜业宜游的现代化县城，不断提升群众的生活质量和幸福感，同时推动经济社会实现高质量、跨越式发展。

1.提供优质公共服务，实现产城融合

围绕医疗、教育等民生短板，陆河县持续攻山头、啃骨头、抓落实，布局并落地一批让群众亮眼暖心的民生项目，千方百计为民办实事、解民忧、暖民心，实现“百千万工程”惠民有感。同时，继续优化陆河高新区规划布局，完善生活配套设施和物流基础设施，促进产城融合发展。在汕尾市和深圳市坪山区的精准帮扶下，争取汕尾指挥部帮扶资金用于教育、交通、医疗卫生、党建设施、公共服务设施等24个改造项目；深圳市坪山区专项帮扶资金全部用于15个民生工程、1个农业支持项目。深圳帮扶工作队坚持“好钢用在刀刃上”，通过挂任学校领导职务等方式，将深圳先进的教育教学理念和学校管理经验带到陆河县，并将派出40名优秀教师到陆

河县开展支教工作，使陆河县教育面貌焕然一新，群众在家门口就能享受到“特区”的优质公共服务。

2.持续改善人居环境，建设美好家园

发展“凿不开山”、业态留不住人，是陆河县镇级层面要消的“薄”。在新型城镇化建设中，陆河县坚持群众所需，以宜居宜业宜游为导向，不断强化乡镇联城带村节点功能。

一是精细化建设宜居镇。目前，全县8个镇全部达到宜居圩镇标准。陆河县接下来将重点聚焦“干干净净”“整整齐齐”“长长久久”，走精细化管理道路，进而提升镇域宜居品质。从生活垃圾处理“小切口”入手，构建“村收集、镇转运、县处理”生活垃圾处置体系，在城镇推开生活垃圾摇铃收集，实现生活垃圾日产日清。

二是抓好绿美建设。按照汕尾市委“明珠一号”攻坚行动部署，制定“1＋3”攻坚行动总方案，围绕54项重点任务，未来将建成“万里碧道”24公里，推动乡村更加美丽宜居。

三是点面结合。以农房风貌管控提升为重点，“美旧控新”，做好村庄规划、建设、管理“三篇文章”，处理好“房”与“村”的关系，助推村容村貌提档升级。坚持典型村先行、示范带深化、全覆盖推广，规划建设5条乡村振兴示范带，辐射建成美丽宜居村95个。

四是内外兼修。一方面，陆河县现有文明村国家级5个、省市级39个，全县将继续推动供水、污水、道路等基础设施一体提质。另一方面，盘活闲置宅基地、农房等“沉睡资源”，使村庄变景区、农房变客房、村民变股东，带旺乡村旅游。

五是纵横联动。推行“一亲三心”“三定三评六带头”等工作法，发动群众、依靠群众，推动“干部干、群众看”向“干群一起干”转变。着力解决“‘百千万工程’钱从哪里来”的难题，以向上争一点、债券谋一点、本级补一点、社会筹一点、坪山帮一点“五个一点”，统筹6.3亿元资金投入乡村建设，助推农村高质量发展。

3.努力实现城乡融合，提升治理水平

有产业没链条、有新房没新貌，是陆河县农业农村的短板，也是陆河县村级层面要消的“薄”。陆河县坚持既塑形又铸魂，扎实做好乡村产业、建设、治理“三篇文章”，以缩小城乡差距为落脚点，加快推动城市基础设施向农村延伸、城市公共服务向农村覆盖。

一是打造基层治理品牌。立足县域人口不多的实际，通过机制创新和数字赋能，不断深化横向为“镇、村、组”三级、纵向为“大数据 + 网格化 + 群众路线”运行机制的“田字型”基层治理体系，将治理触角延伸到基层组织、人员、事务等最小单元，奋力打造小型县的精细化“微治理”品牌。实施“123”工作法①，将党的领导夯实在村民小组党组织“神经末梢”，对组账等进行提级管理，避免因“三资”管理问题造成村民小组与村民间的矛盾，提升群众对党委、政府的信任度，夯实乡村治理基础。发挥乡村无职党员作用，推行“三定、三评、六带头”工作法②，简称“336”工作法，分片设立党员中心户，以适量职责、科学考评和一定程度的赋权，激发党员联系服务群众的主动性，辅以积分评比奖励等制度，形成党员带动、党群互动、合力推动的治理格局，有效提升乡风文明。以数字赋能基层善治，线上深化“民情地图”应用、延伸乡村治理触角，线下率先设立矛调中心，建立“5 + X联调”模式，实现“村情民意统一受理、闭环处置，矛盾纠纷吹哨集合、源头化解”。

二是推动基本公共服务普惠共享。坚持地上、地下“两手抓两手硬”，推进供水、污水、道路等城乡基础设施一体提质，集中供水基本覆

---

①“123”工作法是指牢牢抓住党的领导“一个核心”，紧紧扭住村组账和印章“两个关键”，准确把握队伍、阵地、保障“三个重点”。

②“三定、三评、六带头”：“三定”即“定岗、定责、定量”，由村党组织结合辖区内党员情况按片区设立党员中心户，确定其六项职责，合理安排工作任务；“三评”即建立“领导点评、党员互评、群众评议”的党员中心户评价体系；“六带头”即明确“带头做好政策宣传员、带头做好民情收集员、带头做好矛盾调解员、带头做好群众服务员、带头做好致富帮扶员、带头做好评议监督员”的党员中心户工作目标。

盖城乡。

三是创新深化农村综合改革。持续完善农村综合改革“1 + N”制度框架，建成宅基地信息管理系统、农村产权交易服务中心等服务改革的平台载体，搭建改革“四梁八柱”。稳步推进农村宅基地制度改革和农村乱占耕地建房住宅类房屋专项整治两项国家级试点工作，突出治、管、用三个环节，推动宅基地管理使用有规、有序、有价。以农村土地“三权分置”为基础，探索“合作种植”“整村流转”等“股票田”实现形式，创新“受托代管”“山水存贷”等投融资模式，推行“跨村联营”“村企合股”等利益联结方式，以改革盘活“沉睡资源”、赋能“三农”发展。

4.聚焦联城富民兴村，打造和美水唇典型镇

水唇镇是陆河县的典型镇，省政府给予5000万元建设资助。镇政府聚焦联城富民兴村这一发展思路，强化乡镇联城带村的节点功能，积极加快典型镇村建设，打造宜居宜业宜游和美水唇。

一是大抓产业发展。抓住珠三角产业转移、陆河人在广州服装界有一席之地以及本地服装、电商产业集群发展的契机，紧盯农村富余劳动力，大力发展服装、电子加工业，推出缝纫机工人“帮招工、帮培训”等服务，实现家门口就业和增收一举两得。目前，正借“百千万工程”东风，坚持配套支持跟上乡贤投资，积极推进镇级小微产业园建设，集群发展服装、电子加工产业，促进更多群众就业增收，鼓足“钱袋子”，壮大镇域经济。同时，抓住粤东现代物流产业园在水唇镇区域范围内建设的契机，结合连片垦造水田和万亩青梅种植，打造农业大镇。

二是大抓绿色经济。全力推进绿美生态建设，加快螺洞村绿美示范点建设，利用梅花等生态资源发展生态经济。重点发展绿色经济，开展第二批村碳普惠交易，推进林下种植中草药、蜜蜂养殖，探索林下种植铁皮石斛等，实现绿色发展升级。

三是大抓康养产业。目前，建成粤东首家公立“两院一体”医养结合服务机构，未来将探索形成医养结合“一二三四”模式，切实解决群众家门口养老服务需求，让老年人实现老有所依。

四是大抓文旅融合。目前，依托全县首个国家4A级旅游景区螺洞村的世外梅园、石船村的岭南客家民俗馆、汤排村的汤排温泉、罗洞村的木偶戏以及观天嶂等资源，推出梅花节、擂茶节等文旅活动，吸引游客、刺激消费，特别是在广东省委常委宋福龙同志视察陆河过程中，结合水唇镇的发展优势，穿针引线，成功推荐华发精品民宿酒店项目落地水唇镇。水唇镇正抓紧谋划项目，抓住华发进驻的机遇，全力推进世外梅园景区旅游开发和基础设施升级提升，带动全域旅游，持续打响水唇镇文旅招牌。

目前，水唇镇正在打造美丽圩镇示范样板，考虑到圩镇的发展空间基本饱和，且水唇镇与县城之间医疗、产业等功能布局正在集聚，水唇镇正坚定向西与县城一体化发展，通过打造富强大道，改造近5000平方米的老旧供销社，打造水唇城市客厅，一河两岸优化提升等，绘制典型镇建设新图景，把更多人吸引过来、集聚起来，联城富民兴村，打造宜居宜业宜游和美水唇。

四、评价与启示

陆河县作为“百千万工程”首批消薄类典型县之一，发展基础较差，县域人口、经济规模较小，是一个典型的欠发达县。“百千万工程”实施一年多，陆河县经济发展获得了不错的成绩，第二产业占全县地区生产总值的比重历史性突破37%，工业对经济增长的拉动力显著增强。陆河高新区“万亩千亿”大平台的建设迈出坚实步伐，镇村产业园接续开工，“一区多园”的发展格局加速形成。陆河县的成绩为欠发达县推动“百千万工程”、壮大县域经济提供了深刻启示。

（一）绿色发展是生态功能区发展的优先路径

生态功能区对于维护生态平衡、保障生态安全、促进人与自然和谐共生具有重要意义。因此，在生态功能区的发展过程中，不能走一般的、传统的工业化之路，而要重点构建现代化生态产业体系，让生态要素成为生产要素，生态优势成为发展优势，着力做好保护、提升、利用“三篇文章”，释放生态效益。绿水青山就是金山银山。生态产业是富民产业，利用好森林、碧水、蓝天、净土、美景，处于生态功能区的县就能走出一条经济总量不高但人均意义上均等的共同富裕之路。

（二）对口合作是县域经济发展的有效动力

对口合作是县域经济发展的有效动力，通过引入外部资源、推动产业转型升级和促进区域协调发展等方面的作用，为县域经济发展提供了重要支持和帮助。从我国整体到一省一市，自然资源、经济资源和治理资源在空间分布上具有明显的非均衡性，对口合作是基于国情、省情的一项破解非均衡难题的特色成果。珠三角城市群是我国经济密度最高、技术创新最活跃、生产要素流动最顺畅的地区之一，能够对粤东粤西粤北地区起到支持带动作用。对口合作的关键是要立足各地优势，错位发展，分清主角和配角位置，发挥不同功能。陆河县加强与湾区在城市建设、文化教育、金融旅游、科技创新等领域的交流合作，格外重视深圳市坪山区的对口合作，通过深圳市坪山区引进比亚迪公司、震雄集团等企业，建立起对深圳市坪山区的“跟随经济”，瞄准在深圳的“陆河人经济”吸引产业回流。

（三）特色富民产业是消薄县经济发展的精准抓手

产业经济是立县富民之本。一家强大的龙头企业、一条完善的产业链条、一个丰富的产业集群，或许就能撑起一个县的经济格局，奠定一个县经济起飞的基础。产业集聚具有路径依赖的特点，欠发达县在改革开放进程中落后了一步，受制于历史积累，缺少优质的企业和发达的产业，由于生态保护等任务，这类型的县也不能走“村村点火、户户冒烟、先污染后治理”的传统工业化道路。这就需要沉心静气，切合实际，从无到有，从弱到强，逐步培育引进企业，用改革开放精神再走改革开放之路，逐步形成特色地方产业集群，不贪大求快，不盲目追赶热点，精心做好打基础、筑平台、创环境的工作，抓住发达地区产业转移的机会，用自身优势将外溢产业争取过来，为县域群众提供充足就业。

陆河县注重发挥特色资源禀赋和相对比较优势，持续打好产业发展大会战，认真实施“优势产业”工程，在“一区”主战场和“多园”作战点中重点打造全域绿色制造体系，围绕建筑装饰新材料、比亚迪新能源汽车及配套、食品加工等完善主导产业体系，加快构建产业发展新格局，积极培育经济发展新动能。

（四）优质公共服务是高质量发展的必备要素

县域经济发展本质上是市场选择的结果，而良好市场环境的打造要依靠政府的有效作为。吸引企业投资，不能只依靠传统的资源条件和优惠政策，还要依靠优质的公共产品、公平的法治环境、高效的政府服务。切实转变政府职能，减轻企业负担，降低制度性交易成本，将制度红利作为最大的红利，才能为企业提供成长升级的沃土。珠三角一些企业由于成本因素转移到了东南亚等地，但如果粤东粤西粤北欠发达地区能够有效提升公共服务水平，降低制度成本，就能够创造新的竞争优势，走出新的产业奋进之路。

下　篇

中国式现代化道路的县域演绎：广东县域经济高质量发展新范式

第九章

广东县域经济高质量发展新范式的内涵

郡县治则天下安，县域兴则国家强。县域作为一个要素完整、功能齐备的经济单元，涵盖县城、集镇、村落等多层次空间载体，以及国民经济一二三产业各部门，涉及生产、流通、交换、分配等各环节，是城乡融合的核心单元。城乡区域发展不平衡是广东省高质量发展的最大短板，加之县域经济发展明显滞后，在新发展阶段推进县域经济高质量发展是广东省构建城乡区域协调发展新格局的必由之路，也是广东推进中国式现代化建设走在前列的题中之义。2023年4月，习近平总书记又一次视察广东并提出殷切希望，希望广东省继续肩负引领全国城乡区域协调发展的重大使命。

新时代，广东为实现“再造一个新广东，再创令世界瞩目的新奇迹”，开启了“百千万工程”，将“百千万工程”视为现代化最关键、最重要的举措，定位为推动高质量发展的头号工程。作为一项集优势塑造、结构调整、动力增长和价值实现于一体的综合性工程，“百千万工程”以全面解决“三农”问题、实现城乡区域的和谐发展、加快农业农村现代化为目标，精准聚焦于破解城乡二元结构问题，致力于全方位推动乡村振兴战略的实施。“百千万工程”锻造了新时代广东县域经济高质量发展的新范式，核心特征有四点：一是实现县镇村三级联动促进融合发展；二是县域“五力提升”意味着改革创新开放三大动能形成了协同；三是“双百行动”形成了广东特色的县域新质生产力产业化发展新路径；四是县域经济高质量发展也是一次文化大发展与人文经济崛起的过程。

广东县域经济高质量发展新范式充分展现了广东迈进新时代新征程的坚定决心与明确方向，是“再造一个新广东”的新突破，将会涌现出一批全国先进百强县，大幅提升“百千万工程”的推进质量与速度。

第一节　县镇村联动发展促进县域城乡协调发展

县城处于宏观与微观结合部、城市与农村连接点，是发展国民经济的重要阵地，是城乡区域协调发展的关键节点。促进县镇村一体化协同发展，既要把握县域整体经济发展机制，又要分层解析镇村发展的动能，以县镇村联动发展促进县域协调发展。全国百强县中的佼佼者做到了全域城镇化、一体化，但广东是体量较大的省份，各县域情况千差万别，县域之间及县域内部差异较为明显。

县域强，则省域强。现阶段，广东在追求高质量发展道路上面临几大问题：一是面临县级经济发展短板明显、镇级发展环节相对薄弱、农村任务最为艰巨和繁重等挑战，特别是县域经济规模小、增速缓慢、发展水平不高，县镇村内生发展动力不足，县域城乡一体化发展的政策体系有待完善，资源要素从农村流向城市的单向趋势亟须改变。二是在城乡区域发展协调性方面仍面临严峻挑战，尤其是相比于大中城市和市辖区，县域经济明显存在发展动能不足的困境。2022年，珠三角9市经济总量接近10.47万亿元，占全省的81%，而粤东粤西粤北地区12市经济总量占比不足19%，居民人均可支配收入未达到全国平均水平，凸显地区间发展的不平衡。县域以县城为龙头，以农业农村为基础，各种要素齐全。2022年，57个省辖县（市）面积占全省的71.7%，常住人口占全省的28%，但县域GDP仅占全省的12.39%，县域城镇化率约为44.3%，低于全省平均水平30个百分点，城镇化水平有待提升，实际上凸显了广东在县域经济发展以及城乡协调性上存在严重短板。三是城乡二元结构问题尚无明显改变，资源要素从农村向城市的单向流动未得到根本性改变，欠发达地区和农村地区的投入不足，基础设施条件相对落后。高质量发展的核心在于人，人口、人力和人才的规模与质量水平是实现高质量发展的根本。中国式现代化特征之一——人口规模庞大，这也是广东实现现代化进程中的一个显著特点。截至2022年末，广东常住人口为12656.80万人，其中城镇常住人口为9465.40万人，城镇化率达到74.79%。与浙江共同富裕示范区相比，广东县域城镇化进程滞后，导致农村劳动力本地就业机会较少，工资性收入较低，促使农村劳动力更倾向于外出务工，因此，以县城为主体的新型城镇化对广东县域农村的带动作用仍有较大提升空间。为把握发展县域经济这一关键发力点，充分发挥县的优势、镇的特色和村的资源，全力推进县强、镇兴、村旺，以强县促镇带村，全面落实产业兴旺、民富县强的发展战略，培育一批经济实力雄厚的强县，加速城乡区域协调发展和农业农村现代化进程，探索解决最为紧迫的城乡区域发展不平衡问题。

广东正努力推进城乡融合发展，扎实提升城乡面貌，将县镇村的发展短板转变为高质量发展的“潜力板”，实现县镇村联动发展，让县域变得更加兴盛、富裕、绿色和美丽，共同绘就城乡区域协调发展的美好蓝图。县镇村联动首先体现在统筹制定县镇村的发展定位、方向、路径、重点等方面，在三者合理分工的基础上，实现县域人力、资本、技术等要素在不同层级地域之间流动，提升县域资源配置效率，创造县域协调发展新动能。广东为全面提升县域经济实力采取“一县一策”方针，明确各县发展定位和主要发展方向，特别支持基础条件较好的县争创全国百强县，进而示范带动全省县域经济的高质量发展。近年来，广东县域经济整体实力显著提升，如惠州市博罗县成功入选全国综合实力百强县，肇庆四会、茂名高州、揭阳普宁等地的特色产业也持续壮大。梅州金柚、茂名荔枝、英德红茶、新会陈皮、增城菜心等地方特色产品，已经成为规模化发展的优质产业。

一、百县兴旺：加强县域统筹带动作用

县域经济提质扩容是广东省实现高质量发展的关键，而县域综合实力的薄弱和内生动力的不足是亟待解决的关键问题。因此，广东省将县域经济作为“百千万工程”的突破口、城乡共同富裕的主要载体和新型城镇化的重要单位。县域经济，是在县域行政区划范围内，依托县城和多个中心镇，以广大乡村为腹地，以市场为导向，以县级政府为重要调控主体，推动三产融合，形成具有地域特色的经济形态。实施“小县大城”战略，推动县域经济向现代经济的迭代升级，全面提升县城和中心镇的承载能力。

产业兴旺是县域强盛的关键。广东以产业为抓手，通过构筑现代化产业集群加速壮大县域经济，推动县域振兴；打造创新引领的县域经济，统筹新型城镇化与乡村振兴，推动产业绿色转型，引领县域经济绿色发展。以云浮市及其下各县为例，全面打响土地收储、招商引资、项目建设“三大会战”，集中力量打造金属智造、绿色建材、现代农业“三大千亿产业集群”，在守牢生态环保底线的前提下，加大招商引资力度，为县域经济高质量发展开拓新空间。又如，湛江市徐闻县作为全国最大的菠萝产区，菠萝种植面积达35万亩，年产鲜果超70万吨，自2023年以来徐闻县抓住实施“百千万工程”历史机遇，推动产业高质量发展和乡村振兴走在前列，努力开创城乡区域协调发展新局面[①]。

发展壮大县域经济，要立足县域资源禀赋和比较优势，分类引导、实现差异化发展，即根据区位特点、产业实力、生态功能、农业资源等方面的特征，采取宜粮则粮、宜农则农，宜工则工、宜商则商的发展策略，以差异化路径推动县域协调发展；重点发展比较优势明显、带动农业农村能力强、就业容量大的产业，统筹培育本地产业和承接外部产业转移，促

①刘建华：《“百千万工程”谱写高质量发展篇章》，《小康》2023年第16期；陈凯星、肖文峰、吴涛、詹奕嘉：《奋起“百千万” 激活“潜力板”——广东百县千镇万村高质量发展一线观察》，《新华每日电讯》2023年11月7日第4版；胡妍：《广东：“百千万”工程，推进县域高质量发展》，《小康》2023年第8期。

进产业转型升级。现阶段广东正在积极推进以县城为重要载体的新型城镇化建设，完善县城的市政、环境、产业及公共服务配套设施，提升县城对周边地区的辐射带动能力，旨在通过就地就近的城镇化模式，提升县城的就业机会及其质量，为有意愿、有能力进入县城生活的居民提供更多发展空间。同时，支持县城进行高标准的扩容与品质提升，满足进城居民的公共服务需求和对美好生活的追求。广东还着眼于加快大都市周边县城的发展，通过强化与周边地区的交通便利性、功能互补性以及产业配套性，促进这些县城发展成为大城市的卫星城市，共同构建城乡一体化的新型城镇化格局。

二、千镇繁荣：发挥乡镇“联城带村”枢纽平台功能

为充分发挥乡镇联城带村的节点功能，广东大力推进美丽圩镇建设以强化乡镇的综合服务承载力。在这一过程中，广东根据各地实际情况，致力于打造具有地域特色的美丽圩镇，提升乡镇的特色化和品质化水平；提升综合服务功能，构建完善的服务圈、繁荣的商业圈和便捷的生活圈，推动电商和物流服务的互联互通。打造具有高辨识度和独特魅力的网红地和打卡点，展示美丽圩镇的风采。各县集中资源，做实乡镇节点，打造干净整洁、井然有序、可持续发展的美丽圩镇，使之成为乡村治理的中心、农村服务的中心和乡村经济的中心。

在全省1612个镇街精准分类的基础上，广东对不同类型的镇赋予不同的功能定位，充分发挥乡镇作为城市与农村连接的节点和纽带作用，着力将乡镇打造为服务农民的区域中心。重点是加强中心镇、专业镇和特色镇的建设，增强它们对周边地区的辐射和带动能力，以及对县域发展的支撑作用。建设特色镇，不仅是强化镇域经济的关键措施，也是构建城乡融合发展空间的重要空间载体。特别是中心镇，其发展目标是成为县域的副中心，进一步凸显发展镇域经济的重要性。在建设中心镇、专业镇和特色镇的过程中，广东突出发展那些具有良好区位优势、较强经济实力和巨大

发展潜力的镇域，有条件的就将其打造成县域副中心，甚至建设成为小城市，如龙门县的永汉镇正朝着这一目标迈进。同时，鼓励珠三角地区与粤东粤西粤北地区专业镇之间的联动发展，利用产业转移园或者“反向飞地”等机制促进特色优势产业的跨区域合作。

为激发镇域活力，广东持续深化“放权赋能”改革，赋予乡镇更多自主权，减少行政成本，释放制度红利，甚至一些中心镇还被赋予副县级管理权限。广东以规划为引领，以下放财权为突破口，根据各地实际情况，分类探索镇域经济的创新发展和特色发展。坚持将招商引资纳入镇党政“一把手”考核范围，细分招商引资项目，将更多专精特新项目下沉到镇，全面增强镇域经济发展新动能。

三、万村和美：实现从和谐乡村到富美乡村的新跨越

破解城乡发展不平衡问题要以共同富裕为导向，切实解决“三农”问题，全面推进乡村振兴。为此，广东在建设生态宜居美丽乡村的基础上，加强治理，迈向共富美丽新乡村，使村庄成为中国式现代化的基本单元。从经营村庄理念出发，各地实施了不少强村富民的集成改革，并以改革思维探索三产融合的新路径，加快农民和农村共同富裕的进程。具体措施包括深化集体产权制度改革，发挥农民集体所有的独特优势，壮大新型农村集体经济，出台一些特别扶持政策以消除集体经济薄弱村，逐步打造一批具有品牌效应的示范村。

广东注重发挥龙头企业的带动作用，促进村级集体经济发展。依托本地龙头企业优势，根据实际情况探索“工业 +”“农业 +”“资源经济 +”等集体经济模式，因地制宜，统筹布局主导产业，开创新型农村集体经济发展的新局面。广东将统筹乡村布局规划、村庄建设规划、农房风貌规划等三个规划，使乡村具有更加厚实的基础和优良的内涵，保留青山绿水，留住美丽乡愁。建设宜居宜业和美乡村，构建现代乡村产业体系，积极推进现代农业产业园和农业现代化示范区建设，加速壮大丝苗米、岭南

蔬果、畜禽、水产、南药、茶叶、花卉、油茶、竹等特色产业集群。同时，通过乡村建设行动，以乡村振兴示范带为抓手，推动广东全省2万多个乡村发展特色产业、特色文旅，进一步延伸农业产业链，着力打造人与自然和谐共生的绿美共富新农村，加快农民和农村共同富裕进程。

四、城乡一体：强化三级联动，推动城乡深度融合

根据国际发展经验，当一个国家的城镇化率超过70%时，社会便开始进入城乡融合的阶段。广东现已发展到这一阶段，需超越传统的城市化思维，树立“村—镇—县—城”区域协同的新型城镇化思维。城乡融合发展涉及都市圈、大城市郊区与城市区域、县城及乡镇延伸区这三个层次的空间融合，实现从村庄到城市再到大都市的无缝连接，促进产业的相互融合、要素的自由流动，以及城乡差距的持续缩小。

广东实施“百千万工程”旨在打破传统的发展路径和模式，总体着力点放在加快县域经济一体化发展，关键连接点在于振兴乡镇，而微观切入点则在于激发乡村活力，突出重点则在于如何实现县镇村一体化联动，以及如何保障城乡要素顺畅流动。通过协同推进新型城镇化与乡村振兴，广东将着重解决粤东粤西粤北地区产业支撑不足和城镇带动能力不强的问题①，破解农村特别是边远农村的发展滞后问题，关键举措在于进一步深化改革，加速建立健全城乡要素双向流动、均衡配置的体制机制。依托科技创新，激发乡村的内在活力，构建覆盖多层次、多领域的新型帮扶共同体，县镇村有着不同的功能定位，县镇村三级联动旨在提升对城乡协调发展的统筹层次与力度（见图9-1）。县镇村构成了促进城乡区域协调发展的梯级阵地。相较于珠三角地区，粤东粤西粤北地区在县域经济方面存在差距也有着巨大的发展潜力，主要体现在产业发展后劲足，无论产业转

①彭琳、黄进、邵一弘、陈薇：《强县促镇带村，“百千万工程”是推动全域共富的主抓手》，《南方日报》2023年7月15日第A02版；李泉：《中国县域经济发展40年：经验与启示》，《石河子大学学报（哲学社会科学版）》2019年第1期。

移还是文旅融合抑或高科技农业，都存在后来居上的可能性。广东紧抓产业发展这个区域平衡发展的牛鼻子，有序推动产业转移，助力越来越多的粤东粤西粤北县（市）与珠三角共同谋划产业图谱，不断探索“总部 + 基地”“研发 + 生产”“服务 + 制造”等产业共建模式，打造承接产业有序转移主平台，推动县域经济高质量发展。

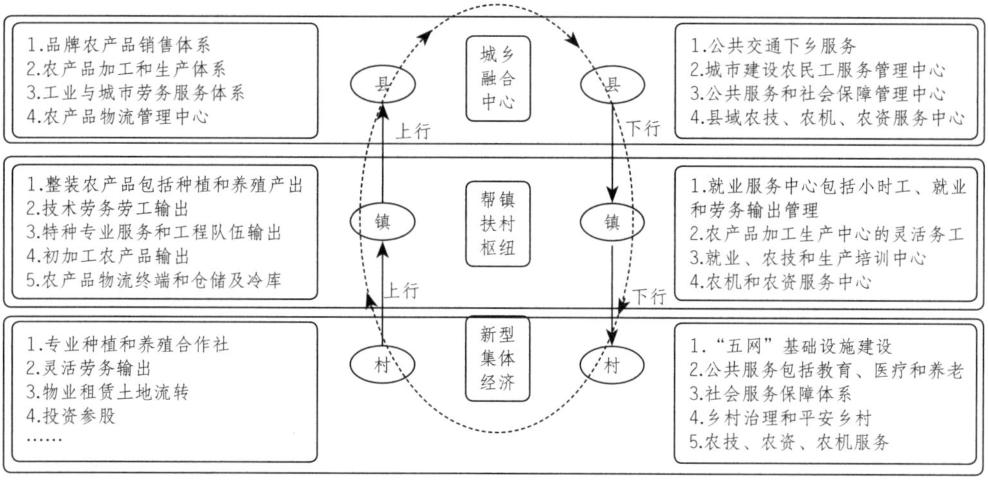

图9-1 县镇村功能及其联动路径

第二节 广东县域经济发展的“五力提升”范式

县域经济高质量发展是宏观经济的重要基石。县域经济具有高度的整体性、关联性、耦合性和协调性，不仅是城乡融合发展的切入点，也是振兴乡村产业的主战场以及新型城镇化的重要载体，县域活则全盘活。

作为经济大省，广东经济总量连续35年稳居全国首位，然而城乡区域发展不平衡仍是制约其高质量发展的主要短板。广东省发展和改革委员会公布的数据显示，2022年广东省县域地区生产总值占全省的比重仅为12.39%，显著低于浙江、福建、江苏等省份40%以上的水平。珠三角城市群贡献了全省80%的地区生产总值，而粤东粤西粤北地区的贡献率则不足

20%。这些数据表明，广东在推动区域协调发展方面仍面临较大挑战。从2018—2022年这五年内广东省县域经济总量变化情况来看，2022年全省57个省辖县（市）的地区生产总值为15995.19亿元，占全省地区生产总值的12.39%，比2018年的13.93%下降1.54个百分点；县域经济总量平均增长4.76%，比全省平均增速（7.56%）低2.8个百分点，从一定程度上反映出县域经济发展面临动力不足的困境[①]。

推动县域经济发展是一项系统性工程。广东各县（市）自实施“百千万工程”以来，因地制宜，积极创新，勇于探索，加快提高县域经济发展水平，在实践中逐步形成了着眼于产业规划力、资源整合力、项目执行力、社会动员力、治理协调力的“五力提升”范式，打造了新发展格局下立足内源、广聚外源的县域经济高质量发展模式。产业规划力是从县提升域产业发展顶层规划能力入手，通过产业谋篇布局提升县域产业发展支撑力与协同度；资源整合力聚焦于县域内部资源和外部资源的汇聚和流动，提升资源配置效率和优化配置结构；项目执行力是县域政企等主体对一般项目与重点项目的落地执行能力，保障项目落地是县域经济发展的关键环节；社会动员力是吸引调动社会资本与人力资源的能力，是与行政调动能力相配套的宣传组织能力；治理协调力是着重于提升县域综合治理能力，通过体制改革与规则维护，从行政效能、公共服务、营商环境等方面打造县域发展环境，培育有利于县域经济发展的文化和制度土壤。

一、提升产业规划力，构建县域产业新蓝图

近年来，广东陆续推出了包括《广东省建立健全城乡融合发展体制机制和政策体系的若干措施》《中共广东省委关于实施“百县千镇万村高质量发展工程”促进城乡区域协调发展的决定》等在内的多项政策文件，明晰顶层设计，加大县域经济发展的政策支持力度。特别是在中国共产党广

①数据来源：历年广东统计年鉴。

东省第十三届委员会第三次全体会议上，进一步强调要深入实施“百千万工程”，推动城乡区域协调发展取得新突破。广东以城乡融合发展为出发点，采用系统化思维对县域经济发展进行全局性规划。坚持在城乡经济发展、跨县域间经济发展、县域经济与城市经济，以及县域所在不同层级城市群（都市圈）之间、县域经济与生态环境保护、物质文明与精神文明建设的协调方面进行综合性考量，在珠三角城市群、东西两翼都市圈和县域协调发展一体化新格局视野下谋划本县的战略定位。

广东致力于将产业布局、生态环保、资源开发、交通运输、人口分布等多方面因素综合考虑，融入“多规合一”的县域空间规划体系中。一是准确把握与本县资源优势匹配的战略产业的选择，策划并实施高质量的产业发展项目，建构现代产业体系，以此推动县域经济的全面发展和持续繁荣[①]。县域支柱产业一般以国家政策为导向，以国家、省市重点政策倾斜或重点扶持类项目为核心。高质量项目和企业的引进是培育新型产业成长的先手棋，也是一般优势产业发展成为战略产业进而发展成为县域支柱型产业的前提。二是提升科技创新能力，谋划新产业方向及其发展空间。科技创新是国家和区域发展也是县域经济高质量发展的重要支撑，必须积极衔接“双百行动”，将科技创新与县域当前优势产业相结合，与高校或地方科研机构在科技创新领域开展深度合作，发挥比较优势，提高科技转化能力，储备未来可能发展成为县域经济新增长点的产业技术与产业空间。

二、提升资源整合力，培育产业竞争新优势

广东各县能够立足资源禀赋、比较优势等因素，因地制宜实施县域发展策略。珠三角地区的县域正积极承接大城市的人口、产业和服务等资源，加速推进工业化和城镇化步伐。尤其是产业实力较为雄厚的县，如博

①张玉荣：《奋战“百千万工程”赋能高质量发展》，《小康》2023年第32期；陈凯星、肖文峰、吴涛、詹奕嘉：《奋起“百千万”激活“潜力板”——广东百县千镇万村高质量发展一线观察》，《新华每日电讯》2023年11月7日第4版。

罗县与鹤山市，正专注于培育主导产业，加强产业平台的构建，打造以先进制造、商贸流通、文化旅游等为特色的功能突出的区域节点。承载重要生态功能的北部县域开始将绿色资源转化为产业资源，如南雄采取点上开发、面上保护的策略，通过生态产业化和产业生态化的方式，构建坚实的生态安全屏障。而在农产品主产区的粤西县域则努力整合全产业链资源，如吴川市大力发展农产品的种植、养殖、深加工和大流通，充分发挥其在保障粮食安全方面的基石作用。对于那些位于老区苏区、民族地区和省际边界地区，综合实力相对较弱的县域，应加大财政资源扶持，着重在产业发展、城镇建设和公共服务等方面补齐短板，全力推动乡村振兴和特色产业建设。

开放是推动改革和促进发展的重要动力，县域经济作为开放型经济的一环，是市场经济体系不可或缺的一部分。在区域国际化浪潮推动下，积极推动地方经济高水平开放对于发展县域经济至关重要。外向型经济的扩张和县域政府职能的转变，不仅为市场的成长提供了有利的环境保障，也为发挥市场的乘数效应、激发县域发展潜能、壮大民间资本和民营经济提供了新的空间。县域可依托自身优势，面向国内国际两个市场和两种资源，积极开展高质量的招商引资活动，积极整合资金、技术和人才；同时，还可以打破行政区划局限，遵循市场规律，优化营商环境，实现在全省、全国乃至全球范围内的资源优化配置，以挖掘发展的内外动力。诸如江门鹤山市等地，通过中欧班列发展对外贸易，承接国际和国内发达地区的产业转移，同时淘汰低科技含量和高环境破坏的产业，已经在一定程度上实现了县域产业结构的优化和升级[①]。

创新是第一动力，是培育县域经济新优势的关键。推动思想解放和制度创新，是县域经济发展壮大的动力源泉。广东大力营造崇尚创新、鼓

①黄进、张思毅、马新杰：《强化乡镇联城带村一体推进县镇村发展》，《南方日报》2023年1月14日第A06版；黄小彪、黄祺睿：《促进粤东西北县域经济高质量发展问题研究》，《产业创新研究》2022年第24期。

励创新、勇于创新的浓厚氛围，注重创造性抓落实，引导资本、技术、人才等资源要素下沉，创新资源已经全面延伸到县域产业上、企业上以及人才上，在与县乡资源对接的过程中落地开花，催生县域新质生产力。广东在县域土地管理制度改革上走在前列，部分县域以完善产权制度和市场化配置要素为核心，全面激发主体活力、要素活力和市场活力；系统性地推进了农村土地流转、集体经营性建设用地入市和宅基地制度的改革试点，有效破除了县域经济发展的体制性障碍，增强了县级政府在推动县域自主发展方面的资源统筹能力。在财政体制方面，广东扩大“省管县”范围，逐步加大对县域的财政转移支付力度，极大地推动了公共资源向县域发展倾斜。

广东还高度重视数字技术、人工智能等新兴要素资源在县域发展中的作用，推动粤东粤西粤北县域的数字化转型。通过加强信息基础设施建设，将数字技术应用于交通、市政等传统基础设施，大力发展具有县域特色的数字经济，培育数字经济的新业态和新模式，通过数字化建设为县域发展注入新的动力（见图9-2）①。例如，韶关依托数据中心集群引领，深入实施数字乡村发展战略，推动数字技术与农产品种植、营销及农业产业园建设有机融合，打造了数字乡村样板。

①程浩：《城乡区域发展再平衡 广东“头号工程”向纵深推进》，《21世纪经济报道》2023年11月8日第01版。

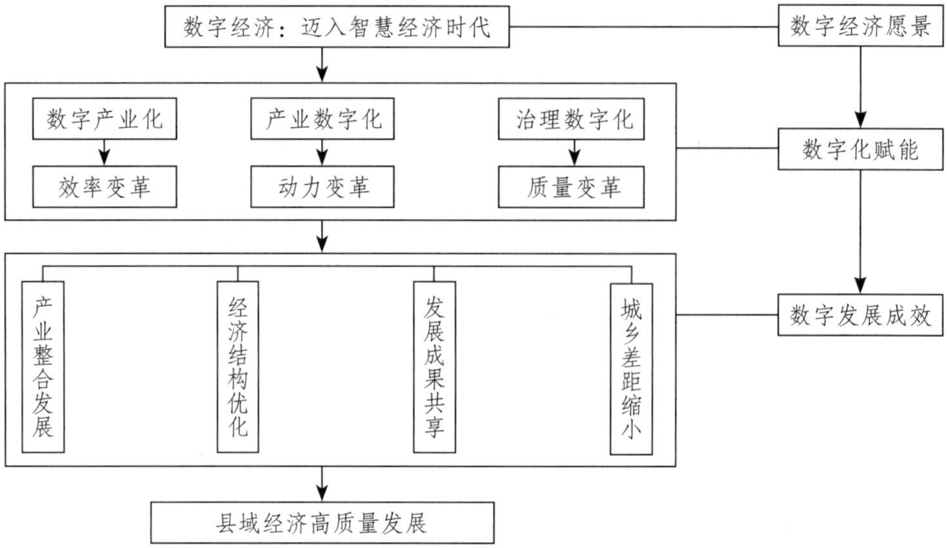

图9-2　数字经济促进县域经济高质量发展

三、提升项目执行力，迸发产业加速度

重点项目建设对于县域经济社会发展具有至关重要的作用，是稳定增长、夯实基础、增强发展后劲的核心措施。为了坚持将项目建设作为推动县域经济高质量发展的重要支撑，广东不少县秉持“项目为王、谋划为先、招商为重、落地为要”的工作理念，革新服务管理模式，全力以赴加快项目进度、扩大项目招引、强化项目保障，通过集群化的发展模式，有效促进主导产业的壮大，以此推动县域经济社会的高质量跨越式发展。如梅县区坚持“一线工作法”，着力拔钉子、清堵点、破难点，以超强执行力脚踏实地推进“百千万工程”，无论招商引资还是培育“四上”企业，都取得了显著成效。

县域经济的主导产业一般以特色工业为核心支柱，合理布局相关联的二产加工业和旅游、康养等第三产业，延伸产业链条，推动产业集群化、品牌化发展。为了发挥规模效应，提高土地资源利用效率，县域经济积极引导产业入园区，摆脱过去单一粗放式加工模式和“村村点火、户户冒烟”的碎片化发展，引进精深加工、高附加值加工等产业链下游龙头企业，将主导产业做优做强，依托电商平台，发挥品牌效应，拓宽销售路径。

县域经济高质量发展是城乡融合、区域协调的发展。广东省从宏观和微观层面着手，推动县域经济融合发展，提升县域经济的整体发展潜力，着眼统一大市场建设，将粤东粤西粤北县域经济发展与珠三角地区经济发展相协调，推动融入粤港澳大湾区整体发展格局。在路径层面，广东根据全省主体功能区的划分，将县域经济的发展有机融入各具特色的功能区区域协同发展框架之中，推动大区域一体化和网络化发展。在发展导向、产业布局调整、基础设施建设等多个方面，促进区域间的协同与整合。

为避免县域间的孤立发展导致的产业及资源配置的低效和重复，广东建立市域内各县之间的产业协作联动机制，引导重点优势产业在县域间实现有效对接与合作。通过建立产业互补和产业集群发展机制，形成具有区域特色的产业集群，构建一个特色明显、优势互补、紧密合作、产业链完整的区域一体化产业体系。同时，鼓励区域内企业之间开展技术交流、生产协作、投资合作，支持优势企业跨区域进行兼并重组，打造一个优势互补、协作配套、梯次发展的现代化产业体系。此外，整合县域内生资源，发挥县城和乡镇节点的作用，强化县域产业网络、金融网络、人才网络、公共服务网络和基础设施网络等建设，推动县镇村联动发展。

四、提升社会动员力，弘扬高质量发展新理念

县域社会既保留了乡土社会的族群认同、有机自然的传统生活方式，又具有商品经济、社会交往、时尚消费的现代生活方式。县域经济具有鲜明的地方性和特色性，具有明显的根土意识和人文底蕴。根据县域经济社会特点，近年来，广东创新帮扶模式，提升社会动员力，即整合“党政机关 + 企事业单位 + 农村科技特派员、‘三支一扶’人员、志愿者、金融助理等”主体，形成了跨部门、多领域的团队合作机制，以助力县镇村三级

经济的协同发展。

文化的力量可以转换为物质的力量、经济的力量，县域人文环境的营造将进一步激发县域人文资源的创意活力和文化赋能的价值动力，形塑县域人文经济新形态，以文旅融合为纽带，破解城乡二元结构，助力“百千万工程”高质量发展。如“绿地杯”阳江市五人制乡村足球超级联赛（简称“村超”）是村民主导、全民参与的一个县域基层足球比赛，在政府的引导下逐渐显现出特色文化展示、地方经济拉动的综合效益，在互联网平台和自媒体直播的加持下，以“村超”的时尚模样火爆出圈，通过村民认同和网民认同双向赋能，实现县域内外、实数融合的区域协同效应，最终打造出一条“超好看”赛事、“超好吃”美食、“超好玩”美景、“超好住”民宿的“超”认同经济路径。茂名化州以文化赋能历史资源传承和旅游产业发展，打造优质文脉保育体系和优质文旅融合体系。惠州龙门挖掘蓝田瑶乡少数民族文化、活化利用龙门文化遗产资源，打造沉浸式乡村文旅活动品牌——蓝田瑶乡沉浸式特色文化体验活动，推动龙门县全域旅游蓬勃发展。文旅产业是县域特色产业的重要组成部分，是富民产业、绿色产业和全域产业，对于赋能县域经济高质量发展发挥着重要的作用。

广东广泛发动社会力量，展开攻坚行动，统筹各类生产要素，破解经济发展、重点区域建设等方面的短板弱项。在县镇村经济发展、绿美生态建设、民生事业发展等重点领域，发挥资本优势、招商优势、人才优势，为“百千万工程”贡献智慧和力量。如揭阳普宁将激发社会各界力量视为提升“百千万工程”质量和效益的关键策略，紧密结合当前的重点工作，积极汇聚来自四面八方的力量，营造了一个全民关注、支持并参与“百千万工程”的积极氛围。截至2023年底，社会各界人士捐款4800多万元支持“绿美普宁”“同心林”以及普宁市教育发展基金；民营企业助力“百千万工程”，累计投入1.3亿多元参与“万企兴万村”行动；海外侨胞和港澳同胞捐赠2000多万元支持家乡建设。

五、提升治理协调力，探索共建共治共享新机制

当前，县域发展包含一种独特的新型城乡空间关系和社会结构，县域经济发展是一个新型城镇化历史性演进和乡村振兴深层互动的动态演绎过程。县域治理是一个包括家庭宗族治理、村落乡约治理和县城法规治理的多元治理体系，包括县域政治、经济、社会、文化和生态文明治理的包容性治理，也是一种动态改革和依法依规管理相结合的现代法治。

治理能力现代化是县域经济高质量发展的保障。广东坚持深化改革，始终把改革创新作为不断提升县域政府治理能力的根本源泉和动力。持续强化政府在研判县域经济发展趋势、科学编制县域经济社会发展规划和制定县域经济社会发展政策方面的治理职能，更好地掌握运用县域经济社会建设规律。积极转变政府职能，政府向社会力量购买服务，把基本公共服务、社会治理服务等可由社会自我管理服务的项目交给社会组织承担，推进县域政府治理职能转变。

县域治理的本质是推动人的现代化，以实现物质文明与精神文明协同发展。繁荣县域文化是提升县域治理水平的重要条件，县域治理也是人文精神和人文关怀的价值体现，展现出浓厚的价值认同和情感认同的精神力量。长期以来，岭南宗族文化形成了独具特色的村治文化传统，重亲情、崇伦理、施教化，将个人美德、家庭美德与社会美德统合起来，建构起法治、德治和自治为一体的多元治理体系。这些文化美德和伦理秩序通过村落农事生活、乡镇集市生活和县城生活的日常显现，成为县域治理的重要内生动力和价值驱动。县域治理的出发点在于通过县乡政府、村委会、社会组织、商业机构、市民和农民等各方力量，达成城乡居民的地方认同建构和主体性认同生成。县域治理与县域经济相辅相成、互相促进、共同发展。

第三节　广东县域高质量发展赋能“再造一个新广东”

在2023年全省高质量发展大会上，广东省委书记黄坤明描绘了广东未来发展的宏伟蓝图，提出了“再造一个新广东”的战略目标，指出只要我们脚踏实地，坚持抓好当前和未来5年的发展，进一步深耕10年、30年，广东必将再塑新辉煌，再次创造令世界瞩目的新奇迹。广东省发布了《中共广东省委　广东省人民政府关于新时代广东高质量发展的若干意见》，明确提出到2027年，全省高质量发展实现新进步，自主创新能力明显提高，城乡区域发展协调性进一步增强，开放型经济发展水平持续提升，绿美广东生态建设取得积极进展，人民生活水平进一步改善。到2035年，高质量发展实现更大成效，科技创新能力大幅跃升，城乡区域发展更加协调更加平衡，开放型经济新优势加快形成，美丽广东基本建成，共同富裕取得更为明显的实质性进展，为基本实现社会主义现代化提供有力支撑。可以预见，推动占广东总面积超过70%的57个省辖县（市）沿着开放、创新、融合的方向发展，是“再造一个新广东”的关键环节与有效路径。

一、再造高水平开放型新广东

广东推进中国式现代化建设，发展县域经济是关键一环。建立健全推动县域经济高质量发展的体制机制，不断打破县域经济发展旧思路旧路径的依赖，持续提升开放发展理念，切实向“现代市场＋可持续发展”的现代发展思路转变，是推动县域经济高质量发展的前提。广东处于高水平开放最前沿，县域经济高质量发展应当是开放型发展，将县域置于市域及省域甚至全国范围内进行功能定位，将有助于推动县域经济之间的开放互补，激活内部大循环；同时，推动县域融入粤港澳大湾区，借助大湾区开放优势将县域经济与国际市场相联系，全面嵌入全球产业链与供应链，有效配置国内国际两个市场两种资源，提升县域产业国际竞争力进而促进全省高质量发展。而建构高水平开放型经济新体制则是实现开放发展的关键，一方面，将助力广东省深度融入全球经济，吸引全球高端要素资源，推动高标准市场体系的构建，加速产业的转型升级和新动能的塑造，培育广东省在国际合作与竞争中的新优势；另一方面，将使广东能够充分利用其庞大的市场规模优势，扩大内需拉动，促进供给与需求的有效对接，从而增强经济发展的内生动力。广东建设更高水平的开放型经济新体制，将不断激发经济高质量发展的活力，拓展县域经济发展的空间和潜力。

开放是广东省县域经济高质量发展的必由之路。开放的核心是解决内外联动问题，县域经济高水平开放要求“引进来”与“走出去”并重，以此来更好地统筹国内国际两个市场、两种资源、两类规则。在“引进来”方面，要立足县域经济发展实际，尊重经济发展规律，按照县域资源禀赋特征，因地制宜引进和发展现代产业，着力提高自身引资质量，注重吸收外来资本搭载的技术创新能力、先进管理经验以及高素质人才。在“走出去”方面，大力支持本县企业提升产品竞争力，帮助树立产品特色、塑造企业形象，实现从“卖原料”向“卖产品”“卖资源”再向“卖品牌”的转变，推动产品从低价值、同质化向高效益、特色化升级。

我们更要跳出县域看发展，站在更高起点上谋划广东发展更高层次的开放型经济新体制，推进双向开放、要素双向流动，实现资源高效配置和市场深度融合，融入全国更大范围、更宽领域、更深层次的对外开放格局。第一，要开阔全球视野，从被动跟踪市场、适应市场，到主动寻求市场、接入市场、融入市场、运营市场、创造市场，不断扩大国际市场容量，扩大全球市场份额，提高市场占有率。第二，要深化对内开放，通过县域区域协作、对口帮扶协作促进发展，建立健全县域区域协作机制，强化责任落实、优化结对关系、深化结对协作，打造县域区域协作新格局，找出协作区域不同优势差距问题所在，做好优势互补，加速形成旨在有效推进县域协作的长效机制和制度安排。第三，要健全持续创新机制，以体制和科技创新为根本驱动，将产业、生活和社会治理三者有效有力地联动起来。改革创新是一体两面，高质量发展依靠创新驱动，关键在于持续深化改革，通过体制机制创新形成有效的激励机制和利益协调机制，全面激发市场、社会、政府的活力，切实形成推动开放创新的合力。

广东高质量发展是开放型的发展，将县域的发展置于市域及省域甚至全国范围谋划其定位，可以有效推动县域经济之间的开放互补，激活内部大循环。同时，还要将县域联结到粤港澳大湾区国际交往网络中去，借助其高水平开放优势把县域经济与国际市场相联系，由此，广东在国际竞争中的整体实力将得到提升。建设绿美广东，粤北县域是主力，要践行高水平开放，主动借鉴国际ESG(环境社会与治理）规则，发展绿色经济与碳汇交易。广东划定了“三区三线”，编制实施国土空间规划，优化绿美空间布局，整体推进城乡绿化美化。随着“百千万工程”全面展开，逐步建立生态产品价值实现的制度框架，完善生态产品价值评价、经营开发、市场交易、保护补偿等机制，可以有效推进县域生态产业化和产业生态化，以生态环境优势提升国际招商引资吸引力。

二、再造新质生产力驱动型新广东

县域经济对于国家的长期稳定和繁荣至关重要，作为国民经济发展的基础单位，县域经济的强弱直接影响国家的兴衰。县域经济是一种综合性的区域经济形态，覆盖了国民经济的一二三产业，包含生产、交换、分配、流通等所有经济活动环节，并拥有较为完整的经济运行和生态发展体系。

根据中国县域统计年鉴提供的数据，2022年我国县域经济GDP总值达到了46.5万亿元，占GDP的比重为38.32%，这一数据凸显了县域经济在我国经济社会发展中的重要地位。县域经济的地区生产总值和工业增加值约占全国的四成，规模以上工业企业占比达到45%，专精特新“小巨人”企业占全国的1/3，制造业单项冠军企业近四成。在全国200家中小企业特色产业集群中，有81家位于县域。

尽管广东在全国经济版图中占据“领头羊”的位置，但县域经济的发展仍面临一些挑战，如县域经济规模相对较小，增长速度有待提升，发展水平亦需进一步提升等。现有数据显示，县域面积虽然占据了广东全省总面积的71.7%，但其GDP仅占全省的12.39%。从单个县域的经济实力来看，仅有惠州市博罗县成功入选全国百强县，尚无经济体量达到“GDP千亿俱乐部”标准的县域。尽管2022年广东有81个建制镇进入镇域经济500强，总数在全国排名第三，但这些镇域主要集中在珠三角地区，粤东粤西粤北地区仅有1个镇入围。广东县域经济高质量发展将有效激发县域内需潜力，进一步激发创新动力源，使广东经济社会发展后劲更足。

广东强化县域产业集聚，打造重点项目建设平台，培育县域重点标杆企业，推动县域新产业培育及传统产业转型升级，以坚定落实制造业当家，强化高质量发展的产业基础。强化构建现代农村产业体系，发展农产品加工、保鲜、运输和销售等，延长农产品产业链条。同时，积极推动县域内外联动，引导县域外人力、资本、技术等要素与县域优势资源对接，推动县域集成式创新，催生县域新质生产力，为全省产业转型升级赋能，从要素驱动发展转向创新驱动发展。

三、再造城乡融合共同富裕型新广东

县域城乡融合发展不仅是构建新型工农城乡关系、推动新型城镇化向更高质量均衡发展阶段迈进的必要条件，也是全面推进乡村振兴实现共同富裕的关键路径。县域城乡融合发展本质上是以人口、土地和资本等要素为主体支撑以及相互作用，包含城乡空间系统、经济系统、体制系统和社会系统互联互通、互补互融的综合过程。

城乡融合发展作为振兴乡村迈向共同富裕的重要切入点，对县域经济的发展具有全局性意义。广东把城乡视为一个有机整体，努力营造开放的发展环境，促进城乡资源要素自由流动、产业紧密联系、功能互补互促，推动城乡生产方式、生活方式以及生态环境的一体化发展；全面把握工业与农业、城市与乡村的关系，合理布局城乡生产力空间结构。作为沟通城乡的桥梁，县域经济能够引导农村生产要素向城市转移，也能促进城市资源向农村流动，形成“农村—县城—城市”的动态双向流动过程，加速县域内经济、文化、社会、生态、产业的融合，为城乡融合提供合理的过渡和承载空间。

从宏观角度看，围绕当前的实际任务，积极促进城乡要素在县域内流动与集聚，实现融合发展，共同构筑一个相互补充、功能互助、和谐共生的县域发展共同体，这一模式可为共同富裕新广东打好基础。

广东以县城为核心和平台，充分发挥其辐射带动作用，通过服务、资源、治理、组织的下沉，形成集聚效应、传导效应和涓滴效应，推进新型城镇化，逐步实现脱贫攻坚成果的巩固、农业农村的优先发展和粮食安全的稳定保障，全面推进乡村振兴，并在实施“百千万工程”，促进城乡融合进程中解决“三农”问题，稳步迈向共同富裕。

为补齐发展短板，广东大力建设高质量的县城载体。县城作为城镇体系的关键组成部分，对于推动以人为核心的城镇化具有至关重要的作用。面对区位优势、资源禀赋和发展条件的差异，广东正在着力解决县域经济发展滞后、发展不平衡和县城人口吸纳能力有限等问题。中共中央办公厅、国务院办公厅2022年5月印发了《关于推进以县城为重要载体的城镇化建设的意见》，强调要科学把握功能定位，分类引导县城发展方向，为此，广东秉持蹄疾步稳的原则，在共性中寻找特性，区分三类地区（创先类、进位类、消薄类），分别制定相应的推动县域经济高质量发展策略。总体上，可将县城分为如大城市周边县城、专业功能县城、农产品主产区县城、重点生态功能区县城、人口流失县城等类型，围绕产业基础、资源环境承载能力、人口回流等政策目标，加强县城基础设施建设，并不断提升节点县城的自我统筹与协调能力，以实现县域经济的高质量发展。

新型城镇化的核心，广东省在优化城镇产业结构和空间布局的同时，也注重促进生产方式的转型升级和生活方式的积极变革。新型城镇化强调城乡协调发展，以高质量发展为导向，核心在于以人为本，让全体人民共享新型城镇化发展的现代化成果，促进农村转移人口逐步融入城市生活。乡村振兴战略着重于乡村发展的内在潜力，强调在激发村庄自身活力的同时，通过产业振兴实现与城市功能的互补。城乡融合作为新型城镇化与乡村振兴相互促进的时代成果，其协同共振效应有赖于城乡融合带来的稳定、开放、富足、共享的发展环境，形成资源要素自由流动、功能深度整合、权益平等保障的发展局面。城乡要素的合理配置和双向流动不仅是推动县域城乡融合发展的基本要求，也是畅通城乡经济内循环的关键前提。当前，城乡发展不平衡的主要原因是要素流动不均衡和流通渠道不畅通，这是由于城乡管理体制不同导致在公共服务财政投入、技术投入等方面存在差异，两大地域基本公共服务供给以及营商环境差距扩大。为解决这些问题，需加快构建有利于城乡要素合理配置、平等交换和双向流动的体制机制，不断缩小城乡收入差距，迈向共同富裕。

共同富裕需要坚实的物质基础。在以人为本的新型城镇化逻辑下，城乡居民特别是农民收入的增加应在县域城乡融合的框架内予以重点考虑；其他如空间融合、产业融合、治理融合可以通过空间重构、要素重新配置、制度完善来消除当前城乡要素双向流动的体制机制障碍。通过物理空间的转换、生产方式的变革以及生活方式的转变，可以逐步满足农民“进城”“留城”“融城”的多层次需求，实现城乡资源要素自由流动、功能深度整合、权益平等保障，从而协调推动城乡共同富裕进程[①]。

高质量发展是广东实现中国式现代化的必由之路，“再造一个新广东”急迫需要破解城乡区域发展不平衡难题。为此，广东积极探索在县域内落实乡村振兴战略与新型城镇化战略的有机衔接，坚持分类指导、各方

①袁方成：《县域城乡融合发展的整体框架及推进路径》，《人民论坛》2024年第2期。

发力，深入实施“百千万工程”，着力推进以县城为重要载体的新型城镇化建设，深入实施乡村建设行动，建设完善县域水电路网等基础设施，发展县域学校共同体、紧密型医共体、养老服务共同体等基本公共服务，推动县域基本公共服务均等化，使县域群众得以共享经济社会发展成果，逐步向城乡共同富裕迈进。

“再造一个新广东”并不是简单的经济规模的翻倍增长，还意味着在“百千万工程”推动下，实现了更高水平的开放，打造一个产业国际竞争力大幅提升的新广东；实现了自主创新的大突破，打造一个新质生产力焕发强大内生动能的新广东；实现了城乡融合大跨越，打造一个共同富裕的现代化新广东！当然，这一宏大目标并不会一蹴而就，而是需要历经10年、15年乃至30年的艰辛奋斗才能实现的心愿！但是，正因有此振聋发聩的号召，广东将扬帆再出发，开启高质量发展新征程！

第十章

广东县域经济高质量发展新范式的实践意义

党的二十大报告明确提出，“要坚持以推动高质量发展为主题”，“着力推进城乡融合和区域协调发展，推动经济实现质的有效提升和量的合理增长”。城乡融合和区域协调发展不仅是高质量发展的内在需求，也是实现高质量发展的有效途径。而县域经济高质量发展是我国经济高质量发展的关键环节和重要支撑，也是可持续发展不可或缺的动力源。这意味着县域发展需要协同解决产业结构转型与体制改革两大难题，才能进一步优化县域城乡人口、资源、环境等要素的配置，因此，县域经济高质量发展具有决定性影响，是推动城乡融合和区域协调发展的第一层面和首要动力。在“百千万工程”推进下，所形成具有广东特色的“五力提升”县域经济高质量发展新范式，蕴含了以改革体制提升资源配置、以促进科技创新提高产业现代化水平、以推进城乡融合破解二元经济结构的发展逻辑，揭示了培育改革、创新、开发三大动力的路径，具有较强的实践意义。

第一节　县域经济高质量发展有效促进城乡区域协调发展

习近平总书记曾深刻指出，协调既是发展手段又是发展目标，同时还是评价发展的标准和尺度[1]。城乡区域协调发展，不仅需通过市场竞争来提升经济效率，还需关注并解决地区发展不平衡所带来的诸多挑战。追求效率与平衡的关键在于在尊重客观规律的前提下，必须进行科学规划。

城乡区域协调发展是社会发展到一定阶段的必然趋势，也是社会主义的内在要求，它并不意味着要求各地区在经济水平上完全一致，而是要根据各自的条件，走合理分工、优化发展、特色发展的道路。它涵盖三个方面的目标，首先，要实现地区间的分工协作，构建统一大市场，在规划布局、要素配置、产业发展、基础设施建设、公共服务提供、生态环境保护等方面实现相互协同，形成城乡和区域间产业链供应链的有机协作，有利于充分实现市场规模与分工之间的相互促进。其次，协调发展旨在让各地区的经济发展建立在各自的比较优势之上，实现持续健康的发展。生产要素的合理流动是各地区发展具有比较优势产业的基础保障。最后，协调发展的终极目标是缩小地区间差距，不断增强人民群众的获得感、幸福感和安全感，迈向共同富裕。这意味着城乡和区域之间在人均意义上的平衡发展，为此，政府需要通过一系列政策来扶持欠发达地区，最终实现城乡区域协调发展。

一、县域经济发展与乡村振兴同频共振迈向共同富裕

党的十九大报告明确指出："我国社会主要矛盾已经转化为人民日益增长的美好生活需要和不平衡不充分的发展之间的矛盾。"人们对美好生活的需求随着社会经济的发展而逐步提升，从温饱阶段过渡到小康社会阶段，最终迈向全民共同富裕阶段。习近平总书记明确指出，促进共同富裕，最艰巨、最繁重的任务仍然在农村。进入新发展阶段，党中央在制定"十四五"规划和推动高质量发展的过程中，对实现共同富裕给予了极大重视，并将推动共同富裕取得更为明显的实质性进展作为"十四五"时期

①习近平：《聚焦发力贯彻五中全会精神　确保如期全面建成小康社会》，《人民日报》2016年1月19日第1版。

经济社会发展的主要目标之一。在当前的城乡发展格局中，缩小城乡居民收入差距、破除城乡二元结构、培育和扩大中等收入群体，已成为实现共同富裕的核心目标。

县域经济高质量发展与乡村振兴在最终目标上是一致的，在推进步伐上是同频共振的，都是为了加快农业农村现代化，助力城乡居民迈向共同富裕。推进乡村全面振兴是新时代“三农”工作的总抓手，而县域则是乡村振兴的主战场。农业产业向高端化和现代化转型是推动县域经济高质量发展的关键，也是乡村振兴的核心目标，更是农民提升收入的重要渠道。没有高质量的县域经济作为引擎，农业农村现代化就失去了必要的动力与支撑。

县城作为我国城镇体系的关键环节，在推动新型城镇化进程、辐射乡村和实现城乡融合发展方面至关重要。2022年，中共中央办公厅、国务院办公厅联合印发《关于推进以县城为重要载体的城镇化建设的意见》，从七个关键方面对县城的城镇化建设进行了全面指导，包括分类引导县城发展方向、稳定扩大县城就业岗位、夯实县城运行基础支撑、提高县域辐射带动乡村的能力以及深化体制机制创新等。为了贯彻上述意见，中共广东省委办公厅、广东省人民政府办公厅于2023年印发了《关于推进以县城为重要载体的城镇化建设的若干措施》，将县城作为推进城乡融合和区域协调发展的重要切入点。此政策引领下，广东省各县域正以县城为核心，通过统筹县城基础设施和公共服务向农村地区延伸，形成了县城与农村地区之间要素资源双向流动的良好局面，这是县域内城乡融合发展的首要目标。为确保要素流动动态平衡，广东致力于完善交通设施、供水网络等市政设施体系，并构建县城与农村基础设施统一规划、建设和管护机制，积极推进基础设施的数字化改造，利用数字技术实现水、电、路、气、邮政通信等基础设施的高效管理。同时，支持在规模较大的城镇完善县级医院建设，以满足周边乡村的医疗卫生需求。此外，广东还大力发展县城养老托育服务和文化体育设施，以实现县域经济对乡村振兴的带动作用，共同推动广东城乡融合发展迈向新高度。

城乡要素平等交换和双向自由流动是城乡融合的重要前提，关键是要消除城乡要素市场间的体制性障碍，并积极解决限制城乡要素自由流动的各种难题。为有效地鼓励农民进入城市、吸引人才和资本进入乡村，建立起统一的城乡要素市场，推动人才、资金、技术等要素从单向流动转变为双向自由流动，需要不断增加对农村的公共资源配置，通过增量的调整和存量的优化，逐步实现城乡公共资源的均衡配置和基本公共服务均等化，缩小城乡发展差距和城乡居民收入差距，以更加公平、高效的城乡发展新格局推进共同富裕。

二、县域发展与乡村振兴相互促进相互依托

新发展阶段，以县域经济为出发点，全面推进乡村振兴，是促进新发展格局构建和系统解决“三农”问题的战略路径。一方面，县域经济作为新型城镇化和乡村振兴战略实施的关键支点，是城乡融合发展的物质保障，能够有效推动产业、基础设施和公共服务向农村地区延伸，从而提升基础设施和基本公共服务均等化程度，直接提升农村居民的福祉水平。另一方面，乡村振兴是一项覆盖面极广的综合性工程，涵盖了产业振兴、人才振兴、文化振兴、生态振兴、组织振兴等多个领域，乡村振兴的理论和政策可为县域经济的繁荣提供坚实支撑。因此，县域经济发展与实现乡村振兴之间存在着良好的耦合关系。

国家明确提出要加速县域内城乡融合的进程，探索乡村振兴更广阔的发展模式。通过整合城乡优势资源，不仅能推动县域经济的增长，也能带动乡村的全面进步，有效解决农村资源分散的问题，实现集群化发展，提升规模效应。在新时期，县域经济在巩固拓展脱贫攻坚成果、全面推进乡村振兴等方面已经展现出积极的引领作用。

第一，城乡融合将促进资源要素的双向自由流动。受经济发展非均衡性的影响，我国曾长期处于“乡—城”要素单向流动的局面，农村生产

要素持续流失影响了乡村的发展，乡村振兴的初衷正是要改变这一状态。因此，发展县域经济之际也要通过政策引导，吸引资本和劳动力回流，支持农民在当地就业创业、发展富民产业等。此外，还需增加县域公共服务供给，将县城打造成连接中大城市与农村地区的“缓冲带”，确保回流的生产要素能够更高效地发挥作用。这一缓冲效果在广州市中大布匹市场转型升级过程中得到验证，不少潮汕籍商户就是回流到老家的县城继续从事服装电商行业，并在乡镇产业园区条件优化的前提下进一步向镇区转移，实现了城乡要素资源的有效流动。应该看到，县域经济发展是实现城乡融合发展的关键。广东努力破除妨碍城乡要素平等交换、双向流动的制度壁垒，促进要素、服务更多下乡，努力探索在县域内破除城乡二元结构。2024年3月，习近平总书记在湖南视察时强调，深入推进城乡融合发展，壮大县域经济，畅通城乡要素双向流动，科学统筹乡村基础设施和公共服务布局[①]。这为广东城乡融合和县域经济发展指明了方向。城乡融合代表了对城乡关系的新理解和对以往城市优先、城乡统筹等发展理念的提升。在市场经济环境下，生产要素的自然流动方向与乡村振兴战略导向之间在一定情况下可能并不完全一致，如何调整经济发展模式以适应经济规律和现实目标之间的矛盾，成为县域经济发展的难点。广东县域发展实践表明，县域经济发展是缩小城乡差距、推动城乡区域协调发展的关键力量和强大引擎。以县域为单元推动乡村振兴，可以实现城镇化与农业农村现代化的协同共进，不断提高资源配置效率，发挥政策导向作用，化解农民居住的分散性，加速资源向中心城镇等关键区域集中，既能实现农民城镇化，又能保证未进城农民享受到更加均等的公共服务。

第二，依托县域内的资源、生态和成本优势，可以县城作为发展平台，发展出具有地方特色、延伸到镇村的县域现代化产业体系，推动城乡经济共同繁荣。以鹤山市、博罗县、顺德区等为代表的以“制造业当家”

①习近平：《坚持改革创新求真务实　奋力谱写中国式现代化湖南篇章》，《人民日报》2024年3月22日第1版。

的典型县域不仅优化提升本地传统产业，也着力承接广深等先发地区的高新技术产业、现代生产及生活服务业的转移，建立了各具特色、符合主体功能定位的现代优势产业集群，促进人产城融合发展，以产业集聚引导人口集聚。同时，阳西、饶平等农业资源丰富的县域既注重提升农产品加工环节的增值收益，也注重发展生态农业和休闲农业等多元化农业业态，深度挖掘农业的多重价值与功能。通过推动农业与电子商务、物流、文化旅游、休闲康养等二、三产业的紧密结合，随着冷链物流系统的完善，广东农产品产销衔接获得大发展，如农超对接、农社对接等模式，促进了农业产业链的纵横向整合和一体化发展。同时，广东省正通过“万企兴万村”“驻镇帮镇扶村”等方式努力创新产业融合发展机制，以工业发展带动农业进步，以城市发展促进乡村繁荣，以企业力量支持村庄建设，实现城乡产业的深度融合与共同发展。城市和乡村因资源和要素禀赋的差异而各自承担着独特的经济功能。城市作为商业和服务业集聚地，凭借其强大的集聚能力和规模效应，对推动农业现代化和促进乡村振兴发挥了重要的辐射作用。城市二、三产业的发展及其向乡村的延伸，正逐步引导农业向产业化和多功能化转型。县域经济作为与城市在地理和产业空间上最为紧密相连的经济单元，可以充分发挥城市对农村的辐射和带动效应，引导城市产业链有序转移和扩展，增强农业的多重功能，实现城乡的互惠互利和协同发展。

第三，县域经济不仅是连接城乡经济的基本单元，也是实施乡村振兴战略的主要平台。乡村振兴需要以县域为平台，统筹各方力量，发挥外部带动作用，为发展提供坚实支撑。县城作为县域的政治、经济、科技、教育、文化和交通中心，不仅是推动县域经济增长的极点，也是提供综合服务和治理秩序的核心。广东省县域经济高质量发展将强化县城在城乡融合中的核心作用，赋予县城更大的资源整合和使用的自主权，提升县城的中心功能和综合服务能力，进而带动周边小城镇和乡村共同发展，构建和谐繁荣的城乡一体化新格局。

三、县域经济发展是促进乡村产业转型升级的重要支撑

产业发展是乡村振兴的根基，发展县域现代产业经济是提升乡村产业竞争力的关键路径。首先，广大乡村的核心产业依旧是农业，这一点对于确保国家粮食安全至关重要。发展县域经济不能忽视农业的基础性功能，要大力提升农业现代化水平，并应大力鼓励村集体和农户拓展农业产业链。其次，要根据各县的自然禀赋，发展能够带动农民增收的特色产业，这是实现乡村振兴的重要途径。发展“土特产”，就是以产业振兴推动乡村全面振兴，不过，由于农业生产环节和农产品粗加工环节所能吸纳的就业规模有限，县域经济需要探索形成能融入全国乃至全球产业链的特色产业，基于农业构建产业链、价值链、供应链，有效促进农村三产融合发展。最后，通过跨县域间的分工与协作，可以弥补单一要素禀赋的不足，共同推动乡村的协同振兴。

广东从促进城乡要素双向流动出发，以科学规划为先导，积极构建多元化的县域经济增长极，培育中心镇、特色镇，实现多点带动下的城乡融合发展。在一些要素外流明显的县域，推动农业规模化发展，完善社会保障体系以解决外出务工人员的就业、养老和医疗问题，活化利用存量土地，提高农村居民的要素收入，提高人均收入水平。同时，针对农村人口开展覆盖面较广的职业教育和创业培训，推动形成多样、灵活的就业渠道和规范化的就业新形态。充分利用金融支农和农业保险功能，促进要素从城市向乡村回流，增强农业和农村的发展动力[①]。县域经济振兴促进了农业产业化、工业集群化和生态产业化。农业产业化可以改变分散农业的低效

①斯丽娟、曹昊煜：《县域经济推动高质量乡村振兴：历史演进、双重逻辑与实现路径》，《武汉大学学报（哲学社会科学版）》2022年第5期；魏后凯：《推进县域城乡融合发展的战略路径》，《农村工作通讯》2023年第5期；张珺、罗静雯、王亚同、卞立成、何春阳：《培育新质生产力推动重庆经济高质量发展》，《重庆日报》2024年3月7日第4版；张学良、周泽林、汤新云：《推动我国县域经济高质量发展的几个理论问题》，《财贸研究》2023年第6期。

率问题；工业集群化可以带动富民产业和商业体系的建设；生态产业化可以实现自然资源的市场价值，缓解经济发展与生态环境之间的矛盾。

首先，广东大力推进县域农业产业化和三产融合发展。在确保国家粮食安全、防止“非粮化”的基础上，深化农业结构调整。如英德市结合市场需求和主要农产品供应状况，依托新型农村集体经济，支持龙头企业发展壮大，通过农民合作社建立紧密型利益共同体，将小规模农户纳入现代农业体系，推动农业生产向规模化、集约化发展。如博罗县加快县域加工业、服务业与农业的融合程度，促进县域农业产业链重构与升级，提高农产品加工业和农业生产性服务业的发展水平，并发展环罗浮山的休闲农业、乡村旅游、民宿经济等乡村经济新业态。

其次，广东注重县域经济发展带动乡村富民产业和商业体系的建设。如廉江市以红江橙等农产品、传统工业产品和非遗文化创意产品为基础，发展具有明显比较优势、强带动能力和高就业容量的产业，形成“一县一品”“一镇一业”的“土特产”纷呈格局。同时，加快工业产业园区与现代农业产业园的建设，促进中小企业和乡村振兴车间向中心镇集中，形成产业集聚区。此外，通过完善县乡商业系统，加速农村物流服务的质量提升和数量增加，降低了工业品市场的交易成本。

最后，广东县域经济转型升级必然倒逼生态产业化和产业生态化，尤其在粤北翁源县等生态保护区域，需要努力探索生态产品价值的实现途径和生态补偿机制，加强绿色食品、有机农产品的生产和树立绿色农产品品牌，增加优品供应。有关专家指出，推广生产生活绿色低碳化，建立污染企业准入负面清单，推进现有乡村企业的绿色升级改造和面源污染治理，通过有效的市场机制和积极的政府管理相结合，最终有助于全面实现乡村生态价值[①]。

①洪炜杰、罗必良：《县域经济发展：中心城市的虹吸或溢出效应——兼论广东县域经济发展滞后的原因》，《学术研究》2023年第11期。

第二节　县域推进系统集成式创新 促进新质生产力大发展

2023年9月，习近平总书记在视察黑龙江期间，首次提出了“新质生产力”概念，为中国培育经济发展动能指明了新方向。2024年1月，习近平总书记在中共中央政治局第十一次集体学习时，全面阐述了新质生产力的基本内涵、特征，以及发展新质生产力在科技创新、成果应用、绿色发展、生产关系、人才支撑等五个方面的要求，这也为县域培育新质生产力指明了方向。生产力是社会发展的根本动力，而新质生产力代表着创新型发展，超越了传统的经济增长模式和发展路径，展现出高科技、高质量和高效能的特点，与新发展理念相契合，代表着先进生产方式。纵观人类社会发展史，从机械化到电气化再到信息化，本质上都是“新质”取代“旧质”，生产力不断跃迁的过程。广东县域在改革开放初期就引进了大量当时属于先进的生产力，今后也将是深化改革、发展新质生产力的重要空间载体。

一、发展新质生产力，必须进一步全面深化改革，形成与之相适应的新型生产关系

向改革要动力是广东成功的重要经验。培育新质生产力亟须解决科技要素产业化转化的堵点问题，必须深化改革，以县域要素创新性配置催生县域乃至跨县域新质生产力，以重点产业链为核心，积极补强县域内弱势产业、延伸优势产业、升级传统产业以及建构新兴产业，引导产业朝着高端化、智能化、绿色化的方向发展。广东正着力通过系统集成人才、科技、金融、产业等政策措施，推动创新链、人才链、产业链、资金链在县域多链融合，加速形成产业集聚人才、人才引领产业的县域发展新格局。构建全要素参与分配的收入机制，充分激发劳动、知识、技术、管理、资本以及数据等各类生产要素的潜力与活力。为此，广东努力系统集成式深

化科技体制、教育体制、人才体制等改革，着力打通束缚新质生产力发展的堵点、卡点。科技赋能乡村全面振兴是今后农业农村科技的重大任务，自实施“百千万工程”以来，广东创造性地推进“双百行动”，为科技下乡、实现县域新质生产力的大发展提供了一条快速通道，因此，今后必须在农业科技计划设置和资源配置上，设立乡村全面振兴科技专项，重点支持“双百行动”背景下的乡村产业科技、乡村文化科技、乡村生态环境科技、乡村科技人才培育、乡村现代化管理科技等领域的合作，并探索专项管理新机制。还要加大制度型开放力度，持续建设市场化、法治化、国际化一流营商环境，塑造更高水平开放型经济新优势，引进国际新质生产力，形成国际产业发展利益共同体。

二、以融合发展促进涉农领域新质生产力发展

广东要从农业大省迈向农业强省，主阵地就在广袤的县域，要将“农”的边界由第一产业向第二、第三产业延伸，引领涉农新兴产业、新兴业态的培育与发展。农业科技创新促进现代农业产业发生深刻变革，表现为三产融合发展、产业链不断扩展和供应链日益紧密。在这一进程中，基因技术、数字化技术、工程技术、保鲜技术、绿色生态以及营养科学的融合应用，正逐渐成为农业产业新质生产力发展的趋势和方向，共同塑造着农业现代化的新未来。

发展农业新质生产力，有助于确保粮食安全底线，广东有超1.2亿常住人口，全方位夯实粮食安全根基，确保饭碗牢牢端在自己手中极为必要。因此，鼓励有条件的县以新质生产力建设农业强县，不能唯效率论，不能单纯追求生产效率的提升，还必须创新农业产业组织模式，进一步壮大新型农村集体经济，强化利益联结机制，大力促进一二三产业融合和城乡融合。要充分发挥“双百行动”合作创新、科技下乡的作用，把涉农新质生产力快速扩散到全省各地，这会是后工业化时代广东生产力的又一次大飞跃，将使广大农民和广袤乡村在农业强省建设进程中实现包容性发展，促

进农民农村共同富裕。

绿色发展是培育农业新质生产力的题中之义、发展底色。广东坚持山水林田湖草沙一体化保护和系统治理，积极应对气候变化，发展智慧农业，促进人与自然和谐共生，将广东农业建设成绿色产业，这是县域经济高质量发展的底色。围绕“双碳”战略目标，发展绿色、低碳、循环农业是农业新质生产力的必由之路。广东要坚持“大农业观”“大食物观”与“大生态观”，针对农林牧副渔、山水林田湖草沙进行系统化布局，重点部署耕地保护、地力提升、海洋渔业、农业水资源高效利用，聚焦低碳循环农业、有机农业、智慧型农业、农业生物安全等领域，发展农业绿色生产力。只有农业产业现代化并不能真正实现农村现代化，必须依靠集成式改革加快城乡融合，推进城乡一体化发展才能焕发真正意义上的农业新质生产力，才能有效带动农村现代化，才能真正建成农业强省。

三、扎实推进“百千万工程”，加快全省新质生产力空间大布局

新质生产力作为先进生产力的核心要素，源于技术领域的革命性突破、生产要素的创新性重组以及产业的深度转型升级。它依托劳动者、劳动资料、劳动对象及其优化组合的显著提升，以全要素生产率的显著提高为关键标志。与传统生产力不同，新质生产力涉及的领域更为新颖，技术含量更高，是科技创新发挥引领作用的生产力。并非能增加单位附加值的要素都是新质生产力，只有在物质层面、技术层面、制度层面、营商环境层面，才能激发创新精神，扶持创新活动，最终产生系统性创新成果的生产方式才属于新质生产力，才能够适应数字经济、人工智能时代的新挑战。因此，广东把握未来发展主动权，加快培育新质生产力的同时还高度重视新质生产力在全省的合理布局，尤其充分发挥“百千万工程”作用，在57个省辖县（市）推进种业技术、种植技术、养殖技术、生物工程技术、康养技术等，促进后工业化时代全省生产力布局大优化。

科技创新成果只有得到真正的市场应用才能转化为新质生产力。广东正在全面铺开实施的“双百计划”，正是探索以县域为基本单元，以乡村为项目基地，以支持技术推广服务为重点，以农业合作社、强镇富村公司等乡村经济组织为实施主体的覆盖全省的新质生产力布局模式，构建“乡村组织 + 大学科研机构 + 社会服务组织”联合实施机制，全面推进科技赋能乡村全面振兴，提升乡村现代化发展水平。

广东着力综合施策，从关键技术攻关、科研成果落地转化、专业镇转型升级、乡村振兴人才等方面驱动县镇村创新发展，立足县域科技需求，以产业发展为导向，鼓励高校与科研院所的各类高水平科研创新平台开展协同攻关，在粤东粤西粤北县域，布局建设一批省实验室、省重点实验室等科研平台或分支机构，推动科研成果落地转化。认定一批在企业发展、平台建设、产业集聚、科技成果转化和人才建设方面成效突出的创新型专业镇，发挥其在发展新质生产力过程中对周边地区的引领带动作用。广东廉江、四会和英德等地正以创新型县域建设推动县域新质生产力发展，得益于“百千万工程”推动，全省县域新质生产力大发展大布局的态势逐步形成。

第三节　县域发展新范式蕴含破解城乡二元结构的实践逻辑

广东是改革开放的排头兵、先行地、试验区，经济总量大、发展速度快、社会稳定，但同样存在城乡二元结构的问题，城乡区域之间发展不平衡不充分。把乡村发展的短板转变为“潜力板”，成为广东迈向高质量发展的关键突破口。不平衡主要体现为区域间、城乡间以及居民收入间的差异；而不充分则主要指城乡间、产业间的发展潜力尚未得到充分发挥。县域是城乡二元结构的基本单元，广东把协调城乡关系的落脚点放在破解县域城乡二元结构上。本节尝试通过解析广东典型县（市、区）经济高质量发展的“五力提升”范式，揭示破解城乡二元结构的实践逻辑。

一、改革城乡体制，促进土地流转，提高资源整合效率

作为影响城乡高质量发展的关键，城乡二元结构是广大发展中国家面临的共同问题。以刘易斯、托达罗等为代表的西方学者曾就该现象进行过深入分析，形成了典型的二元经济结构理论①，即发展中国家存在劳动生产率截然不同的农村传统部门和城市现代部门二元经济结构。但我国既存在城乡二元经济结构，还存在由城乡户籍制度和土地制度等一系列制度与政策因素衍生出来的二元体制结构②，这导致我国的资本、土地、劳动力等要素在城乡间的流动既受市场因素的影响，也受非市场因素的影响。因此，要破除我国现有的城乡二元结构，需要更多更大力度的制度变革。早在19世纪，马克思和恩格斯就从社会分工的角度分析了城乡关系从混沌一体到分离对立再到融合发展的三个阶段，强调生产力高度发展和新的社会分工的形成终将打破城乡对立，实现城乡融合发展。广东作为我国经济发展的主力军，目前正从城乡统筹迈向城乡融合新阶段。随着脱贫攻坚战取得全面胜利，步入社会主义现代化国家建设新征程，广东城乡社会结构和面貌将迎来深刻的变革。在此转型期，如何调整城乡政策以适应新的发展需求，如何引导农民身份转变，以及如何改革社会保障制度等，都需要进行深入研究和大胆探索。近年来，顺德区实施的“村改”经验推广被复制到珠三角、全省乃至全国县域，进一步彰显了广东在县域城乡二元体制改

① Arthur Lewis, “Economic Development with Unlimited Supplies of Labour,” *The Manchester School* 22, NO.2(1954): 139-191.Arthur Lewis, “Unlimited Labour:Further Notes,” *The Manchester School* 26, NO.1(1958): 1-32; Michael P. Todaro, “A Model of Labor Migration and Urban Unemployment in Less Developed Countries,” *The American Economic Review* 59, NO.1(1969): 138-148.

②厉以宁：《城乡二元体制改革关键何在》，《经济研究导刊》2008年第4期。

革领域的排头兵作用。

从“五力提升”范式看，提升政府治理协调能力本质就是保持与时俱进的改革能力，尤其当改革进入深水区，各类矛盾与利益冲突形成的发展藩篱犹如无形的网，困住发展的步伐，这个时候就需要打破传统思维，勇于改革探索。顺德区实施9种模式的“村改”，其底层逻辑就是要顺应生产力快速进步的需要，将土地、厂房等资源向先进生产力倾斜，但在这一重大利益变革进程中，切实平衡了各方合理的利益诉求，以时间换空间，保障了生产力平稳转型升级。由于“村改”规模巨大，涉及人员众多，这时候就突显出政府强大的社会动员能力。可以说，能否营造干好“百千万工程”的舆论氛围，能否引领广大村民舍小利谋大局、弃短利创大业，恰恰就是社会动员作用的体现，也是动员能力与治理能力的融合体现。可以说，改革开放45年来，广东之所以能够不断化解挑战，成功实现每一轮转型，其底蕴就在于坚持改革思维，不断提升治理协调力，保持社会动员力，这也是中国式现代化进程不断向前迈进的底蕴。

二、科学规划产业，促进创新发展，提高产业现代化水平

县域经济是我国国民经济体系的基础经济单元。2002年，党的十六大首次提出“县域”概念，强调要积极推进农业产业化经营，提高农民进入市场的组织化程度和农业综合效益，发展农产品加工业，从而壮大县域经济。党的十六届三中全会进一步强调了发展县域经济的重要性。2017年，国务院办公厅发布的《关于县域创新驱动发展的若干意见》提出，要强化科技与县域经济社会发展的有效对接，打通从科技强、产业社会发展强到经济社会发展强的通道，促进实现县域创新驱动发展。现阶段，县域经济转型升级的步伐不断加快，一二三产业融合发展，新产业、新业态、新模式不断涌现，返乡创业、资本下乡正成为推动县域经济发展的新动力。因此，加强县域产业规划，有利于促进创新发展，提高县域产业现代化

水平。

县域经济高质量发展既是乡镇和农村地区高质量发展的重要前提，也是有效途径与坚实保障。农村地区的空间分散性削弱了规模经济的优势，而县域经济作为完备的经济系统和资源要素集聚地，能够通过发挥规模优势和溢出效应，带动农村地区持续发展。提高县域产业现代化水平，必须立足于广东基本省情和经济社会发展的阶段性特征。随着投资和人口红利的逐渐减少，县域地区以往依赖资源要素驱动的经济增长模式将不再可持续，必须实施创新驱动发展战略，实现县域动能的转换和资源的优化配置，推动县域经济的集约式发展。要以高质量发展和现代化建设为目标，全面把握当前区域化发展机遇，科学规划发展路径，全面促进产业链、供应链跨县域协同协作，实现县域产业价值链的整体攀升。

从“五力提升”范式看，提升政府产业规划能力极为关键，这决定了能否把握产业转型的时间窗口，避免在新一轮产业竞争中被边缘化。并且，从解决城乡二元结构的底层逻辑看，必须依靠产业经济发展，城乡居民收入提高才能达到城乡一体化发展，因此，在顶层设计县域产业选择时，需要考虑一二三产业之间的资源共享性与业务互促性，有利于三产融合发展进而促进城乡融合发展。当产业发展战略确定后，政府的项目执行力就显得格外重要，这种落地能力决定了规划的实现程度。如梅县区“一线工作法”之实质，就是狠抓落实，以项目制推动招商引资、项目建设、后勤保障等，政府的产业规划能力源自对市场与计划的辩证理解，源自对社会趋势与人民对美好生活追求的深刻认识，源自对经济价值与社会价值的全面把握。这是跨越时空维度、超越阶段局限、突破城乡分割的治理能力现代化的集中体现。

三、推动城乡融合，深化县镇村联动，实现区域协同发展

从当前城乡发展水平来看，实现城乡高质量发展的短板和重要“潜力

板”正是乡村。乡村振兴战略旨在激发农村土地、劳动力等要素的活力，实现产业兴旺、生态宜居、乡风文明、治理有效、生活富裕的目标，推动城乡关系沿着“城乡对立→城乡联系→城乡协调→城乡统筹→城乡融合→城乡一体”的轨迹逐步推进。城乡融合不仅是新型城镇化的根本目标，也是全面推进乡村振兴的基本途径。抓住城乡融合这一关键，增强县域经济高质量发展的内生动力，对推动乡村振兴具有深远意义。2022年，中共中央办公厅、国务院办公厅发布的《关于推进以县城为重要载体的城镇化建设的意见》，再次明确了县城在我国城镇体系中的重要地位，为壮大县域经济、推动高质量乡村振兴提供了新的思路。

县域城乡融合发展须以新发展理念为指导，聚焦融合、创新导向，关注经济增长、要素投入、城乡均衡和生态环境等关键要素。相较于大城市、特大城市和超大城市等中心城市，县城作为连接城市与农村的桥梁，有利于促进农民就近就业，使农民能够兼顾务工和农业生产，因此，促进县镇村联动，有利于整合资源，获得规模经济、范围经济，还能有助于保障粮食生产安全，并且有效解决留守儿童和空巢老人等农村社会问题。随着农业农村发展在县域经济中的地位日益提升，发展县域经济成为解决“三农”问题的新路径。县域经济发展可以有效带动农业现代化和对结构的战略性调整，提高农业生产率，在增加农产品收益的同时促进剩余劳动力向县域城镇转移。特色产业的发展和三产融合形成产业链的延伸提升了县域产业在全球产业链中的地位，也为城乡产业深度融合发展创造了有利条件。县域基础设施和基本公共服务的优化提升了农村居民的生活质量和人力资本，拓宽了农民平等享受发展成果的空间。城乡融合是县域经济高质量发展的内在要求，强调“协调”“共享”，就需要通过县镇村联动，统筹城乡关系、缩小城乡差距、优化城乡经济结构，推动县域协同发展，城乡居民平等共享县域经济高质量发展的成果。

从“五力提升”范式看，提升政府资源整合能力才能有效促进县镇村联动，促进城乡融合，其本质就是实现效率变革与动力变革的统一，体现出政府随着科技进步，不断深化对资源的认识与理解，提高了驾驭资源、撬动资源的能力。基于对生态资源、数据资源、制度资源认识的深化，政府不断创新配置资源的机制，比如，在生态文明建设导向下，为加强环境治理和保护，构建人与自然和谐共生的新局面①，实现县域三生融合，各地县政府积极响应“双碳战略”，运用碳汇交易机制加强对生态系统和自然环境的保护，实现高质量发展。

作为实现高质量发展的基础，县域经济是广东坚守“三农”工作基础和底线、解决发展不平衡不充分问题、畅通城乡经济循环的重要环节。在推进中国式现代化的过程中，广东要激发县域经济主体活力，保持县域经济的稳定运行和充沛动力，不断优化升级产业结构，提高人民生活水平，确保公共预算收入的稳定增长，满足人民对美好生活的向往。更要挖掘发展潜力，注重增强城乡合力，提高国际传播力，实现发展窗口向文明窗口的跃升。县域经济高质量发展的逻辑就是以改革培育新动能、以规划引领产业发展、以城乡融合发展破解二元结构，而“五力提升”范式为县域经济高质量发展提供了系统思维、综合能力与制度支撑。我们相信，在“百千万工程”推动下，广东县域经济发展范式必将不断丰富与完善，会形成更多可借鉴、可复制、可推广的经验为全国县域发展提供参考。

---

①斯丽娟、曹昊煜：《县域经济推动高质量乡村振兴：历史演进、双重逻辑与实现路径》，《武汉大学学报（哲学社会科学版）》2022年第5期；王蔷、丁延武、郭晓鸣：《我国县域经济高质量发展的指标体系构建》，《软科学》2021年第1期；张学良、周泽林、汤新云：《推动我国县域经济高质量发展的几个理论问题》，《财贸研究》2023年第6期；洪炜杰、罗必良：《县域经济发展：中心城市的虹吸或溢出效应——兼论广东县域经济发展滞后的原因》，《学术研究》2023年第11期。

附　　录

附录1　广东57个省辖县（市）经济规模、增速与结构（2023年）

县域	地区生产总值/亿元	同比增速/%	第一产业占比/%	第二产业占比/%	第三产业占比/%
南澳县	38.50	4.0	31.27	18.42	50.31
乐昌市	146.03	5.7	23.63	20.60	55.77
南雄市	135.90	2.5	28.68	21.37	49.96
仁化县	126.86	3.5	22.23	42.71	35.07
始兴县	103.09	3.5	29.06	28.08	42.86
翁源县	140.11	5.5	26.38	26.48	47.14
新丰县	85.14	3.8	22.10	27.40	50.50
乳源县	115.55	0.2	10.11	49.41	40.49
东源县	181.68	5.4	18.78	38.59	42.63
和平县	135.22	5.0	21.17	26.80	52.03
龙川县	181.62	6.0	18.81	24.26	56.93
紫金县	197.45	4.0	23.82	29.64	46.54
连平县	106.20	4.6	23.63	28.31	48.05
兴宁市	213.07	6.2	25.95	18.22	55.82
平远县	93.72	6.6	16.97	28.43	54.60
蕉岭县	114.37	7.6	16.42	44.82	38.76
大埔县	106.85	5.4	30.37	18.55	51.08
丰顺县	132.41	9.5	20.73	39.27	40.00

（续表）

县域	地区生产总值/亿元	同比增速/%	第一产业占比/%	第二产业占比/%	第三产业占比/%
五华县	184.55	4.5	23.63	19.77	56.60
惠东县	762.13	4.6	11.47	35.39	53.14
博罗县	838.89	4.8	11.23	55.60	33.16
龙门县	203.78	2.6	19.96	38.00	42.04
陆丰市	445.25	3.9	19.00	38.65	42.34
海丰县	445.05	3.9	10.17	43.52	46.30
陆河县	145.75	8.7	12.27	37.41	50.31
台山市	547.40	6.3	21.27	42.57	36.16
开平市	500.36	5.5	12.25	48.97	38.78
鹤山市	502.87	6.2	8.15	54.49	37.37
恩平市	235.85	6.3	16.81	28.88	54.31
阳春市	363.03	3.6	18.35	28.52	53.13
阳西县	275.59	6.1	25.35	36.63	38.02
雷州市	386.42	3.6	41.88	12.35	45.78
廉江市	555.76	5.0	25.39	36.09	38.52
吴川市	314.89	2.7	13.18	33.58	53.25
遂溪县	426.43	0.8	37.52	20.35	42.13
徐闻县	255.02	3.5	47.65	15.77	36.58
信宜市	566.29	4.2	29.18	14.84	55.98
高州市	764.15	4.0	25.13	26.36	48.51
化州市	663.96	3.3	24.02	25.84	50.14
四会市	759.15	1.9	9.70	52.98	37.32
广宁县	189.68	5.0	32.84	31.34	35.82
德庆县	153.67	2.2	29.16	28.23	42.61
封开县	180.34	6.3	34.76	35.45	29.79

（续表）

县域	地区生产总值/亿元	同比增速/%	第一产业占比/%	第二产业占比/%	第三产业占比/%
怀集县	305.26	4.0	39.90	23.30	36.80
英德市	420.47	4.8	22.59	37.96	39.45
连州市	188.56	5.3	27.75	26.31	45.94
佛冈县	171.57	4.0	15.44	44.55	40.01
阳山县	144.42	3.5	35.58	18.26	46.16
连山县	50.94	4.6	22.63	24.11	53.26
连南县	74.06	1.2	17.67	25.07	57.25
饶平县	361.49	4.9	25.25	34.16	40.60
普宁市	670.76	4.0	7.25	30.03	62.72
揭西县	261.70	2.2	21.08	23.89	55.04
惠来县	419.13	57.0	15.79	57.96	26.24
罗定市	335.03	5.1	20.30	26.52	53.18
新兴县	317.59	2.1	25.13	32.51	42.36
郁南县	145.32	3.5	23.68	21.53	54.79

注：此表根据各地统计局资料整理。

后　记

“墨香初成心犹忐，字字珠玑意难释。”在本书即将付梓之际，我们既欣喜，又深感忐忑。欣喜于我们有幸见证了新时代广东勇立潮头，推进“百千万工程”，实现高质量发展，破解城乡区域发展不平衡的波澜壮阔的伟大实践，这使我们能够感受时代之壮美，记录时代之精彩。忐忑于我们受调研时间与资料条件所限，还不能够更全面、更充分地反映出广东各地政府与业界共同推进“百千万工程”的饱满热情和巨大成效；也受我们研究水平与研究深度所限，还不能够更深刻地揭示“百千万工程”在广东发展史上的深远意义。

笔者深感“百千万工程”对广东推进中国式现代化建设的重要性，同时也看到了“百千万工程”在实施过程中所面临的挑战与机遇，因此，积极承担了广东省哲学社会科学规划领导小组办公室委托的2023年度高质量发展主题项目——“深入实施‘百县千镇万村高质量发展工程’，构建县镇村一体化发展的城乡区域发展格局，锻造高质量发展的潜力板”（项目批准号：GD23WTD03-21）。我们团队认真调研，以笔为犁，以期为广东省“百千万工程”高质量发展贡献绵薄之力，为中国式现代化的实证研究添砖加瓦。

本书研创团队是一支团结而富有活力的团队，每一位学者都充分发挥了各自的专业特长和优势，形成了良好的协作机制。刘伟研究员负责全书的整体框架设计和内容统筹，同时对各个章节进行了细致的指导和修改；各位作者根据自己的研究领域和兴趣点，分别撰写了不同章节。各章分工如下：总序、前言、第九章、第十章由刘伟撰写；第一章、第二章、第三章由徐永慧撰写，第四章、第五章、第六章由闫浩撰写；第七章、第八章由郑崴文撰写；全书由刘伟、徐永慧进行统稿。此外，暨南大学刘嚣同学参与了第七章的撰写，广州大学李楷键同学参与了第八章的撰写，中共广州市委党校万磊博士参与了第九章的撰写，广州理工学院郑金富老师参与了第八章的撰写。

在本书撰写过程中，我们得到了社会各界的广泛支持、大力协助和鼓励。我们诚挚感谢广东省“百千万工程”指挥部办公室领导对我们研究的支持和指导；感谢为我们调研提供便利条件与相关资料的各地政府；尤其要感谢广东省社会科学院领导与同事们给予的鼓励、指导与支持；感谢编委会各位专家的悉心指导。我们还要特别感谢广东经济出版社对本书的大力支持以及各位责任编校人员的辛勤付出，正是他们与撰写团队的通力协作和热情参与，保障了本书按时出版，书稿中也满含他们的辛劳和汗水。我们还要感谢身处“百千万工程”一线的优秀媒体工作者和专家学者，他们报道了一个个生动鲜活的乡村案例，为我们的研究提供了丰富的文献借鉴。若本书的引注存在疏漏，敬请海涵反馈，我们会及时补正。

虽然付出了巨大的辛苦，但研究团队仍心存不安，仓促中肯定会存在错漏、缺注等诸多不足，敬请各位专家学者和读者批评指正。针对本书的意见、建议及批评，请发送广东经济出版社，我们收到即会及时改正。

在未来的日子里，我们将继续跟踪调研广东省“百千万工程”实施情况，也期待与更多的专家学者一起研究新时代广东高质量发展的新篇章。我们相信，“再造一个新广东”的宏伟蓝图一定会实现！